U0583893

权威·前沿·原创

皮书系列为
"十二五""十三五"国家重点图书出版规划项目

BLUE BOOK

智库成果出版与传播平台

信用蓝皮书

BLUE BOOK OF
CREDIT

中国信用发展报告
（2019~2020）

ANNUAL REPORT ON CREDIT DEVELOPMENT IN CHINA
(2019-2020)

主　编／章　政　田　侃
副主编／杜丽群　胡晟盛　王大树

社会科学文献出版社
SOCIAL SCIENCES ACADEMIC PRESS（CHINA）

图书在版编目（CIP）数据

中国信用发展报告. 2019~2020 / 章政，田侃主编
. -- 北京：社会科学文献出版社，2020.7
（信用蓝皮书）
ISBN 978 - 7 - 5201 - 6671 - 3

Ⅰ. ①中… Ⅱ. ①章… ②田… Ⅲ. ①信用 - 研究报
告 - 中国 - 2019 - 2020 Ⅳ. ①F832.4

中国版本图书馆 CIP 数据核字（2020）第 083332 号

信用蓝皮书
中国信用发展报告（2019~2020）

主　　编 / 章　政　田　侃
副 主 编 / 杜丽群　胡晟盛　王大树

出 版 人 / 谢寿光
组稿编辑 / 恽　薇
责任编辑 / 恽　薇　王楠楠

出　　版 / 社会科学文献出版社·经济与管理分社 （010）59367226
　　　　　 地址：北京市北三环中路甲 29 号院华龙大厦　邮编：100029
　　　　　 网址：www.ssap.com.cn
发　　行 / 市场营销中心（010）59367081　59367083
印　　装 / 天津千鹤文化传播有限公司

规　　格 / 开　本：787mm × 1092mm　1/16
　　　　　 印　张：22.25　字　数：333 千字
版　　次 / 2020 年 7 月第 1 版　2020 年 7 月第 1 次印刷
书　　号 / ISBN 978 - 7 - 5201 - 6671 - 3
定　　价 / 138.00 元

教育部哲学社会科学重大课题

中国社会转型期居民信用管理和公共服务体系建设研究（12JZD036）

主要编撰者简介

章　政　北京大学经济学院教授、博士生导师，北京大学中国信用研究中心主任，北京大学继续教育学院院长，经济学院学术委员会副主席，北京大学优秀教学奖获得者，教育部新世纪优秀人才，国务院政府特殊津贴获得者。曾先后工作于江苏省外经委（1987～1988年）、东京大学经济学部（1989～1990年）、东京农业大学农业经济学系（1993～1996年）、日本农林中央银行综合研究所（1996～2000年）、北京大学经济学院（2000年至今）。长期从事经济政策与信用理论、环境经济与农村经济、东亚经济与日本经济制度等的教学和研究工作。主要兼职有中国工业经济联合会理事，中国农业技术经济学会理事，劳动经济学会副会长，世界银行技术援助项目评标专家，国家开发银行专家委员会委员，国家标准化研究院信用标准委员会专家委员，国家发改委全国信用示范试点城市评估小组组长，北京市信用联合奖惩制度第三方评估工作组组长，长三角区域信用体系建设专家委员会委员，珠三角区域信用体系建设专家委员会委员，教育部海外教育资源评估专家，全国信用教育联盟副理事长，"北京学者"评审专家，早稻田大学、爱知大学海外特约教授，等等。

目前在研课题有教育部重大攻关项目"中国社会转型期的居民信用管理和公共服务体系研究"（首席专家）、科技部国家软科学研究计划"WTO框架下鼓励企业自主创新的信用服务体系研究"（课题负责人）、国家发改委金融司"国家信用立法起草专项研究"（课题组专家）、北京市发改委项目"网格化社会服务管理与社会信用管理研究"（课题负责人）、中国城市信用环境评价研究（课题负责人）、中国义乌市场信用指数YMCI监测研究（课题负责人）等。发表学术论文150多篇，主要著作有《大数据时代的社会治理体制》、《朝阳社会服务管理与社会信用建设的理论和实践》、《信用社会》（教材）、《中国信用发展报告》（信用蓝皮书）、《义乌市场信用指数发展报告》、《诚信史话》等十余部。

　　田　侃　中国社会科学院大学教授、博士生导师，主要研究方向为信用理论与信用风险管理、金融服务业与经济增长理论等。兼任中国社会科学院财经战略研究院信用研究中心主任，北京大学中国信用研究中心研究员、中国信用4·16高峰论坛组委会副主任，国家社会科学基金项目成果通讯鉴定专家，教育部学位与研究生教育发展中心博士学位论文通讯评议专家。

　　已在《经济研究》《中国工业经济》《中国经济史研究》《经济学动态》《财贸经济》《财政研究》《金融研究》《国外社会科学》《经济管理》等刊物发表论文20多篇。主持中国社会科学院青年课题和中国社会科学院财经战略研究院重点课题4项，参与国家社会科学基金课题6项、国家自然科学基金课题1项、国家部委课题20项，完成研究报告近35篇，完成专著1部（《信用环境构建与现代服务业发展研究》）。

　　杜丽群　北京大学经济学院教授，博士生导师。研究领域主要是外国经济思想史、西方经济学流派、信用理论与政策、资源环境与可持续发展问题等。现任北京大学经济学院经济学系副主任、经济史与经济思想史专业主任、北京大学中国信用研究中心副主任。其他主要兼职有中华外国经济学说研究会理事、中国党建网专家顾问委员会委员、国家社会科学基金项目成果通讯鉴定专家、中国博士后科学基金会面上资助项目评审专家、教育部学位与研究生教育发展中心博士学位论文通讯评议专家、山东省教育厅"泰山学者"、"重要人才工程"评审专家、山东荣成市社会信用体系建设专家顾问。在《经济学动态》《北京大学学报》《农业经济问题》《经济科学》《政治经济学评论》《财经研究》等核心期刊上发表学术论文40多篇，在《人民日报》《经济日报》《中国经济导报》《中国改革报》《中国消费者报》《经济参考报》等重要报刊上发表文章20多篇，在其他学术刊物和论文集上发表论文

40 多篇。出版专著 1 部，出版合著、教材和译著十多部。主持并完成国家社会科学基金项目 1 项，主持或参加教育部、北京市教委及其他省部级科研项目十多项。多次赴美国、英国、日本、加拿大、澳大利亚、新加坡等国家参加国际学术交流活动，应邀发表主旨演讲，主持分论坛研讨会。

胡晟盛 北京大学中国信用研究中心常务副主任、中国信用 4·16 高峰论坛组委会执行主任、中国国际经济科技法律人才学会原常务副会长、中国戏曲学院客座教授、中国人民大学特邀专家。曾担任《民主与法制》杂志社副总编辑、《经纪人》杂志社社长兼总编辑、《中国现代名人辞典》常务编委、《中国科技精英谱》常务编委、《中国 21 世纪经纪人实务丛书》编委会主任。

王大树 北京大学经济学院教授、博士生导师（2002 年至今）；澳大利亚 La Trobe 大学亚洲研究学院研究员（1998～2001 年）；国务院发展研究中心高级研究员（1994～1995 年）；国务院发展研究中心研究人员（1985～1990 年）。擅长领域：财政学、货币银行学、东西方文化和经济行为、企业竞争、地区经济。

主要兼职：英国 NEW BEACON 大学商学院名誉院长（2019 年至今）；中国商业统计学会大数据营销分会顾问（2019 年至今）；吕梁市政府专家咨询委员会副主任委员（2018 年至今）；北京市中国特色社会主义理论体系研究中心特约研究员（2017 年至今）；国家工商总局四川市场监管研究院特聘研究员（2014 年至今）；重庆市政府人口专家委员会委员（2009～2012 年）；国家计划生育委员会专家委员会委员（2006～2012 年）；联合国工业发展组织中国项目协调人（2010～2012 年）；美国斯坦福大学客座教授（2008～2010 年）；澳大利亚中国经济学会主席（1995～1996 年）。

段胜辉 经济学博士，高级经济师，现任泰康资产管理有限责任公司战略研究总监，兼任北京大学中国信用研究中心研究员。主要研究方向为发展经济学、资产管理理论与实务、保险资金投资管理等。

已在《保险研究》《农村经济》《上海金融》《海派经济学》《清华金融评论》《中国金融》等刊物上发表论文十多篇，主编《现代产权经济学》《资产管理实务、方法与理论：专题研究报告选编》，参与完成科技部软科学研究计划等课题 3 项，曾荣获全国商业科技进步奖二等奖、首届全国金融科技征文二等奖等荣誉。

张丽丽　经济学博士，现为北京大学经济学院博士后，北京大学中国信用研究中心研究员。主要研究领域为社会信用体系建设的理论和实践、广义信用理论、信用经济、合作经济。

摘　要

《中国信用发展报告（2019～2020）》由总报告、分报告、行业篇、专题篇和案例篇五部分构成。各部分的主要内容如下。

第一部分是对2019年我国社会信用体系建设的总体分析。总报告回顾了社会信用体系建设四大领域取得的成就，指出当前信用体系建设存在的主要问题是信用的内涵和外延模糊、政府和市场的分工模糊，建议推进信用体系建设时要厘清信用边界，加强顶层设计，建立健全信用法律制度体系，厘清政府和市场关系。

第二部分从宏观视角分析信用体系建设的整体性制度安排。提出信息经济条件下，未来以信任为基础的信用制度建设将成为社会经济发展的重要方向；通过建立监督机制，构建长效机制，探索信用评价等推动政府公信力提升；探索在公共信用制度安排和信用信息共享系统中实现政务服务和市场监管的统一；积极探索以信用监管为内容的新型社会治理方式，实现与社会信用体系建设协调发展；加强在社会信用、互联网诚信和大数据领域的征信法律体系建设，形成系统完整的信用法律体系。

第三部分从中观视角分析选取的典型行业信用建设进展。针对关键行业的信用体系建设问题，提出：通过健全房地产行业相关法律法规，加强信用监管力度，完善信用信息披露，促进房地产行业健康发展；通过强化政策执行力，提高行业供给体系质量和集中度等，促进钢铁行业信用发展；通过构建统一协调的监管体系，加强投资者教育，提升资管机构能力，改善资产管理业信用状况；通过提升失信违法成本，加强信息披露机制建设，健全投资者利益保护机制，推动资本市场信用建设；通过推进信用信息系统建设，落实环境信用评价制度，提升环保信用体系对绿色经济发展的支持；通过科研

数据记录和流通共享，发挥科研信用的激励作用，推进科研信用体系建设向纵深发展。

第四部分是信用体系建设的微观实践，继续跟踪分析中国义乌小商品市场信用综合指数（YMCI）。通过对 YMCI 和各分类指数的运行分析，给出信用研究与市场监管融合方面的一个典型探索。

第五部分选择部分信用建设示范城市、地方和行业协会的典型案例，分享其优秀做法，推广典型经验。

综上，《中国信用发展报告（2019～2020）》比较系统全面地介绍了2019 年以来我国社会信用体系建设的发展情况，鉴于信用体系建设涉及面广、内容多、行业和地区发展不平衡，加上我们的能力和水平所限，挂一漏万之处在所难免。我们希冀，本报告能为读者把握我国信用体系建设的总体水平和方向、了解信用体系建设理论与实践提供一个视角和窗口。

关键词： 社会信用体系　政府信用　公共信用　信用监管　违法成本

前　言

　　庚子年正月，一场突如其来的新型冠状病毒肺炎疫情（以下简称疫情）在全国迅速蔓延，打断了正常的工作、生活，给社会经济活动造成了巨大影响。由于此次疫情来势凶猛、波及范围广、影响程度深、持续时间长，其破坏程度已经远远超出一场一般性的自然灾害，报告中应当开展相关专题分析。但由于样稿已经审定，无法大幅调整，经考虑，抑或在前言部分就疫情影响和"疫情"与"信用"的关系等做一番专门分析思考，可能是最及时也是最合适的。

　　对于此次疫情对宏观经济的影响，目前尚无法做到准确估计。从国家统计局公布的全国2月采购经理人指数PMI（Purchasing Managers' Index）来看，疫情影响超过了市场的预期：制造业3200家样本企业（其中包含小型企业830家）和非制造业4000家样本企业（其中包含快递业、电子商务等新兴行业企业2800家）构成的全国制造业和非制造业PMI指数大幅下滑，分别由上月50.0%和54.1%，跌落至35.7%和29.6%，这种断崖式下跌创造了该指数自2005年编制以来的最低值，一定程度上反映了当前宏观经济的运行状况，其中广大中小企业受到的冲击可能更大。

　　由于疫情影响具有整体性、持续性、连锁性的特点，受疫情时间延续、生产要素流动受阻、复工情况不尽如人意等因素影响，中小企业的生产经营问题和就业问题在未来一段时间里将逐渐暴露出来。其中，不容忽视的是，由于现金流和资金链断裂，还可能引发合同违约和企业倒闭问题。所谓"资金链"，从合同关系来看，是一个由众多合同关系组成的企业之间的契约链条，如果有一家企业违约或倒闭，可能导致一个链条上下游企业整体受挫，在蝴蝶效应的作用下，影响由此波及开来并逐步扩散，形成对宏观经济

的拖累。例如，2008年美国的次贷危机便是如此。

所不同的是，次贷危机是由于个别大企业的违约（信用危机），触发了资金链断裂，进而导致金融危机全面爆发。此次疫情的影响，很有可能引起市场整体性违约增加，加大了中小企业信用风险，进而引发经济运行出现系统性困难。也就是说，次贷危机是少数大企业的危机，点燃了整个经济和金融体系的系统性风险；而此次疫情，很有可能造成众多中小企业的违约率上升（PMI大幅下跌已说明此状），信用风险叠加，拖累经济发展造成社会经济运行的困难。二者的路径虽然不同，但核心问题是一个，即防范企业信用危机集中爆发，防止市场群体性违约之多米诺骨牌效应发生是关键。

此外，需要特别警惕外部因素对中国经济的扰动和冲击。疫情发生后不久，世界卫生组织（WHO）和各国政府纷纷表达了对中国的友好支持和意愿。然而随着疫情的长期化和海外感染人数增加，疫情对美国等西方国家的冲击正在步步加深。从各国目前的应对来看，海外可能沦为疫情"下半场"的重灾区。疫情在全球范围扩大，并引发人员、物质、资金等国际流动受阻时，一场世界范围的经济衰退将在所难免。此时，受世界经济的拖累，中国经济仍面临下行压力。因此，充分发挥政府和市场力量，对内最大限度支持复工复产，对外最大范围做好缓冲缓压，保持中国经济运行平稳便成为当务之急。

鉴于此，为了降低国内企业信用风险群发的可能性，防范因中小企业大量倒闭而带来系统性风险的扩散，特别是为了防止疫情输入和经济衰退的外部冲击，接下来在保持我国宏观经济运行不停滞（保平稳）、需求不下滑（保结构）、预期不低落（保信心）的同时，微观上应该在以下几方面加大政策应对力度。

第一，强化分析预警，防止经济活动出现大起大落。经济运行的大起大落表现在市场上就是价格波动。接下来，可以通过加强对价格信息的分析预警，为调控政策提供依据。有两个价格可以作为参照：一是消费者价格指数（CPI），反映的是八类消费品零售价格的变动情况；二是生产者价格指数（PPI），反映的是九类基本工业品出厂价格的变化情况。PPI和CPI一个在上游一个在下游，二者具有内在逻辑关系。如果"前低后高"反映出需求有问题，如果"前高后低"反映出供给有问题，如果"两者都高"反映出市场有问题。

第二，加大政策支持，帮助企业渡过生产经营难关。在疫情的面前，无论是大企业还是中小企业都面临同样的风险。例如，民用航空领域的许多巨无霸企业，由于航线和乘客数量锐减，生产经营困难。为了防止航运、空管、地勤、机场等同时出现问题以至于影响疫后经济恢复，在相关技术人员停岗待命期间，相关人员的工资、社保和飞行器租赁、利息、税费等仍需支付，航空企业面临巨大压力，国家可出台相应的财政和金融政策给予直接的支持，否则很有可能出现技术人员逆向流动和服务能力下滑的问题。

第三，关注中小企业，切实缓解生存发展节点问题。突发的疫情，使得已经处于"严冬"的中小企业雪上加霜。当前，准确把握中小企业的复工情况，采取针对性救助措施十分必要。为此，厘清中小企业的节点问题尤为关键。例如，不仅要了解企业的开工率，还要掌握开工企业的全员率（员工实际到岗的比例）、准点率（每天准点工作时间比例）、复活率（未来半年能够存活的比例）等节点指标，对于开工率、全员率、准点率、复活率较高的中小企业和所在地区，应考虑给予税费减免等特殊措施。

第四，平稳市场信心，完善信息发布和危机管理机制。消费者是疫情肆虐下最弱势的一个群体。在疫情的冲击下，许多人出现焦虑、担心、抱怨等情绪，属于正常的心理反应，特别在不明白情况、看不清趋势、不掌握科学方法的时候更容易出现偏激和负面言行。因此，应及时准确公开疫情信息，加强心理干预，做好信息发布。各级政府和机构设立的首席信息官（CIO）此时应该发挥积极作用，做好消除疑虑、平息抱怨、化解风险的工作，要坚决跳出"当局者迷"的陷阱。

2020 年注定是不平凡的一年。在全面建成小康社会、实现国民经济"十三五"规划发展目标、完成国务院《社会信用体系规划纲要（2016—2020 年)》提出的初步建成具有中国特色社会主义市场信用制度体系任务的总体部署下，要把"疫情应对"的短期思维，变成"灾后重建"的长期行

动，保持清醒头脑、慎终如始、善作善成。因此，为了确保疫后社会经济平稳发展和总体目标的实现，对内降低经济运行的内生风险、对外减少疫情输入等外部冲击，将成为贯穿 2020 全年工作和社会信用实践的一项艰巨任务。

北京大学中国信用研究中心主任

章　政

2020 年 2 月于北京

目　录

Ⅳ 专题篇

Ⅴ 案例篇

皮书数据库阅读**使用指南**

总 报 告

General Reports

B.1
从"狭义信用"向"广义信用"的制度变迁

章 政 张丽丽*

摘 要： 信用理念体现在人类社会发展的各个时期，广泛存在于现代
社会经济的各个领域中，为社会经济活动的顺利进行提供保
障。而"广义信用"属于一种新的制度安排，随着信息生产
力的发展得以确立完善。本报告通过对"广义信用""信用
经济""信用管理"内涵的界定和梳理，认为信息经济条件
下信任关系的发展和进步是信用制度建立的基础，信用制度
和信用体系构成了与信息生产力相适应的新型制度核心，未
来以信息产品为基础的信用制度建设将成为社会经济发展的

* 章政，北京大学经济学院教授、博士生导师，北京大学中国信用研究中心主任；张丽丽，北
京大学经济学院博士后。

重要方向。

关键词： 广义信用　信用经济　信用管理　信用制度

近年来，随着我国信用实践工作的全面、快速推进，有关信用理论的深入系统研究和思考亟待进行。当前我国的信用实践工作虽已覆盖经济社会活动的方方面面，但理论界对信用范畴的认识和理解，尤其是对广义信用内涵下信用经济和信用管理等重要概念的内涵和属性的认识尚未达成一致，这势必影响我国信用体系建设工作向纵深开展。本报告以信息技术的快速发展为背景，对新形势下信用的定义及内涵、信用经济和信用管理的特征等基本问题进行系统分析和梳理，力图为完善我国社会信任关系和信用制度建设提供依据。

由于历史、文化、社会、经济、政治等原因，我国信用建设实践从一开始就具有"自上而下"和"自下而上"互相结合的特征。2014 年 6 月，国务院印发了《社会信用体系建设规划纲要（2014—2020 年)》（以下简称《纲要》），明确提出未来我国社会信用体系建设工作的总体思路、重点领域、重要途径、基本要求、核心机制和实施支撑体系。《纲要》实施五年多以来，我国社会信用体系建设快速推进，各项工作取得显著成就[1]，主要有：包含"一库、一平台、两网站、四系统"在内的信用信息共享平台建成并投入使用；以公民身份证号码和组织机构代码为基础的统一社会信用代码制度建设全面推进[2]；守信联合激励与失信联合惩戒制度建立和实施；信用立法进程加快，上海、浙江、河北、广东、河南、湖北等省市通过了地方信用管理条例，国家层面的信用法呼之欲出，社会信用制度体系初具雏形。

这一时期，与社会信用体系建设紧密相关的创新实践也得到全面推进。

---

① 《国务院关于印发社会信用体系建设规划纲要（2014—2020 年）的通知》，中华人民共和国中央人民政府网站，http：//www.gov.cn/zhengce/content/2014 – 06/27/content_ 8913.htm。

② 《国务院关于印发社会信用体系建设规划纲要（2014—2020 年）的通知》，中华人民共和国中央人民政府网站，http：//www.gov.cn/zhengce/content/2014 – 06/27/content_ 8913.htm。

政府层面的工作主要包括"放管服"改革、政务公开、"互联网＋政务服务"、商事制度改革、运用大数据加强对市场主体服务和信用分类监管等；市场层面的工作主要包括以共享出行为代表的共享经济由"野蛮增长"逐步转向规范化发展，互联网金融、众筹、众创、众包、信息经济、绿色经济、智能制造等基于信用机制的新兴经济业态不断涌现，公共信用信息和市场信用信息融合共享开始推进，网络信息技术的应用逐步由消费领域向设计、生产、运营等核心领域扩展①。这些政府层面和市场层面的新举措、新探索、新模式的发展表明，我国的社会信用实践正向纵深开展。

一 "广义信用"概念的提出

自 2000 年以来，国内学者对信用和信用体系等问题的研究大部分仍集中于金融和商业领域，相关研究的理论基础大多建立在传统的"狭义信用"定义上，即"信用"是货币借贷和商品买卖中延期付款或交货的总称，是以偿还为条件的价值运动的特殊形式。主要内容包括：（1）银行信用，是以银行为一方的货币借贷活动；（2）商业信用，是商品交易中任何一方的延期付款或延期交货的赊销活动；（3）国家信用，是以国家为一方的财政借贷活动（如发行公债等）；（4）消费信用，是对个人消费者提供的资金借贷服务（如分期付款）；等等。②

然而，近年来理论界对信用的研究正逐渐突破传统的金融和商业范围，向纵深领域的信用管理和信用体系建设等问题延伸，例如税收信用、科研信用、电子商务信用、信用经济和社会信用制度建设等。这些研究对于"信用"的界定突破了传统"狭义信用"的边界，逐渐向"广义信用"范畴延伸。我们知道，"狭义信用"的概念产生于资本主义条件下，一般指市场主

---

① 章政、张丽丽：《中国公共信用体系建设：特性、问题与对策》，《新视野》2017 年第 2 期。
② 以上定义来源于：在线汉语字典，http://xh.5156edu.com/html5/137683.html。

体的资金借贷偿还行为①，通常所说的信用和征信制度中的"信用"即是在狭义范畴下界定的。现代社会中"广义信用"的概念，是在大数据技术应用、信息数字经济发展的背景下提出的。虽然广义信用机制在人类社会发展的各个阶段已广泛存在，但只有在信息技术充分发展的条件下其作用才得以显现。目前，大量有关信用的研究仍将"信用"的内涵限定于诚实守信、依法合规、履行契约的范畴，与实践中所反映出来的信用属性相比存在很大差距，信用的本质和内涵未被抽象出来。同时，目前学术界对"广义信用"的内涵和边界问题也未达成共识。

在农业社会生产条件下，"显性的"熟人关系，构成了经济社会运行的信任基础。在工业社会中，除了以资本为中心的征信制度之外，还存在与工业化生产相配套的"隐性的"信用关系，例如经营牌照、许可证、抵押担保、品牌制度等。市场主体所占有的资本决定了其可获得的信用（信任）额度，信用制度以资本为核心，资本化的信用制度保证了社会化大生产的顺利运行，工业社会中的信任制度也在此基础上建立起来。其实，这里看到的种种"隐性的"信用关系所反映出的信用内涵，即属于"广义信用"的范畴。

随着信息技术的深入发展，"互联网+"使信息化发生在社会经济的各个领域中，在信息生产力水平不断提升的条件下，大量的经济社会活动均在信息化平台中得到实现，社会主体的行为均体现为信息流的形式。人与人之间更为便捷、频繁、深入、高效的交易和交流活动，对生产关系变革和技术支撑提出了更高要求。如此一来，以资本为核心建立起来的传统信任制度已远不能满足信息生产力发展带来的巨大市场要求。在高效运行的信息流下，社会信任制度作为新型生产关系的基础，需要进行信息化变革，其中信用制度和信用体系构成了与信息生产力发展相适应的新型经济制度建设的核心。

---

① 章政、张丽丽：《信用信息披露、隐私信息界定和数据权属问题研究》，《征信》2019年第10期，第1~7页。

二 "广义信用"的形成过程

（一）"广义信用"是生产力发展的必然结果

从字面含义解释，信用中的"信"是指诚实、不欺、可靠、崇奉的意思，属于精神层面的确定性内容；"用"是指使人或物发挥其功能、可供使用、功用功能等意思，属于物质层面的确定性内容。进一步的，"信"的含义可概括为"诚实不欺骗、信任不怀疑"，包括对主体自身"诚实不欺骗"和对其他主体"信任不怀疑"双方面的要求，即主体间的互信关系，"用"可进一步解释为双向的"可供使用"之社会关系和社会功效。

因此，从字面上看，"信用"具有使主体形成"诚实不欺骗、信任不怀疑"诚信特质的功用。也就是说，"信用"是一种客观存在，它的功用（功能）是产生和证明"诚实不欺骗、信任不怀疑"的"信任"效果。对于每个市场主体而言，其信用水平是一定的，是一种客观的存在。但在不同条件下，形成的信任关系可能是不一样的，犹如价格、成本、资产等，信用的目的是为确立"信任关系"提供依据和凭证。从这个意义上说，"信"是内在价值，"用"是外在表现，二者属性不同，以信用为基础形成的管理制度体系本质上是信用关系社会化的结果。[①]

从当前信用实践来看，在政务、商务、社会、司法、新经济等领域中，"信用"均以客观反映信任关系的凭证和依据的形式而存在，信任关系既包括人与人，也包括人与物、物与物之间的关系，具有客观性。[②] 需要注意的是，反映信任关系的凭证和依据在信息社会之前的社会中大多表现为具体的

[①] 注：本报告使用的是"信任"，不是"诚信"，前者是一种固定下来的制度化的内容，后者强调主体的道德约束。本报告中尽量避免使用"诚信""诚实"等难于度量的概念，而"信任"则可以通过制度设计进行规范，具有可操作性。

[②] 注：在信息生产力高度发展的条件下，理解"信用"涉及的"对象"必须考虑"万物互联"这一关键因素，即信息社会的信任关系包含"人与人""人与物""物与物"之间的互信，这里用"人"代表"主体"，用"物"代表"客体"是为了形象地说明该问题。

实物，如档案凭证、报销凭据、抵押物品、单位证明、营业执照、货币债券等。① 在信息社会中，反映信任关系的凭证和依据则在计算机语言下以程序化、数字化的形式呈现②，即在当前信息技术发展背景下，"信用"的表达形式和内容有了新的发展和突破，这也是"信用"和"信息"相互交融、紧密相关的原因。信息化大大拓展了传统"信用"的边界，使得信用生产力作用和应用范围得到进一步提升和扩大，进而推动了"信任关系"向更高级阶段发展，并催生了"信用经济"等新业态的出现。

（二）"广义信用"存在于社会发展的各个时期

"信用"的核心理念是"信任"，相较于信用，"信任"的范围更为广泛，且较为具体。"信任"是"信用"的显性化、社会化、制度化的表达，是抽象的"信用"概念的载体。"广义信用"其实是与"信任关系"范畴不断延伸相对应的概念，"信任关系"不仅存在于经济社会各个领域，也体现在人类社会发展的各个时期，可以说，在人类社会发展的时空维度中，信任关系无所不在。

早在春秋时期，《左传》中就出现了对"信任关系"的记载，《左传·昭公八年》中有"君子之言，信而有征，故怨远于其身"。此处"信而有征"表示"真实又有证据"，是早期反映"信任关系"思想的记载。从孔子谈到的"人而无信，不知其可也"，到秦朝商鞅的"立木取信"，及至今天的社会信用体系建设实践探索等，信任关系的基本理念在我国一直延续并发展着。

在持续几千年的农耕社会中，基于"熟人关系"的非正式信任制度安排，在我国社会文明发展中起到了不可替代的作用。在交易范围相对狭小的农业社会中，以"熟人关系"为特征的信任关系使得经济社会顺利运行。

① 注：将各种制度、法律法规、秩序规则等作为"信任的凭证和依据"进行理解可能较为困难，但非常重要，尤其是在信息社会中审视"信任的凭证和依据"会发现，各种信任凭证和依据，如制度、法律法规、秩序规则等正在以程序化（数字化）的形式呈现，这将从根本上影响社会经济活动方式。

② 注：以计算机语言进行编程可以表达为程序化、数字化，也可理解为代码化的信用呈现，下文同。

随着现代市场经济制度的建立发展，虽然传统的信任机制已不能满足先进生产力的发展要求，但在特定时期甚至现代社会的某些领域中仍发挥着不可替代的作用。可以说，根源在于"熟人关系"的信用核心理念，这些理念对于过去和未来经济社会交往活动的顺利进行至关重要。

在现代社会中，信用评级活动作为金融领域反映信任关系的一种制度形态，100 多年前在西方发达国家被确立。金融借贷中信任关系的核心是资本关系，以资本关系为基础的金融信用制度是工业化生产时期社会制度的重要组成部分，保证了社会化大生产的顺利进行。人们通常提到的现代信用（即本报告认为的传统定义）制度，正是以资本关系为特征得到确立的，发达国家所谓的"信用制度"或"征信体系"也以此为基础而建立。

但是，随着信息技术在全球范围内迅猛发展，新的经济业态不断涌现，社会交易的广度、深度和频次均呈现出加速变化的态势。各种信用要素正在通过信息技术手段以计算机语言得到程序化、数字化的表达。在这样的背景下，"信息"和"信用"的内涵达到前所未有的融合程度。随着信用经济、信用管理、大数据信用①等概念被提出，"信息"和"信用"在实践中联系得更加紧密和广泛。在信息化条件下，越来越多的凭证和依据、要素和机制正逐渐以"计算机程序代码"的形式表达出来，体现了信任关系内涵的变化和演进。

（三）信用制度将成为信息社会的基本制度

工业社会以机器化大生产为主要方式，资源配置和经济制度安排均以机器化大生产为中心进行，这从根本上决定了生产者、消费者、产品、价格等经济要素具有标准化、同质化的特征。据此，工业社会实现了物质生产的持续增加，标准化、同质化的方式使现代经济社会的运行秩序逐步建立，由此也带来了社会文明的进步。但与此同时，作为代价，劳动者、消费者、厂商等主体的个体特征在同质化、标准化的生产和分配过程中被忽略，与之配套

---

① 章政、张丽丽：《信用信息披露、隐私信息界定和数据权属问题研究》，《征信》2019 年第 10 期，第 1～7 页。

的社会制度，如政府公共管理、行政审批、市场准入和监管等各种制度安排，进一步强化了这一经济运行的结果。

与此同时，资本信用作为市场和经济制度的组成部分，促进了工业生产力的发展。在此制度安排下，政府通过金融机构向企业、个人授信，经济链条各个环节的核心要素是资本。在资本信用的制度下，信任的标的是"物"，即主体所占有或可支配资源的多寡决定了主体被信任的程度，被信任的程度继续决定着主体获得可支配资源的数量，表征了资本经济的内在关系和循环机制的确立。

在信息社会中，由于越来越多的经济社会活动趋向于在信息平台上以程序化方式实现，包括主体特征、市场行为、产品周期、交易过程、价格决定等在内的经济活动都将在数字平台中得到体现，这从根本上带来了经济和社会管理制度的变革。[①] 当前，生产领域中的"个性定制平台、互联工厂生产"，公共管理中的"部门联动，加强事中、事后分类监管"，社会管理中的"人人参与、实现大数据社会共治"等均反映了这一趋势。事实上，信息社会中万物以信息化的形式呈现，高速信息流大大提高了经济社会运行的效率，同时对社会信任关系的发展提出了新的要求。新的信任制度（信用制度），正是在这样的背景下出现的。目前，这一新的信任制度正在公共管理、经济运行、社会治理等各个领域得到确立。可以预见，不久的将来，信用制度将会逐步发展成为社会经济活动的主要规则，成为构建信息社会信任机制的基本制度形式，在促进数字化社会发展中起着愈来愈重要的作用。

三 "广义信用"的内涵和特征

（一）"广义信用"的内涵

通过以上"信用"相关问题的分析和梳理，可以发现，"信用"是信任

---

① 〔德〕克劳斯·施瓦布：《第四次工业革命：转型的力量》，中信出版社，2016。

关系的表达和体现，信任关系是信用的核心机制，是经济社会运行的基础。虽然在信息社会以前，制度化的信任关系并未正式得到确立，但由于信任关系的不可或缺性，"广义信用"的理念和机制一直存在于人类社会发展的各个时期和各个领域。

在农业社会村落经济中，由于人口流动性小，生产生活空间相对固定，交易范围狭小、交易方式简单、交易频率低等特点，决定了熟人关系是保证农业社会顺利运行的有效机制。熟人关系所代表的信任机制，在信用审查、信息披露、信用风险监控、失信成本度量等方面都反映了信用的核心理念。

工业社会中，经济社会活动范围和交易方式发生了很大变化，信任关系除了体现在显性的资本、货币等制度安排中，也隐性地存在于工业社会的很多方面，例如，企业品牌、产品广告、经营许可、中介活动等都是信任关系的具体体现，蕴含了"广义信用"的理念。

可见，"广义信用"的理念存在于人类社会发展的各个阶段和领域，但在信息社会以前，呈现出分散化、隐性化特点，并未以统一的制度形式得以体现。在信息社会中，由于社会信任关系的程序化、数字化、代码化演进①，各种生产力要素与信息技术叠加，信用关系的信息化变革成为经济社会发展的必然趋势，作为信任关系的凭证和依据的这一变化，使得信用制度成为信息社会的基本制度安排。这不仅是信息生产力发展的客观要求，也是生产关系与生产力相互适应的必然结果。

（二）"广义信用"的特征

1. "广义信用"的分类

由于信用机制的广泛存在，根据不同的标准，"广义信用"可以划分为很多类别。按照主体划分，"广义信用"包括主权信用、政府信用、公务员

---

① 注：信息社会之前，人类社会发展过程中均没有出现对社会信任机制如此高效的要求，高速流动、高效率运转的经济社会活动，必然对信任机制提出更高要求，只有与信息化对应的数字化、程序化表达的信任机制（信用制度）才能满足信息社会对生产关系的变革要求。

信用、企业信用、个人信用等；按照领域划分，"广义信用"包括政务信用、税收信用、环保信用、医疗信用、科研信用、司法信用等；按照标的物划分，"广义信用"包括产品信用、抵押信用、担保信用、证券信用、债券信用等；按照表现形式划分，"广义信用"包括熟人信用、资本信用、品牌信用、许可和准入信用、电子商务信用等。以上每一大类还可细分为若干小类。

2. "广义信用"的特征

"信用"的基本关系是授信方和受信方的关系，在信息化条件下，同一交易活动中双方的角色不是固定不变的，交易中的授信方和受信方可以相互转换，甚至在同一交易活动中，交易主体可以授信者和受信者的角色同时出现，在信息社会中这种情况十分普遍。例如，在互联网购物领域，卖家作为受信者存在，消费者（网络平台用户）以授信者身份购买产品；但在全流程记录的信息平台中，卖方可通过对消费者的信用信息进行分析评价，进而以此对消费者授信并进行精细化管理，这个过程中卖家的角色由受信者向授信者转换，消费者则转向受信者。在政府进行公共管理和市场监管的过程中，这一互换趋势更加明显，政府作为监管者向市场授信，被监管的市场主体是受信者；但在统一的信用信息平台上，政府主体行为将被记录、监督和评价，成为对政务诚信和政府公信力进行评判的依据，政府既是授信者也是受信者。可见，在信息化条件下，信用关系突破了传统信用的单一结构，变得更加多样和复杂，未来信用经济活动中市场主体角色的多重属性，对"广义信用"的管理和制度设计提出了更高要求。

四 信用经济的内涵特征

在信息社会中，社会经济活动均以信息流为核心实现运转，这就使得原有的生产、交换、分配、消费制度和管理规则必须适应这一变化，信用经济正是由于信息生产力的深入发展而出现，是经济发展的高级形态。随着社会经济活动由"狭义信用"向"广义信用"的实践展开，信用经济活动将在以下方面显示出新的特点。

第一，信用经济活动的内涵将回归价值创造。如前所述，工业文明在实现了商品生产不断增加，通过交换、分配、消费等方式建立了现代经济秩序的同时，作为代价，劳动者、消费者、厂商等主体的个体特征在同质化、标准化的过程中被忽略了。进入信息社会以后，人与人之间的信用关系不再通过物质产品间接体现，而是趋向于以信息产品的方式直接反映出来，这一变化将带来社会产品的价值计量、定价方式、交换模式、分配规则等一系列重要规则的重置和变化。也就是说，相对于产品的"物质"属性而言，产品本身所蕴含的"价值"属性越来越重要。经济活动最终将演变成智力和价值竞争，因为只有智力和价值才是未来信用经济的源泉。其中，像品牌、理念、文化、精神等价值信息将作为信用经济的载体和标志，在促进社会经济活动回归"人的智力"和"价值创造"中发挥越来越重要的作用。

第二，信用经济活动的主体将趋于多元化。未来信息经济中交易活动将变得复杂多元，就其表象来看是由交易范围、交易层次和频率的大幅度变化引起的，其实质则是由主体间的互动加强，信用角色（授信方和受信方）的持续变换和融合[1]，以及基于此的信用机制设计的复杂性、相互制约性等因素所决定的。[2] 作为工业文明的最大特点，长期以来政府、企业和其他社会组织等构成了社会化大生产的重要主体和支撑，但在追求智力和价值的信用经济活动中，经济社会活动的主体有可能从之前以政府、法人等为主，转向以自然人为主，因为"人人社会"这一社会形态的出现，在本质上决定了信息社会活动的重心[3]已经开始渐渐远离商品本身，而偏重于价值的挖掘。在"人人社会"中，政府监管、公共服务、经济运行、社会规范等都

---

① 注：信用角色的变换和融合，是指交易中的主体从单一角色向同时作为授信方和受信方的角色转换，这已在当下政府、企业、个人等主体的行为活动中得到充分体现。
② 章政、张丽丽：《信用信息披露、隐私信息界定和数据权属问题研究》，《征信》2019年第10期，第1~7页。
③ 章政、张丽丽：《信用信息披露、隐私信息界定和数据权属问题研究》，《征信》2019年第10期，第1~7页。

将发生重要变化，其中一个可以预见的趋势是，信用经济活动主体将从一元走向多元，从政府和法人主导向消费者主导转变，社会经济制度也将在信用关系不断重构和完善的过程中日趋透明化和简单化。

第三，信用经济活动的边界将虚实并存。在"信息社会"语境下，"广义信用"的边界已远超主体偿债能力和偿债风险的概念，作为程序化的信任机制，信用制度蕴含了包括记录、共享、评判、监管、响应等在内的复杂性、系统性的概念。信息社会的顺利运行是以"广义信用"体系为基础的[①]，该体系目前已呈现出互联共享、智能识别、复杂精准、实时高效等特征。与此同时，由于信息化使得"物质产品"逐步向"价值产品"转变，产品正逐步演变成智力和价值的载体，因其承载的智力和价值将成为市场竞争力的源泉，而与产品本身所在的行业和虚实无关。因此，未来信用经济活动的边界将超越现有行业、企业之间的界限，就像"微商经济"这样的市场活动一样，经济主体在信用经济条件下可以表现为一个账号和一个代码，个人和法人的界限将被打破，线上线下转换将成为常态，信用经济将为财富创造注入新的活力和动力。同时，需要指出的是，由于社会信任关系边界的延伸和扩展，未来市场监督和管理也将面临新的挑战。

第四，信用经济活动的本质是完善市场模式。信用经济是基于数字社会发展出现的高级经济形态，信用经济活动的本质意义在于丰富和完善市场经济体制机制，提高市场经济运行效率，为社会发展提供新的空间和可能性。具体来看，信用经济产品与传统评级产品（比如信用报告）有本质区别。像第三方支付、共享经济、平台企业、大数据公司等所提供的都是信用产品，信用产品目前在互联网经济中，包括餐饮、住宿、出行、购物、社交、医疗、物流等各个领域，都有深入应用。这些建立在市场经济基础上的多种类、多层次的信用产品和信用市场构成了信用经济丰富的活动内容，也成为

---

① 章政、张丽丽：《信用信息披露、隐私信息界定和数据权属问题研究》，《征信》2019年第10期，第1~7页。

信息化社会建立和发展的重要标志。需要注意的是，在信息化条件下，生产力要素与信息技术互相叠加融合，生产关系的信息化变革成为经济社会发展的必然趋势，作为信用经济运行基础的社会信任关系和信用制度的建立和完善，将成为未来影响我国市场经济发展的重要问题。

五　信用管理的内涵特征

随着新兴信息技术在生产、流通、分配、消费领域的创新应用，各领域已有的运行规则与新兴经济业态发展不相适应的矛盾会逐步显露出来。作为信息社会背景下产生发展起来的管理理念，信用管理制度已在很多领域得到应用，例如，在公共管理和现代服务领域，信用监管手段已得到具体使用，成为当前我国"放管服"改革和构建服务型政府的重要支撑；在经济领域，信用管理系统的建立和运维则是共享经济、平台经济等新经济业态发展的前提和基础。信用管理制度作为未来管理制度的核心组成部分，其特征包括以下几个方面。

（一）全员、全程可记录的科学管理

信息技术的发展使得信用管理更加易于实现，同步实施"双全"管理，这一特征决定了信用管理的精准性和可追溯性，即所有主体的所有特定行为在系统中均可追溯、查询。信用管理带来了管理理念的变革，即从基于对管理对象的不信任向以信任为基础转变，管理机制和流程设计更加科学、灵动、精准。以不信任为前提的机制设计的特点是"入门严、管得细、管得死"，"一刀切"的规定常常束缚了管理对象的手脚，影响主体自身积极性的发挥。建立在信任基础上的信用管理的特点是"放宽准入"，通过可追溯的信用记录和评判预警机制，实现对主体的精准化、强化事中事后的分类管理，保障管理对象可在一定的自主空间下进行决策；监管者尽量少干预或不干预管理对象，而是通过后台数据加工、处理、筛选，对管理对象实施精细化的科学高效管理。信用管理使细则式的"一刀切管理"转向了"触发式

管理"，是与新兴经济业态和现代服务型政府相适应的更加灵活、鼓励创新的管理制度。

（二）动态智能、协同包容的审慎管理

在全员全程可记录的信息平台上，信用管理通过对数据进行加工处理和实时监控，可以实现动态智能、协同包容的审慎管理。主要表现为：首先，信用管理实现了对管理对象的动态智能化管理，政府、企业等管理者可以更加准确地实现管理目标，确保服务和监管的针对性和有效性，提升社会治理能力和经济社会运行效率；其次，信用管理系统实现了对各类主体的开放、包容和审慎监管，通过创新管理机制、流程设计和技术手段，充分保护了主体的积极性和能动性，"量身定做"的个性化管理与主体、部门平台间业务管理互相促进，信用管理实现了发展与管控二者的有机结合，为释放新动能、促进生产力发展提供了更加广阔的空间；再次，信用管理是以信用约束为核心不断加强各部分之间协同治理能力的管理方式，协同不是简单相加，而是在不同的部分、主体之间实现信息互换、监管互认、执法互助、线上线下协同配合。例如，目前在全国城市环境治理中取得良好效果的网格化信用管理模式等，信用管理的动态智能和协同效应不仅强化了对整体风险的预警和分析能力，还提高了对具体风险的决策和处置能力，能够有效降低系统性风险发生的概率。

（三）实现主体自律、自治的主动管理

所谓"主动管理"，是与"被动管理"相对应的概念，信用管理的主动性特征是以全员、全流程、动态智能化管理为基础的，与以培育主体自律、实现主体自治为目标的管理制度和理念相适应。首先，主动管理放宽了准入门槛，以对主体的信任为基础，通过智能化系统实现事中和事后全程管理。相对而言，被动管理严格控制准入门槛，对事项和细节管得过严过死，是忽略主体个性差异化的被动的事后管理，制约了主体自身积极性、能动性的发挥。其次，信用主动管理从根本上来说，是由生产力发展

和社会文明进步的要求所决定的。经济社会发展的主要目标之一，是实现主体的自律和自治，以信任为前提的信用管理为主体自我约束意识的觉醒和培育提供了制度保障，是现代治理体系发展的必然结果。再次，信用管理将实现多方参与的社会共同治理，特别是在市场监管实践中，自律性企业和其他组织可以共同参与治理，通过信用平台建立政企合作的事中事后监管新模式。例如，在分享经济中，政府、消费者、网络企业平台等各类主体共同参与协商规则，构建自律性管理运行体系等都是这一特征的具体表现。

六　小结

本报告从当前我国快速发展的信用经济和信用管理实践出发，结合现有信用理论研究成果，对"广义信用"、"信用经济"和"信用管理"的内涵特征等基本问题进行了梳理。① 信用理念体现于人类社会发展的各个时期，广泛存在于现代社会经济的各个领域中，为交易活动的顺利进行提供了保障。而"广义信用"作为一种新的制度形式，是随着信息生产力的发展得以确立和完善的，可以说我国信用制度的建立是制度创新和技术创新融合互动的必然结果。

近年来，在政府的大力推动下，信用经济和信用管理在我国的建立和发展已见雏形。在当前社会经济发展的背景下，信用的边界已远超出"偿债能力和偿债风险"的概念，作为程序化的信任机制，以"广义信用"为核心的现代信用经济和信用管理制度的建立和完善，对于培育主体自律、实现主体自治具有重要意义。未来随着信息化进程的加快，广义信用产品在信用经济和信用管理各个领域中的应用会迅速扩大，一个崭新的以信息为基础的信用制度建设将成为我国社会经济发展的重要方向。

---

① 注：信用经济、信用管理都是建立在信息社会中"广义信用"概念之上的，对这些概念的理解和研究不能脱离信息经济和信息生产力的发展而进行。

参考文献

［1］ 章政、张丽丽：《中国公共信用体系建设：特性、问题与对策》，《新视野》2017 年第 2 期。

［2］ 章政、张丽丽：《信用信息披露、隐私信息界定和数据权属问题研究》，《征信》2019 年第 10 期。

［3］ 王雨本：《构建社会信用体系是我国社会治理的制度创新》，《中国党政干部论坛》2014 年第 6 期。

B.2
2019年中国社会信用体系建设回顾与2020年展望

北京大学中国信用研究中心课题组 *

摘　要： 2019年，我国社会信用体系建设工作持续推进，成效不断显现。政务诚信建设主要包括：全面落实从严治党战略部署，巡视巡察工作扎实推进；全面推行简政放权，深入推进"放管服"改革；完善政府决策机制，推进政务公开质量提升；发挥政府诚信建设示范作用，积极主动履行政府承诺。商务诚信建设主要包括：金融领域信用建设提速，完善纳税信用管理机制，信用交通建设持续发力，强化食品安全监管体制，加强会计领域诚信建设。社会诚信建设主要包括：科研诚信体系建设工作快速推进，医保领域信用建设铺开，规范互联网平台和应用程序管理。司法公信建设主要包括：公正审批一批重案要案，全面落实司法责任制，持续深化司法公开，健全解决执行难长效机制，打击虚假诉讼。当前我国信用工作仍存在信用体系建设的边界模糊、理论上对信用内涵理解不统一、政府和市场分工不明等问题。本报告建议，接下来我国社会信用体系建设应厘清信用边界，统一思想认识；加强顶层设计，深化宏观理念；健全法律法规，完善信用治理；激活"信用＋"模式，促进信用市场发展。

---

* 课题组组长：章政；成员：杜丽群、王大树、胡晟盛、张丽丽、田侃、段胜辉。

关键词： 社会信用体系　信用内涵　"信用+"模式　信用治理

一　2019年我国社会信用体系建设情况回顾

2019年，我国社会信用体系建设迈上新的台阶，自上而下对信用体系建设的认识不断深化，在国内经济社会发展的诸多热点事件中，信用体系建设都穿插其中，凸显了其重要性。十九届四中全会指出，要完善诚信建设长效机制，健全覆盖全社会的征信体系，加强失信惩戒。中共中央、国务院在支持深圳建设中国特色社会主义先行示范区、支持粤港澳大湾区和自贸区建设等相关的文件中都明确提出要加强社会信用体系建设，促进社会治理现代化。在新时代公民道德建设、科创板试行注册制、构建食品安全等重大事件中，均对推进诚信建设着墨颇多。

2019年，在稳增长、稳就业，优化营商环境，支持民营企业和小微企业发展的大环境下，我国的政务诚信、商务诚信、社会诚信和司法公信建设均取得显著进展。党中央和国务院通过反腐倡廉，简政放权，推进"放管服"改革，优化营商环境，提高政务诚信。商务诚信建设紧扣经济发展中的重大事件，配合减税减费，改善融资状况，推进金融、税收领域的信用建设，针对交通、食品和会计等领域的突出问题，重点发力。社会诚信建设围绕社会关切，推动科研、医保、互联网等领域的信用建设。司法公信建设聚焦公平正义，健全司法监督体系，深化司法公开，攻坚执行难题。

（一）政务诚信建设情况

1. 全面落实从严治党战略部署，巡视巡察工作扎实推进

深化党的建设制度改革，完善全面从严治党制度，构建行之有效的权力监督制度和执纪执法体系。一以贯之全面从严治党，强化对权力运行的制约和监督，一体推进不敢腐、不能腐、不想腐。2019年1月发布的《中共中央关于加强党的政治建设的意见》，提出要永葆清正廉洁的政治本色，坚决

反对腐败，通过强化不敢腐的震慑，扎紧不能腐的笼子，增强不想腐的自觉来建设廉洁政治。3月，中共中央办公厅印发《关于解决形式主义突出问题为基层减负的通知》，聚焦困扰基层的形式主义问题，切实为基层减负。9月，中共中央印发修订后的《中国共产党问责条例》，追究在党的建设、党的事业中失职失责党组织和党的领导干部的主体责任、监督责任、领导责任，督促各级党组织、党的领导干部负责守责尽责，践行忠诚干净担当。

建设高素质专业化党政领导干部队伍，强调德才兼备，以德为先。2019年3月，中共中央印发修订后的《党政领导干部选拔任用工作条例》，提出完善选人用人制度机制，严把选人用人政治关、品行关、能力关、作风关、廉洁关，坚决匡正选人用人风气。4月，中共中央印发《党政领导干部考核工作条例》，指出在考核工作中要遵守德才兼备、以德为先的原则，全面考核领导干部政治品质和道德品行，其中考核领导干部的道德品行就包括重点了解坚守忠诚老实、公道正派、实事求是、清正廉洁等价值观，遵守社会公德、职业道德、家庭美德和个人品德等情况。5月，中共中央印发《干部选拔任用工作监督检查和责任追究办法》，要求从严查处违规用人问题和选人用人中的不正之风，严肃追究失职失察责任，促进形成风清气正的用人生态。7月，中共中央印发《关于贯彻实施公务员法建设高素质专业化公务员队伍的意见》，努力建设一支信念坚定、为民服务、勤政务实、敢于担当、清正廉洁的公务员队伍。

巡视巡察工作扎实推进，2019年开展了第三轮和第四轮巡视工作。继续坚持"老虎""苍蝇"一起打，重点查处不收敛不收手的违纪违法问题，深化金融领域反腐败工作，加大国有企业反腐力度，加强国家资源、国有资产管理，查处地方债务风险中隐藏的腐败问题，凝聚党心民心，增强了人民群众对党的信心和信任。

2. 全面推行简政放权，深入推进"放管服"改革

立足简政放权，优化审批服务，提高服务效率。政府把不该管的事项交给市场，最大限度减少对资源的直接配置，审批事项应减尽减，确需审批的要简化流程和环节。2019年3月，国务院决定取消25项行政许可事项，下

放 6 项行政许可事项的管理层级。8 月，国务院办公厅印发《全国深化"放管服"改革优化营商环境电视电话会议重点任务分工方案》，指出，2019 年底前研究提出 50 项以上拟取消下放和改变管理方式的行政许可事项，清理兼并多部门、多层级实施的重复审批。中共中央办公厅、国务院办公厅印发《关于推进基层整合审批服务执法力量的实施意见》《国务院关于在线政务服务的若干规定》等，推进"一窗受理、限时办结""最多跑一次"等现场审批服务，推行网上审批，加快实现一网通办、异地可办。国务院发布《关于建立政务服务"好差评"制度提高政务服务水平的意见》，建立政务服务"好差评"制度，服务绩效由企业和群众评判。

深化"放管服"改革，降低制度性交易成本。2019 年以来，中央政府全力推进"放管服"改革，改革力度前所未有，成效显著。1 月，国务院印发《关于在市场监管领域全面推行部门联合"双随机、一公开"监管的意见》（国发〔2019〕5 号），提出加快信用体系建设，在市场监管领域健全以"双随机、一公开"监管为基本手段、以重点监管为补充、以信用监管为基础的新型监管机制，切实做到监管到位、执法必严，使守法守信者畅行天下、违法失信者寸步难行，进一步营造公平竞争的市场环境和法治化、便利化的营商环境。3 月，国务院办公厅发布《关于全面开展工程建设项目审批制度改革的实施意见》（国办发〔2019〕11 号），提出全面开展工程建设项目审批制度改革，实行告知承诺制，使全流程审批时间大幅缩短。7 月，国务院办公厅发布《关于加快推进社会信用体系建设构建以信用为基础的新型监管机制的指导意见》，提出以加强信用监管为着力点，创新监管理念、监管制度和监管方式，建立健全贯穿市场主体全生命周期，衔接事前、事中、事后全监管环节的新型监管机制，进一步规范市场秩序，优化营商环境，推动高质量发展。9 月，国务院发布《关于加强和规范事中事后监管的指导意见》（国发〔2019〕18 号），旨在深刻转变政府职能，深化简政放权、放管结合、优化服务改革，把更多行政资源从事前审批转到加强事中事后监管上来，进一步加强和规范事中事后监管，形成市场自律、政府监管、社会监督互为支撑的协同监管格局。

推行优秀实践经验，提高整体效率。2019 年国务院、国务院办公厅先后发布《关于做好自由贸易试验区第五批改革试点经验复制推广工作的通知》《关于做好优化营商环境改革举措复制推广借鉴工作的通知》《关于对国务院第六次大督查发现的典型经验做法给予表扬的通报》等，弘扬和推广优秀试点和改革经验，带动整体行政效率的提升。

3. 完善政府决策机制，推进政务公开质量提升

完善政府决策机制，推行依法行政，拓宽公众参与政府决策的渠道，加强对权力运行的社会监督和约束。2019 年 3 月，国务院办公厅印发《关于在制定行政法规规章行政规范性文件过程中充分听取企业和行业协会商会意见的通知》（国办发〔2019〕9 号），要求在制定文件过程中，切实保障企业和行业协会商会在制度建设中的知情权、参与权、表达权和监督权，让企业和行业协会充分反映企业合理诉求，保障企业合法权益。《政府投资条例》经 2018 年 12 月 5 日国务院第 33 次常务会议通过，由国务院于 2019 年 4 月 14 日发布，旨在为提高政府投资效益，规范政府投资行为，激发社会投资活力。5 月，国务院公布《重大行政决策程序暂行条例》，该条例旨在健全科学民主依法决策机制，规范重大行政决策行为，提高决策质量，保证决策效率。

全面提升政务公开质量，建立有效的信息共享机制，便于社会监督。2019 年 4 月，国务院公布修订后的《中华人民共和国政府信息公开条例》，旨在加大政府信息公开力度，提升信息公开数量，优化公开质量，积极回应政府信息公开的需求。同月，国务院办公厅制定了《政府网站与政务新媒体检查指标》和《政府网站与政务新媒体监管工作年度考核指标》，推动全国政府网站和政府系统政务新媒体健康有序发展，提升信息披露强度。同月，国务院办公厅印发《2019 年政务公开工作要点》，提出要加强政策解读和政务舆情回应，深化重点领域信息公开，完善政务公开制度规范，以公开稳预期、强监督、促落实、优服务，进一步提高政府治理能力。在地方层面，江西省推动各部门打破"信息孤岛"，通过数据共享交换平台系统对接，已实现 116 个"信息孤岛"共享互通；北京市 49 个市级部门的主动公

开信息以国内首创的"全清单"形式通过首都之窗对外发布。

4. 发挥政府诚信建设示范作用，积极主动履行政府承诺

积极做好清理拖欠民营企业和中小企业账款工作。国务院总理李克强在2019年《政府工作报告》中提出，政府要带头讲诚信守契约，决不能"新官不理旧账"，制定了"对拖欠企业的款项年底前要清偿一半以上，决不允许增加新的拖欠"的目标任务。截至2019年11月底，清理拖欠民营企业账款工作中央层面清偿进度为91%，地方层面清偿进度为61%，31个省区市和新疆生产建设兵团皆表示年底前能够完成2019年《政府工作报告》提出的清偿一半以上的目标任务。

加快政府守信践诺机制建设，以司法制度保证政府履约。最高人民法院发布《关于审理行政协议案件若干问题的规定》，着眼于加强政府诚信建设，确保行政机关按照行政协议约定，严格兑现向社会及行政相对人依法做出的政策承诺，确保行政机关认真履行在招商引资、政府和社会资本合作等活动中与投资主体依法签订的各类合同。中共中央办公厅、国务院办公厅印发《法治政府建设与责任落实督察工作规定》，坚持依宪施政、依法行政，坚持问题导向、真督实察、逐层传导、强化问责，不断把法治政府建设向纵深推进。

各地方开展政府诚信专项治理，着力优化营商环境。重庆开展了政府诚信专项督导和涉政府机构失信专项治理，对于政府不诚信行为，发现一起，预警一起，退出一起，确保失信被执行人涉政府机构动态"清零"；黑龙江哈尔滨深入开展"清赖行动"，督促政府机构履行各类承诺优化营商环境；辽宁将行政机关和公务员发生失信行为纳入黑名单；四川、河北、宁夏等地开展政务失信专项治理，建立健全"政府承诺＋社会监督＋失信问责"机制，提升政府公信力。

（二）商务诚信建设情况

1. 金融领域信用建设提速，助力化解融资难题

推动信用评级行业对外开放和统一监管。评级行业作为金融市场的重要

基础设施，其自身的公信力却饱受诟病，信用评级机构普遍存在合规把关不严、评级流程不健全等公信力缺失问题，在2019年债券市场违约主体和违约金额均创新高的背景下，信用评级市场迎来了重大变革。一方面，与国内金融市场的对外开放一致，允许外资信用评级公司进入中国信用评级市场，倒逼评级质量改善，促进行业规范发展；另一方面，监管机构加大对评级机构的监管处罚力度，完善行业的监管体制，构建信用评级市场的监管顶层设计。2019年，中国证监会严格处罚了多家信用评级机构的违规行为。中国人民银行会同国家发展改革委、财政部、证监会制定了《信用评级业管理暂行办法》，规范信用评级业务行为，建立健全信用评级行业的统一监管框架，敦促评级机构勤勉尽责，诚信经营。

妥善化解信用风险，推动信用债市场发展。2019年国内信用债市场的违约主体和违约金额均创新高，对违约债券的处置和信用风险的化解成为重要议题，各方积极行动，推动了相关政策出台。年内，上海证券交易所推出信用保护凭证试点，支持信用债券顺利融资。中国人民银行与国家发展改革委、证监会制定了信用类债券信息披露管理相关制度的征求意见稿，旨在推动公司信用债券信息披露，强化市场约束。2019年12月，中国人民银行会同国家发展改革委、证监会起草了《关于公司信用类债券违约处置有关事宜的通知（征求意见稿）》，为完善债券违约处理机制提供了政策指导，并提出加大对恶意逃废债务行为的惩戒力度，提高违法违规成本，防止更多的融资人恶意违约。

发挥信用优势，化解中小企业和民营企业融资难题。2019年1月，国务院办公厅印发《关于有效发挥政府性融资担保基金作用切实支持小微企业和"三农"发展的指导意见》（国办发〔2019〕6号），要求推进社会信用体系建设，强化守信激励和失信惩戒，严厉打击逃废债行为，为小微企业和"三农"主体融资营造良好信用环境；简化担保要求，简化审核手续，提供续保便利，降低小微企业和"三农"主体融资门槛。2月，中共中央办公厅、国务院办公厅印发《关于加强金融服务民营企业的若干意见》，要求推动数据共享，抓紧构建完善金融、税务、市场监管、社保、海关、司法等

大数据服务平台，健全优化金融机构与民营企业信息对接机制，实现资金供需双方线上高效对接，鼓励信用服务产品开发和创新，支持征信机构、信用评级机构利用公共信息为民营企业提供信用产品及服务。4月，中共中央办公厅、国务院办公厅印发《关于促进中小企业健康发展的指导意见》，要求依托国家企业信用信息公示系统和小微企业名录，建立完善小微企业数据库，积极推进银商合作；依托全国公共信用信息共享平台建设全国中小企业融资综合信用服务平台，开发"信易贷"，推动信用信息共享，改善银企信息不对称，提高信用状况良好中小企业的信用评分和贷款可得性。9月，国家发展改革委、银保监会联合印发《关于深入开展"信易贷"支持中小微企业融资的通知》，就深入开展"信易贷"工作，支持金融机构破解中小微企业融资难融资贵问题做出了具体部署。12月，中共中央、国务院《关于营造更好发展环境支持民营企业改革发展的意见》进一步提出健全民营企业融资增信支持体系。

证券市场信用体系建设迈出新步伐。证券市场的发展以信用为基础，2019年证券市场信用体系建设在加大违法成本、实现分类监管、推进行业诚信文化建设等方面取得显著进展。中国证监会开始公布证券期货市场严重违法失信主体，完善资本市场诚信数据库，向全国信用信息共享平台推送资本市场违法违规信息，开展联合惩戒，督促相关上市公司主体履行承诺。推进信用监管分类，对风险较高的失信主体进行重点监管，支持系统单位开展违法失信核查，采取出具监管关注函、加强现场检查等监管措施；以信用记录为基础，在科创板实行注册改革试点，中国证监会联合七家中央单位制定科创板注册制试行过程中的失信联合惩戒机制。推动证券基金机构开展诚信文化建设，中国证券投资基金业协会自2019年第一季度开始发布私募证券投资基金管理人会员信用信息报告，推动私募股权基金和创业投资基金管理人信用体系建设。

2. 完善纳税信用管理机制，着力优化税务监管体系

税收信用体系建设在信用工作中一直处于领先地位，在前期税收信用制度不断完善、信用信息平台实现常态化运行的基础上，2019年税务系统加

大改革力度，建立个人所得税纳税信用管理机制，实施纳税信用修复机制，纳税信用向融资信用转化，强化"信用＋风险"动态管理。

支持个人所得税改革，建立个人所得税纳税信用管理机制。配合2019年1月全面施行的《个人所得税法》及其实施条例，国家税务总局联合国家发展改革委在8月发布《关于加强个人所得税纳税信用建设的通知》，提出建立个人所得税纳税信用管理机制，全面实施个人所得税申报信用承诺制和纳税信用管理机制，建立健全个人所得税纳税信用记录，实施自然人纳税失信行为认定机制，将个人所得税守信情况纳入自然人诚信积分体系管理机制，为个人所得税守信纳税人提供更多的便利和机会，对个人所得税严重失信当事人实施联合惩戒。

实施纳税信用修复机制。2019年11月，国家税务总局发布《关于纳税信用修复有关事项的公告》，规定了情节轻微或未造成严重社会影响的19种纳税失信行为可修复信用，对纳入纳税信用管理的企业纳税人主动纠正纳税失信行为提供机会。纳税人按照信用修复后的纳税信用等级适用税收政策和管理服务措施，有利于鼓励和引导纳税人增强依法诚信纳税意识。

通过"银税互动"，实现纳税信用向融资信用转化，缓解小微企业融资难融资贵问题。"银税互动"助力小微企业发展活动，是国家税务总局与银监会于2015年7月联合推出的一项举措，目的是通过税务部门向银行业金融机构共享纳税信用评价结果等信息，缓解小微企业信贷融资过程中信息不对称问题，推动银行加大对诚信纳税小微企业的信贷支持力度。4年多来，各地税务、银保监部门和银行业金融机构通力合作，"银税互动"贷款产品增长迅速。据税务部门统计，从2015年至2019年9月底，全国银行业金融机构累计向守信小微企业发放贷款160.9万笔，共计1.57万亿元；仅2019年前三季度，就已向守信小微企业发放贷款69万笔，共计3939亿元，与2018年同期相比，分别增长157.5%、18.6%。[①] 2019年11月，国家税务

① 国家税务总局纳税服务司、银保监会普惠金融部有关负责人答记者问，中国银保监会网站，2019年11月。

总局和银保监会联合印发《关于深化和规范"银税互动"工作的通知》，决定扩大受惠企业范围，推动税银数据直连，鼓励银行创新信贷产品，积极推广成熟使用的信贷产品。河南省税务局打造了银税直通车平台，通过"互联网 + 大数据 + 金融 + 税务"，实现银行、税务、企业的信息互联互通，方便诚信纳税企业申请贷款。广西"银税互动"金融产品服务对象实现守信纳税人全覆盖，同时将在广西经营的 21 家银行全部纳入互动范围。安徽税务部门持续推进"税融通"，推动纳税信用贷款发展。山西税务扩大税收信用信息主动推送范围，扩展银税合作的领域，服务诚信纳税企业开展信用融资。

优化税务监管体系，强化"信用 + 风险"动态管理。2019 年 8 月，国家税务总局印发《关于实施第二批便民办税缴费新举措的通知》，从便利申报纳税、优化办税服务、便捷发票使用、完善信用建设、加强咨询辅导等 5 个方面再推出 10 条具体举措，进一步为纳税人、缴费人和基层税务人增便利、减负担。10 月，国家税务总局出台《税收征管操作规范》，规范税费业务办理，解决难点痛点问题，尤其在"信用 + 风险"动态监管方面，强调信用积分高低的服务和监管差异化，实现信用管理和风险管理良性互动。11 月，国家税务总局发布《关于支持和服务长江三角洲区域一体化发展措施的通知》，出台 16 项税收便利服务措施，便利纳税信用较高的企业跨省办税，推动税收信用共认共用，实现共用动态信用积分，共认纳税信用评价结果、共推风险预警提醒。12 月，国家税务总局印发《关于进一步完善涉税专业服务监管制度有关事项的公告》，对涉税专业服务信息采集、信用复核、约谈等制度进一步简化、修改和完善，尤其是进一步明确涉税专业服务机构和人员信用复核的途径、办理时限及流程，有利于全面提升涉税专业服务质量，优化相关信用积分指标体系，改善税收营商环境。

3. 信用交通建设持续发力，构建信用监管新格局

2019 年 2 月，国家发展改革委办公厅发布《关于进一步做好交通出行领域失信治理有关工作的通知》，对全国范围内违法违规次数较多的道路客运企业开展失信专项治理工作。在 2019 年春运期间，国家公共信用信息中

心对全国9400余家长途客运企业和客运站开展公共信用综合评价，并将评价结果推送至相关部门，方便实施分类信用监管。5月，交通运输部等部门制定的《关于加快道路货运行业转型升级促进高质量发展的意见》提出，要推进分类分级管理，建立货运企业分类分级监管体系，推进道路货运企业及其车辆、驾驶人的交通违法、安全事故等相关信息跨部门共享，加大对违法失信经营主体的惩戒和定向监管力度，实现"一处违法、处处受限"，情节严重的淘汰退出道路货运市场。11月，交通运输部和国家发展改革委印发《关于深化道路运输价格改革的意见》，推动建立道路运输价格信用监管机制，依法依规对相关失信责任主体实施失信联合惩戒。天津市通过"信用＋科技"提升出租车服务品质，出租车顶灯直接通过星级显示车辆服务水平，违规将"扣分"。河南、浙江等省市不断完善严重违法失信超限超载运输黑名单，推进超限超载治理，通过建立及完善联合惩戒机制，提高超限超载失信成本，倒逼市场主体规范经营。推行以信用为基础的新型监管机制，推行交通行政许可办理信用承诺制，浙江、安徽等27个省区市在交通运输领域行政许可办理中均加速推进信用承诺制，不仅提高了行政效率，也为加强事中事后监管提供了依据。

4.加强食品安全监管体制建设，推动食品安全迈上新台阶

食品安全关系人民群众身体健康和生命安全，关系中华民族未来。2019年，国内用最严谨的标准、最严格的监管、最严厉的处罚、最严肃的问责，进一步加强食品安全工作，确保人民群众"舌尖上的安全"。2019年2月，中共中央办公厅、国务院办公厅印发了《地方党政领导干部食品安全责任制规定》，建立地方党政领导干部食品安全工作责任制，强化食品安全属地管理责任，这标志着食品安全进入党政领导干部的绩效目标。3月，《中华人民共和国食品安全法实施条例》经国务院第42次常务会议修订通过，该条例强化了食品安全监管，要求县级以上人民政府建立统一权威的监管体制，并建立严重违法生产经营者黑名单制度和失信联合惩戒机制；进一步落实了生产经营者的食品安全主体责任，细化企业主要负责人的责任，规范食品的贮存、运输，禁止对食品进行虚假宣传，并完善了特殊食品的管理制

度。5月，中共中央、国务院印发《关于深化改革加强食品安全工作的意见》，指出实行最严厉的处罚，强化信用联合惩戒；推进食品工业企业诚信体系建设，建立全国统一的食品生产经营企业信用档案，将其纳入全国信用信息共享平台和国家企业信用信息公示系统。实行食品生产经营企业信用分级分类管理。进一步完善食品安全严重失信者名单认定机制，加大对失信人员联合惩戒力度。同时，将进口食品的境外生产经营企业、国内进口企业等纳入海关信用管理体系，实施差别化监管，开展科学有效的进口食品监督抽检和风险监控，完善企业信用管理、风险预警、产品追溯和快速反应机制，落实跨境电商零售进口监管政策，严防输入型食品安全风险。

5. 加强会计领域诚信建设，提升会计违法失信成本

会计师事务所和从业人员是会计信息的主要提供者和质量保证人，会计信息是投资者、债权人、社会公众、政府部门等进行投资决策、宏观调控等的重要依据。但是，国内有些会计机构在企业的财务问题中并未表现出中立专业的立场，甚至参与了弄虚造假，导致社会对会计师事务所和从业人员的职业操守及业务水准产生怀疑。2019年会计行业主管机构积极推进会计诚信建设，提高失信成本。10月，财政部印发《关于加强国家统一的会计制度贯彻实施工作的指导意见》，提出切实采取措施加强监管，依法查处扰乱会计秩序、提供虚假会计信息等行为，进一步规范会计秩序和提高会计信息质量，为此要加强会计诚信建设，完善会计人员职业道德规范，建立健全会计人员守信激励和失信惩戒机制，建立严重失信会计人员"黑名单"制度；积极创造条件、争取广泛支持，将会计人员、会计中介机构的信用情况及会计违法单位的信息纳入全国信用信息共享平台，提高失信惩戒的约束力和震慑力。同月，财政部就《中华人民共和国会计法修订草案（征求意见稿)》向社会公开征求意见，与现行会计法相比，征求意见稿引入会计民事责任，加大违法处罚力度，提高了会计师事务所和从业人员的违法失信成本。

（三）社会诚信建设情况

社会诚信是社会信用体系建设的基础，是社会信用体系建设和经济发展

的根本目的，只有社会主体之间形成以诚相待、以信为本的社会治理局面，实现社会文明进步，以人为本的现代发展理念才能得以体现。当前，在我国高质量发展、创新发展的战略部署下，以信用理念进行全面社会治理的理论共识和实践态势初步形成，社会诚信得到全面推进，2019年，我国社会诚信建设工作主要体现在以下方面。

1. 推动科研诚信建章立制，弘扬优秀作风学风

科研诚信是科技创新的基石，作风学风是科技工作的生命线。2019年国内科研诚信体系建设工作积极稳妥推进，一方面，树立先进典型，弘扬优秀科学家精神，营造良好学术生态；另一方面，加大对科研失信失德行为的打击力度，不断建章立制，完善惩戒措施和手段。2019年初，个别影视明星的博士学位论文学术不端行为，直接诱发教育部严格规范学位论文和学位授予管理，要求加大对学术不端、学位论文作假行为的查处力度，实现"零容忍"，探索建立学术论文、学位论文馆际和校际学术共享公开制度，主动接受社会监督。2019年6月，中共中央办公厅、国务院办公厅印发《关于进一步弘扬科学家精神加强作风和学风建设的意见》，提出要坚守诚信底线，主动发现、严肃查处违背科研诚信要求的行为，并视情节追回责任人所获利益，按程序记入科研诚信严重失信行为数据库，实行"零容忍"，在晋升使用、表彰奖励、参与项目等方面"一票否决"。为了完善科研诚信监督机制，2019年3月，科技部统筹负责科研诚信相关管理工作的科技监督与诚信体系建设司，赴国家公共信用信息中心调研，落实中共中央办公厅和国务院办公厅《关于进一步加强科研诚信建设的若干意见》，加快推进科研诚信信息化建设相关工作，推动科研诚信信息系统与全国信用信息共享平台对接。2019年8月23日，科研诚信建设联席会议第七次会议召开，审议通过了《科研诚信案件调查处理规则（试行）》，推进了违规行为调查处理制度建设；10月，科技部公布《科学技术活动违规行为处理规定（征求意见稿）》，为规范科学技术活动违规行为处理，建立完善以信任为前提的科研管理机制，提出科研领域严重失信行为将由相关部门依规进行联合惩戒，不断完善惩戒措施和手段，发挥监督惩戒的震慑作用，保持对科技违规行为

"零容忍"的高压态势。11 月，科技部、中国科学院、中国工程院联合召开加强科研作风学风建设座谈会，进一步听取科研人员对弘扬科学家精神，践行良好作风学风的意见建议；同月，全国科技监督与诚信建设工作会议在北京召开，规划推进科技监督与诚信建设工作。

2. 医保领域信用建设铺开，提升医保资金使用效率

医疗保障（简称"医保"）与群众生活息息相关，也事关公众福祉。在医保基金收支平衡压力较大的情况下，打击不法医疗机构和参保人员的"套保""骗保"，可以提升医保基金使用效率，确保群众就医需求得到满足，减少患者经济负担。2019 年 4 月，国家医疗保障局公布《医疗保障基金使用监管条例（征求意见稿）》，国务院医疗保障行政部门负责全国医疗保障领域信用管理工作，纳入社会信用体系，建立欺诈骗保举报奖励制度，对于违反相关规定的单位和个人，可以采取公开曝光、纳入失信联合惩戒对象名单等措施。5 月，《关于开展医保基金监管"两试点一示范"工作的通知》（医保办发〔2019〕17 号）确定在全国 17 个城市开展国家医保基金监管信用体系建设试点，建议试点地区探索建立基金监管信用评价指标体系、建立定点医药机构动态管理机制、推进行业自律和联合惩戒。7 月，《国务院办公厅关于印发治理高值医用耗材改革方案的通知》（国办发〔2019〕37 号）要求，从严查处各级各类医疗机构高值医用耗材临床使用违规行为，建立完善相关信用评价体系；建立定点医疗机构、医务人员"黑名单"制度，完善医保定点医疗机构信用评价体系；将高值医用耗材相关企业及其从业人员诚信经营和执业情况纳入信用管理体系，加强对失信行为的记录、公示和预警，强化履约管理。在地方层面，甘肃开展打击欺诈骗取医疗保障基金专项行动"回头看"，湖北开展医疗保险信用评价试点，云南探索基于区块链创新的智慧医保信用体系，山东推动建立医保信用评价体系，哈尔滨启动医保领域信用体系建设和药品流通行业协会诚信建设，宿迁将医保信用管理全面纳入本市诚信建设体系，唐山、大连等建立医保信用"红黑名单"。

3. 规范互联网平台监管，专项治理应用程序违规行为

互联网平台及相关的应用程序对优化资源配置、提升交易效率具有重要

作用，但该领域长期以来良莠不齐，部分平台和程序无视用户的利益，过度采集用户信息，制定各类霸王条款侵害用户权益，因此规范该领域平台及程序的相关行为迫在眉睫。2019年8月，国务院办公厅印发的《关于促进平台经济规范健康发展的指导意见》（国办发〔2019〕38号）指出，建立健全协同监管机制，根据平台信用等级和风险类型，实施差异化监管，对风险较低、信用较好的适当减少检查频次，对风险较高、信用较差的加大检查力度；完善新业态信用体系，在网约车、共享单车、汽车分时租赁等领域，建立健全身份认证、双向评价、信用管理等机制，规范平台经济参与者行为。12月，2019年中国网络诚信大会召开，32家互联网单位共同发布《平台经济领域信用建设合作机制西安倡议》，倡导诚信守法经营，加强行业自律，厚植诚信文化；人民网、新华网等16家网站、平台共同签署了《共同抵制网络谣言承诺书》。移动互联网应用程序（APP）强制授权、过度索权、超范围收集个人信息的现象大量存在。针对这一问题，2019年1月，中央网信办、工信部、公安部、市场监管总局正式对外发布《关于开展APP违法违规收集使用个人信息专项治理的公告》，决定自2019年1月至12月，在全国范围组织开展APP违法违规收集使用个人信息专项治理。10月，工信部发布《关于开展APP侵害用户权益专项整治工作的通知》，重点整治8类APP侵权行为，将受到行政处罚的违规主体纳入电信业务经营不良名单或失信名单。

（四）司法公信建设情况

司法公信是社会信用体系建设的重要内容，是树立司法权威的前提，是社会公平正义的底线。2019年，我国司法系统以信用为核心深入推进司法公信建设，取得显著成效，受到国际组织的高度评价。根据世界银行发布的2020年营商环境报告，我国连续2年跻身全球营商环境改善幅度前十名，其中，评价民商事司法制度与法院工作质效的"执行合同"指标保持全球领先，排名提升1位至第5位；体现司法制度与工作机制的"司法程序质量"排名全球第一。这充分说明，强化司法公开、司法效能和司法公信，

本身就是优化法治营商环境的有力举措。

1. 公正审批一批重案要案，维护法律的公平正义

及时公开公正审理群众关切的大案要案，努力让人民群众在每一个司法案件中感受到公平正义。例如，最高人民法院对顾雏军等人再审一案进行公开改判，使得案件得到公正处理，维护了法律权威，更树立了企业家对法律的信心；湖南新晃"操场埋尸"案和孙小果系列案等具有重大社会影响的案件得到严肃处理。政法机关响应人民群众的热切呼唤，重拳打击影响司法公正的"关系网""保护伞"，清除影响司法公正的"害群之马"，彰显了法律面前人人平等的基本理念，迅速依法严惩涉黑涉恶案件，让基层群众感受到法律的公平正义。

2. 全面落实司法责任制，加强对司法活动的监督

十九届四中全会指出，健全社会公平正义法治保障制度，深化司法体制综合配套改革，完善审判制度、检察制度，全面落实司法责任制，完善律师制度，加强对司法活动的监督，确保司法公正高效权威。2019年，最高人民法院深入推进司法责任制改革，加快构建审判权力运行和监管新机制，强力落实"有序放权、科学配权、规范用权、严格限权"。一是完善审判监管机制，对审判活动进行有效监督。2019年，中央政法委与最高人民法院、最高人民检察院印发《关于加强司法权力运行监督管理的意见》，旨在全面落实司法责任制，实现对司法权力的有效监管；最高人民法院颁布《进一步加强最高人民法院审判监督管理工作的意见（试行）》，立足审判实务，规范案件办理流程，要求所有案件网上流转、依法公开，实现对案件的全程留痕、全程跟踪、全程监督；加强对重大、疑难、复杂案件的审判监督管理，确保监督有序、监督有责、监督留痕。二是完善审判权力和责任清单，构建"有权必有责、用权必担责、失职必问责、滥权必追责"的审判权力运行体系。最高人民法院印发《关于完善人民法院审判权力和责任清单的指导意见》和《最高人民法院法官审判权力和责任清单（试行）》，明确院庭长、审判组织和承办法官依法行使职权的边界和责任，强化院庭长审判监督管理责任，规范完善包括群体性案件、疑难复杂案件、类案冲突案件和特定案件在内的"四类案件"监管机制。三是完善法律统一适用机制。最高人民法院印发《关于建立法律适用分歧解决机制的实施办法》，推动从审判机制上避免本级生效裁判之间发生法律适用分歧，能够有效避免和解决"类案不同判"等影响司法公正和司法公信的问题①。

3. 持续深化司法公开，主动接受社会监督

按照公开为原则，不公开为例外，法院系统以四大司法公开平台为载体，阳光司法的广度不断拓展，内涵不断丰富。2019年，最高人民法院印发《关于公开民商事案件相关信息的通知》，要求各高级人民法院充分利用司法公开平台，在2019年底前主动向社会公开辖区内各级法院民商事案件平均审理天数、结案率等信息，民商事待结案件预期审理期限原则上应当在审限届满之日起公开。人民法院通过举办公众开放日活动，主动接受社会监督；巡回法庭发挥贴近基层、贴近一线的优势，通过"大法官开庭"暨公众开放日活动、巡回审判、跨域立案、视频接访、律师志愿咨询等形式，开展"司法公开"活动。司法大数据平台整理各类审理案件特征，推出多期不同主题的报告，寻找案例的共性和特征。

4. 健全解决执行难长效机制，持续攻坚执行难问题

2019年3月，最高人民法院在十三届全国人大二次会议上报告已如期实现"基本解决执行难"的目标，正在向"切实解决执行难"持续攻坚。2019年7月，中央全面依法治国委员会印发《关于加强综合治理从源头切实解决执行难问题的意见》，提出通过健全网络执行查控系统、建立健全查找被执行人协作联动机制、加快推进失信被执行人信息共享工作、完善失信被执行人联合惩戒机制、加强和改进人民法院执行工作、深化执行联动机制建设等措施，加强执行难综合治理，确保"切实解决执行难"目标实现。最高人民法院随后印发《关于深化执行改革健全解决执行难长效机制的意见》，提出要充分发挥执行工作强制性特点，充分运用现代信息技术，大力加强执行规范化建设，全面提升执行公信力，推进执行工作体系和执行工作能力现代化，巩

---

① 胡仕浩、何帆：《司改2019：更高起点 更进一步》，《人民法院报》2020年1月2日。

固和深化"基本解决执行难"工作成果，建立健全解决执行难长效机制，全面提高执行工作水平，奋力向"切实解决执行难"目标迈进。

5. 打击虚假诉讼，推进司法信用建设

虚假诉讼近年来成为一个不可忽视的问题，尤其是在财产性纠纷案件中尤为多发，2019 年 5 月，最高人民检察院通报检察机关加强虚假诉讼监督情况，山东、宁夏检察机关启动为期两年的虚假诉讼监督专项活动。检察机关在防范打击虚假诉讼中的作用日益彰显，维护了司法公正和司法权威，为经济社会发展提供了法治保障。广州互联网法院推出全国首个司法信用概念和首个互联网司法信用报告制度，并同时发布了《广州互联网法院关于建立互联网司法信用报告制度的若干规定（试行）》，针对滥用诉讼、虚假诉讼、拒不执行等现象，选取当事人在诉讼过程中的 36 种行为作为司法信用等级的评定要素，形成司法信用报告。司法部发布《公证执业活动投诉处理办法（征求意见稿）》，打击故意做虚假公证等行为。中共中央办公厅、国务院办公厅印发了《关于完善仲裁制度提高仲裁公信力的若干意见》，提出要坚决纠正扰乱仲裁发展秩序的行为，加强仲裁行业信用体系建设，建立仲裁委员会和仲裁员信用记录及严重失信行为惩戒制度。

二　当前我国社会信用体系建设存在的问题

2020 年是我国《社会信用体系建设规划纲要（2014—2020 年）》（以下简称《纲要》）贯彻实施完成的关键之年，过去六年时间中，我国社会信用体系建设在《纲要》的贯彻落实中得到全面推进，成效显著，人民群众获得感显著增强。与此同时，梳理六年以来我国社会信用体系建设的情况可以发现，目前仍存在以下问题。

（一）信用体系建设的边界模糊

在我国社会信用体系建设的实践探索中，"信用是个筐，什么都往里装"的情况较为普遍，加之舆论对信用监管正面效应的宣传放大，信用工作的边界不断扩张，大有"刹不住车"的发展态势。一些学者提出应警惕"征信滥用"，未来情况堪忧。例如，曾有企业提议将"IT行业跳槽"行为纳入"失信"记录，引发了很大的争议。IT行业跳槽率高由深层次的经济规律所支配，在经济发展过程中人力资本贡献率超过物质资本贡献率，人逐渐由依附于物质机器的低级劳动者向充分发挥人的智慧的高级劳动者转变本是经济发展的规律，是积极信号。管理者为了实现自身的监管目的，未对管理对象的特征进行充分调查研究便进行"信用+"管理，这类做法显得武断。

任何事物均有其存在的边界，在事物产生、发展、演进和消亡的不同阶段，边界的范围和内涵将呈现不同的变化，信用工作也不例外。由于我国的经济社会历史环境等原因，社会信用体系建设在产生阶段边界模糊是一种正常现象。随着我国社会信用体系建设的持续推进，边界模糊问题将制约其发展路径和目标实现，尤其是我国的信用工作涉及范围广泛、人员体量巨大，边界模糊问题可能导致"差之毫厘，谬以千里"的结果。

单就信用监管工作来看，我国的信用工作实际上正在解决"法治和德治"的落地问题，背后对应着现代社会对法治的必然要求和我国深厚的传统文化基础，如"人而无信，不知其可也""人非圣贤孰能无过"等。"法治和德治"相结合的提法在我国早已有之，我国经济发展迅速，但社会信用基础仍然薄弱，仍需进一步推进"法治和德治"理念的落地，实践证明以"信用监管"作为重要抓手具有有效性。但重点领域关键事项的信用监管必须遵循严格的制度规范，将"监管事项纳入失信记录"这一行为本身属于"政务诚信"范畴，起到引导和表率作用，这一做法是否"守信"决定了信用工作的性质和方向。"边界模糊"表明我国信用工作仍处于不成熟的探索阶段，接下来应考虑完善相关制度，将信用管理权力关入"制度的笼子"。

（二）理论上对信用内涵理解不一

当前，我国信用工作边界模糊的深层次原因，在于人们对于信用定义和内涵的理解模糊。我们曾给出当前我国的社会信用体系建设是在"广义信

用"的概念下开展的，广义是相对于狭义的"信贷、金融信用"而言的，但并不等同于其内涵没有边界。我们发现，大家都在做信用工作，但每个人对信用的理解并不相同，这在起步阶段似乎无可厚非，但随着工作的深入推进，对内涵边界达成共识的呼声渐高。当前的信用理论研究主要由以下思想主导：一是"评级思想"，这决定了谈及"信用""数据"必谈评价，这一思想是当前信用监管工作的主流，其源于"征信评级"行业信用评价的思路；二是"诚信思想"，这源于虽然道德要求是非制度性的安排，但在各个国家、各个时期都是人们追求的终极目标，以此出发理解信用有其合理性；三是"信息思想"，随着信息技术的高速发展，人们逐渐认识到"信息"是与万物存在状态相对应的范畴，信息社会的制度变革逐渐为人们所重视，可见，沿着"信息思想"理解信用有可能成为主流。

事实上，由于我国悠久的诚信文化传统，加之社会主义基本制度的价值取向和计划经济向市场经济转轨的历史因素，同时兼有城镇化、法治化和信息化同步融合推进的现实背景，我国信用理论研究必然经历关注各种复杂因素交织糅杂的阶段，甚至在某些特定阶段呈现"四不像"状态。然而，当这些不同的思想理念交织在一起、指导不同地区的信用工作人员时，经常面临某一具体问题由哪个思维主导的选择困境，目前理论界尚未就此达成统一的思想认识。接下来，随着信用工作由起步向纵深阶段发展，我们必须在理论上厘清我国社会信用体系建设的内涵边界，否则按照当前各种思想主导、无所不包的理念发展下去，信用工作本身的"公信力"将受到威胁，而一旦步入"塔西佗陷阱"，公信力将难以在短期内重建。

（三）政府和市场分工不明

我国的社会信用体系建设工作是在政府主导下起步的，其在短期内取得的社会成效有目共睹。一方面是由于我国在规范市场经济秩序和社会管理中迫切需要一种有效的载体和抓手；另一方面则是由我国社会主义的价值取向和社会主义市场经济的基本经济制度所决定的。如前所述，我们谈及"信用工作边界模糊"的隐含主体是"政府"，是指政府在进行市场信用监管时边界模糊。我国目前正在建立以信用为核心的新型市场监管体制，显然，政府在此过程中将继续发挥主要作用。在理论研究中，我们不断探寻这一过程中政府的边界和市场的角色所在，发现当前我国社会信用体系建设在政府层面是由"评级思想"和"诚信思想"所主导的，单就信用监管而言，政府和市场的边界不清，几乎找不到市场发展的轨迹。

反观市场，我们的研究对象则聚焦于几大互联网公司和新兴经济业态的发展。在这些领域，信用与互联网、信息、大数据的发展密切相关，"信用蓝皮书"系列报告曾多次提到，从根本上说，信息技术的发展是信用制度建立和完善的生产力前提，实践中互联网巨头和新兴经济业态的繁荣则是信用市场延续"信息思想"发展的有力证据。

可见，由政府主导或以政府为主体的社会信用体系建设与完全在市场力量下发展起来的经济形态，二者之间存在明显的"鸿沟"，尤其是在前者中仍难以找到信用服务市场的影子，总体上，我国信用工作存在政府和市场的边界模糊问题。举例来说，各级政府信用监管数据产生于公共管理工作中，关于数据的所有、使用、加工、处理、评价，政府和市场的边界如何界定？围绕社会信用体系建设本身而展开的信用服务市场如何发展？在"评级思想"的主导下，政府如何"补位"而不"越位"，使市场在信用服务"资源配置中起决定性作用"？解答好这些问题仍然有很长的路要走。

三 政策建议和未来展望

（一）厘清信用边界，统一思想认识

我国社会信用体系建设根植于我国几千年来的儒家诚信文化基础，自维护市场秩序被提出，肩负着我国城镇化、法治化、信息化发展过程中国家治理和社会治理的重任。与此同时，各领域信用工作者又受限于西方发达国家"信用评级"的思想理念，导致我国信用工作人员对社会信用体系建设的认识并不统一、工作界限模糊、政府和市场边界不清等问题。这些因素将长期存

在，接下来有必要从理论上厘清未来我国信用工作的边界，统一思想认识。

我们认为，在理解和建立信用理论体系时，应少些道德文化的甚至感性因素，而多些经济、管理、法律等学科的理性思维和研究方法。将"诚信"和"信任"这一亘古存在的核心价值理念通过信用机制设计进行固定化、规范化和制度化，是我们建立和实施社会信用体系的初衷所在。虽然文化和道德追求体现了社会发展的本质，但按照辩证唯物主义的认识论，停留在这个维度进行讨论将使我们所理解的信用内涵漫无边界，所实现的结果可能与我们的目标截然相反，这一特点在社会信用体系建设工作中尤其突出。

（二）加强顶层设计，深化宏观理念

1. 信用体系是社会主义市场经济的重要内容

首先，通过对我国改革开放40多年经济社会发展历程进行梳理可以发现，"市场经济"在我国的发展是"社会主义市场经济"，是在社会主义基本制度前提下发展的市场经济，体现社会主义的根本性质。社会主义是前提，市场是在国家宏观调控下对资源配置起决定性作用的实现方式。"社会主义"决定着我国社会信用体系建设的根本性质和价值取向。回顾过去40多年来我国信用体系建设与社会主义市场经济相伴发展的轨迹，可以发现，市场经济本身将导致失信、无序发展、贫富差距、环境破坏、公地悲剧等后果，必须进行监管与引导。我国的信用体系建设起源于此，力图在社会主义价值观的引导下，建立诚信有序的即"好"的市场经济。

其次，应该认识到社会信用体系体现了我国社会主义制度的价值取向，这对于在信用视角下理解我国的改革路径和经济发展方式至关重要，也是我国信用工作的宏观理论依据所在。很多发达国家和我国的学者对主流经济理论指导下的经济伦理问题进行研究，一些学者由此提出幸福经济学、价值经济学、道德经济学理论。我国社会信用体系建设中政府守信、政务诚信①、

---

① 注：政府守信和政务诚信是两个不同范畴和层面的问题，详情请见本课题组的专题研究。

商务诚信、社会诚信、司法公信，以及市场信用监管所依赖的价值依据都是在这一方向上的重要探索。根据目前我们的研究结论，中国共产党和我国政府在"以人民为中心"的发展思想下获得的公信力①是我国取得举世瞩目发展成就的前提条件。

可见，我国宏观经济发展实践和社会主义市场经济理论，是理解我国社会信用体系工作的出发点。未来社会信用体系将发挥市场监管、价值引导的作用，成为社会主义市场经济健康有序发展的有效依托，以信用为基础的新型市场监管机制，也将成为与社会主义市场经济相伴的制度安排。

2. 信用体系是社会治理体制的重要组成

"社会治理"的理念在十八届三中全会审议通过的《中共中央关于全面深化改革若干重大问题的决定》中被正式提出，此次会议明确提出推进国家治理体系和治理能力现代化的总目标。社会主义市场经济体制和社会主义社会治理体制是一脉相承、相互促进的，市场经济体制是基础，社会治理体制是目的，在实践中，有效的社会治理保证了市场经济的有序运行，二者的辩证关系体现了我国以人民为中心的发展原则和价值取向。

改革开放40多年也是我国寻找和探索社会治理有效路径的40多年。面对我国由计划经济向市场经济体制的转型，世界第一人口大国城镇化的进程与法治化相伴而行，加之信息化的全面渗透，我们一直在探索和实践与我国社会主义社会发展现实相适应的社会治理方式。即在短时间的重大社会转型中，如何实现与经济总量相适应的"人的现代化"的问题。从这个意义和视角上，我们不难理解，在我国各个城市的社会信用体系建设实践中，出现了与城市管理相适应的具有地方特色的各种"信用分"，有的将"乱扔垃圾""闯红灯"纳入信用管理，这些具体做法实施的关键是确保信用治理与该地区的社会基础相匹配和适应，不可一概而论。

---

① 注：2018年、2019年国际公关公司爱德曼发布的"全球信任度调查报告"均显示，中国民众对政府、企业、媒体和非政府组织的信任度居27个被调查国家/地区之首，2019年对政府信任度达到86%。

（三）健全法律法规，完善信用治理

建立健全信用法律制度体系有两层含义。一方面，社会信用体系是伴随我国法治进程发展的。从这一历程看，社会信用体系已经实现并将继续成为我国各项法律法规执行到位的有力抓手，这一特点在法院系统应用信用联合惩戒解决执行难的攻坚战中已得到充分说明。此外，税收信用、环保信用等领域较为成熟的信用管理实践也再次证明，信用是落实各领域法律法规的重要抓手。

另一方面，无论是市场信用监管的宏观设计和联合奖惩的实施，还是依托信用分进行社会治理，未来社会信用体系建设在我国的深入发展必将经历规范化和法制化路程。以社会信用体系为基础创新社会治理具有鲜明的地方特色，这在当前我国的社会信用实践中有所体现。接下来，应加快对社会信用治理创新实践做法的研究和提炼，加快法律化、制度化进程，使社会信用管理在理论和法律中都有迹可循。

（四）激活"信用＋"模式，促进信用市场发展

当前有两种思维在主导我国信用服务市场发展。一是"评级思维"，这源于传统信用评级和征信行业，以及对西方信用发展经验的借鉴，在传统信用评级行业的发展和转型中无可厚非。但结合上文分析的我国社会信用体系建设的独特性，涉及"信用"必谈及"评价"的单一思路并不可取，在广义信用理论指导下，我国社会信用体系建设已远非"评价"的范畴，尤其是在市场监管和社会治理领域，这种思路将限制信用管理方式的多样性实践探索。二是"信息思维"，在信息技术快速发展的大背景下，一直以来我们多方呼吁，未来"信用＋"将是"互联网＋"行动之后，推动我国经济结构转型和新经济发展的重要力量，"互联网＋"在技术层面实现了社会领域的全面变革，"信用＋"将在制度层面引领经济社会的全面变革。市场将是这场变革的主要推动力量。就目前来看，我国信用服务市场力量的培育和发展仍不容乐观，市场尚处于由"评级思维"向"互联网（或信息）思维"

转变的过程中，接下来应该引导市场力量将信用核心理念付诸信用信息产品实践，只有当更多的以信用为核心机制、互联网和共享经济等新业态新经济领域的企业出现，信用服务的市场基础才得以牢固建立。

参考文献

［1］《中共中央关于全面深化改革若干重大问题的决定》，2013年11月9日。

［2］《习近平在中国共产党第十九次全国代表大会上的报告》，2017年10月18日。

［3］2018～2019年的《政府工作报告》。

［4］章政：《用"信用+"对接多元实践》，《兰州日报》2017年8月8日第7版。

［5］章政、张丽丽：《中国公共信用体系建设：特性、问题与对策》，《新视野》2017年第2期。

［6］张丽丽：《我国科研信用管理体系建设研究》，《中国高校科技》2018年第6期。

［7］〔德〕克劳斯·施瓦布（Klaus Schwab）：《第四次工业革命——转型的力量》，中信出版社有限公司，2016。

［8］《中国社会信用体系建设回顾与展望》，中国信用4.16高峰论坛发布，2014～2019年历年。

分 报 告

Sub-reports

B.3

政务诚信建设与政府公信力提升

张丽丽　章　政*

摘　要：　政务诚信是社会信用体系建设的关键，政务行为主体的诚信水平对其他社会主体的诚信建设发挥着重要的表率和导向作用①。本报告从政府诚信的内涵出发，分析了政府诚信与政府信用的基本特点。通过梳理我国政府诚信建设和公信力提升所取得的成绩和存在的问题，提出建设和完善政务诚信体系的政策建议，包括厘清思想认识，建立政府信用监督机制；强化微观基础，构建政务诚信工作长效机制；加强理论研究，探索政府信用评价的实践形式；等等。

---

*　张丽丽，北京大学经济学院博士后，北京大学中国信用研究中心研究员；章政，北京大学经济学院教授、博士生导师，北京大学中国信用研究中心主任。
①　中国政府网：《社会信用体系建设规划纲要（2014—2020年）》。

关键词：　政务诚信　公信力　服务型政府　信息公开

一　政务诚信的基本内涵

（一）政务诚信是社会信用体系建设的核心环节

2016 年 3 月 28 日，李克强总理在国务院第四次廉政工作会议上强调"治国理政，无信不立。一些地方政府不按合同办事，说变就变，让企业无所适从。各级政府必须把诚信施政作为重要准则，以徙木立信之态取信于民，带动全社会诚信意识的树立和诚信水平的提高"[①]。《社会信用体系建设规划纲要（2014—2020 年）》将政务诚信作为社会信用体系建设的首要领域，明确政务诚信是社会信用体系建设的核心环节，对其他主体的行为具有表率作用，事关社会信用建设工作的成败。

近年来，我国政府以政务信息公开工作为政务诚信建设的突破口，对各相关工作的推进力度前所未有。2012 年以来，国务院先后下发的有关政务信息公开的文件多达 20 个，仅 2016 年国务院发布的涉及政务信息公开的政策文件就达到 7 个。与此同时，国家提出了一系列配套措施加强政务诚信建设，相关措施主要有简政放权、放管服改革、依法行政、政务信息共享、"互联网＋政务"、建立新型市场监管方式等。

在实践中，目前我国推进的各项改革措施都是围绕政务诚信建设和市场监管机制创新展开的。政府简政放权、新型市场监管方式创新、政务信息公开、政务诚信建设、社会共治、社会信用体系建设等工作由国务院统一部署，由不同部门负责牵头实施，理论上这些具有内在逻辑的改革措施都是由政务诚信和公信力建设延伸出来的。同时，相关改革过

---

① 《李克强：各级政府必须把诚信施政作为重要准则》，中国政府网，http：//www.gov.cn/guowuyuan/2016 - 03/28/content_ 5059193.htm，2016 年 3 月 28 日。

程也是政府向社会放权授信，提高各类社会主体信用水平，释放市场活力的过程。

（二）政务诚信的基本内涵

"政务诚信"和"政府信用"的概念源于广义信用理论，广义信用是指信任的凭证和依据，在不同的历史时期，信用表现为不同的具体形式，在信息社会和数字化时代，信用以各种计算机数据的形式即信用信息表现出来。政务诚信和政府信用的概念主要存在以下差异。

首先，通常所提到的政务诚信是指政务活动被全社会所信任的凭证和依据，是以诚信的价值取向对具体的政务行为进行制约和规范，具有正向激励的导向性特征，是对各级各部门政务主体进行评价、评判的标准和依据。政府信用则作为公权力的集合而存在，集中体现一国政权和主权的可信程度，是其他主体信用的源头所在，政府信用的性质由国家制度所决定，在信用体系中处于核心地位。

其次，当前语境下，政务诚信建设以现代信息技术为基础，政府的工作平台、工作机制、工作思维和政务工作方式等以信用机制制度化进行；与政府信用的内涵相比，政务诚信的涵盖范围相对较窄，是对政府具体行为的要求和规范。

按照广义信用的定义，理解政务诚信的范围和内涵，需要确定政府被其他主体信任的依据和凭证，政务诚信建设的具体内容与经济社会发展对政务工作的要求息息相关，目前我国政务诚信工作具体包括政务信息公开、依法行政、廉洁行政、"放管服"改革推进、公务人员依法行政等。

二　当前我国政务诚信建设取得的成就

（一）全面实施"放管服"改革，推进政府职能转变

当前我国以简政放权为突破口全面深化放管结合、优化服务，推进政府

行政职能转变的一系列改革，是我国市场在资源配置中起决定性作用和更好发挥政府作用的必然要求。

2013 年 3 月，国务院公布《国务院机构改革和职能转变方案》，在机构改革和职能转变两方面做了重大部署，决定减少和下放审批事项，减少资质资格许可与认定，减少专项转移支付和收费以及改革工商登记制度等①。2016 年 5 月 24 日，国务院继续印发《2016 年推进简政放权放管结合优化服务改革工作要点》，文件指出，2016 年是"十三五"规划开局之年，也是推进供给侧结构性改革的关键之年，年内将在更大范围、更深层次、以更有力的举措推进简政放权、放管结合、优化服务的改革，使市场在资源配置中起决定性作用和更好地发挥政府作用，着力降低制度性交易成本，激发市场活力和社会创造力，与"大众创业、万众创新"和发展壮大新经济紧密结合，进一步形成经济增长内生动力②。

至 2016 年 5 月 27 日，我国"放管服"改革在推出三年多时间后成效显著。这三年多来国务院共取消和下放行政审批事项 618 项，占原有审批事项的 36%，多数省份行政审批事项减少 50% 左右；中央层面核准的投资项目数量下降 76%，中央政府定价项目减少 80%；工商登记前置审批精简 85%，注册资本由实缴改为认缴；个人和企业资质资格认定事项压减 44%；国家出台的系列税收优惠政策每年减轻企业负担达到 1500 多亿元。简政放权、放管结合、优化服务系列改革已取得明显成效，极大地激发了市场活力，2015 年至 2016 年全国平均每天新增市场主体达 4 万户，两年内中国营商便利度全球排名每年提升 6 个位次③。

2018 年至 2019 年间，"放管服"改革在全国范围内进一步向纵深推进，在优化营商环境、扩大就业、壮大发展新动能中起到重要支撑作用。

①《关于国务院机构改革和职能转变方案的说明》，中国政府网，http：//www.gov.cn/2013lh/content_ 2350848.htm，2013 年 3 月 10 日。

②《国务院关于印发 2016 年推进简政放权放管结合优化服务改革工作要点的通知》，中国政府网，2016 年 5 月 24 日。

③《国务院召开全国推进简政放权放管结合优化服务改革电视电话会议》，中国政府网，2016 年 5 月 9 日。

2018 年底，"一网、一门、一次"在全国范围推广，"一网通办"方面，省级、市县级政务服务事项网上可办率不低于 80%、50%，"只进一扇门"方面，市县级政务服务事项比例不低于 70%，在"最多跑一次"方面，省市县各级 30 个高频事项实现"最多跑一次"①。世界银行《2020 年营商环境报告》显示，我国排名上升了 15 位，连续两年跻身全球营商环境改善前十大经济体。2019 年 10 月 8 日，国务院常务会通过《优化营商环境条例（草案）》，决定将近年来"放管服"改革中行之有效的经验做法上升为法规②。

（二）深化政务信息公开，增强政务服务改革实效

2017 年 3 月 23 日，《国务院办公厅关于印发 2017 年政务公开工作要点的通知》，对以政务公开助力稳增长、促改革、调结构、惠民生、防风险和增强政务公开实效等内容提出明确要求，这是国务院办公厅连续第 6 年发布相关政务信息公开工作要点。

自 2012 年国务院办公厅首次印发政府信息公开重点工作安排以来，我国政务信息公开的内容不断细化，可操作性越来越强，政务公开工作取得了明显成效，解读回应工作更加精确主动。经初步统计，92% 的国务院部门、87% 的省级政府在出台政策时，实现解读材料、解读方案与政策文件同步组织、同步审签，解读材料在文件公布后 3 个工作日内向社会公布③，各级政府在回应社会关切方面有了明显改进，对于社会舆论热点事件反应速度、灵敏度都明显提升。

2016 年以来，国家共发布政务公开工作相关文件 11 个，将政务信息公开工作同深化改革、释放市场活力结合，使其对经济运行和社会发展有充分

---

① 《进一步深化"互联网＋政务服务"推进政务服务"一网、一门、一次"改革实施方案》（国办发〔2018〕45 号），2018 年 6 月 10 日。
② 《数据解密 2019 年国务院常务会》，中国政府网，http：//www.gov.cn/xinwen/2020 – 01/07/content_ 5467284. htm，2020 年 1 月 7 日。
③ 《政务公开越来越有"嚼头"》，《光明日报》2017 年 3 月 31 日。

准确的预期和判断①，充分体现了深化改革中政府让权于民、让权于市场的理念。2016 年全国政务公开主要围绕以下方面工作进行。

第一，推进社会改革公开。权力清单和责任清单公开，在省级政府层面全面公开工作部门权力清单和责任清单，大力推动市县两级政府工作部门的"双清单"，并通过政府门户网站集中展示动态更新；推进市场监管公开透明，依法公开随机抽查事项清单，明确抽查依据、主体、内容、方式等，及时公布抽查结果和查处情况，实现"阳光执法"。

第二，促进经济发展公开。推进经济社会政策公开透明，以稳定市场预期为目标，加大稳增长、促改革、调结构、惠民生、防风险等方面的政策公开力度，及时公布国家重大政策措施；各地推进市场准入负面清单试点情况的公开工作，公开了市场准入负面清单试点内容，明确政府发挥作用的职责边界，落实市场主体自主权；围绕铁路、水利、市政等基础设施推进政府投资的重大建设项目的信息公开；对公共资源配置等领域的信息进行公开；对支持小微企业、促进就业创业、兼并重组等方面的税收优惠和减免等减税降费的政策信息加大公开力度。

第三，对民生改善领域信息进行公开。具体包括推进扶贫工作信息、社会救助信息、就业创业信息、棚户区改造、农村危房改造和保障性住房信息、环境保护信息、教育卫生和食品药品安全信息等的公开。

第四，加大对政府决策、政策执行和落实情况的公开力度，深入推进预决算公开工作。此外，加大政府对政策解读、回应社会关切相关工作的执行力度，更好地发挥媒体的作用，对政务公开的制度化标准化工作进行试点，提高政务公开工作的信息化集中化水平。

（三）保持反腐高压态势，全面从严治党向纵深发展

近年来，我国政府将党风廉政建设的重要性和紧迫性提高到了新的高

---

① 《2016 年中国社会信用体系建设回顾与 2017 年展望》，搜狐网，http：//www.sohu.com/a/145279725_ 649029，2017 年 6 月 1 日。

度，反腐力度前所未有，廉政建设成绩斐然，政府公信力显著提升。2012年底，中共中央政治局通过了《关于改进工作作风、密切联系群众的八项规定》（以下简称《八项规定》）。党的群众路线教育实践活动把贯彻落实《八项规定》精神作为切入点，突出作风建设；地方各级政府贯彻落实《八项规定》，有力促进了党风政风好转和民风社风的转变①。同时，各级纪检监察机关坚决纠正"四风"，抓住重要时间节点、紧盯违反中央八项规定精神的行为，坚持不懈监督《八项规定》的执行情况。2015年全国共查处违反中央八项规定精神问题32128起，处理43231人，给予党纪政纪处分29011人②。2018年，各级纪检监察机关共立案审查存在违反政治纪律行为案件2.7万件，处分2.5万人，其中中管干部29人。中央纪委国家监委公开通报曝光7批50起典型案例，全国共查处相关问题6.5万起，处理党员干部9.2万人，坚决防止"四风"反弹回潮③。这一切，让人民群众感受到党在反腐问题上的决心和立场，有力提升了政府在群众中的地位和公信力。

经过近年来的努力，中央八项规定精神得到坚决落实，党的纪律建设全面加强，腐败蔓延势头得到有效遏制，反腐败斗争压倒性态势已经形成。反腐败增强了人民群众对党的信任和支持，人民群众给予高度评价。2015年国家统计局问卷调查结果显示，91.5%的群众对党风廉政建设和反腐败工作成效表示很满意或比较满意④。中国社科院一个问卷调查显示，93.7%的领导干部、92.8%的普通干部、87.9%的企业人员、86.9%的城乡居民对中国

---

① 章政：《以廉政勤政简政为指引　全面提升政府公信水平》，《征信》2015年第5期，第1~3页。
② 《11月查处违反八项规定问题4833起涉及4名省部级干部》，http://www.xinhuanet.com/politics/2015-12/17/c_1117493388.htm。
③ 赵乐际：《忠实履行党章和宪法赋予的职责　努力实现新时代纪检监察工作高质量发展——在中国共产党第十九届中央纪律检查委员会第三次全体会议上的工作报告》，《中国纪检监察杂志》，2019年1月11日。
④ 《习近平在第十八届中央纪律检查委员会第六次全体会议上的讲话》，《人民日报》2016年5月3日。

反腐败表示有信心或比较有信心[①]。

巡视工作也是从严治党保持廉政行政的重要举措，至 2017 年完成对中管高校的巡视工作后，即实现一届任期内中央巡视全覆盖目标，巡视工作经验和创新实践将固化为制度成果进一步深化推进。同时，巡视"回马枪"成效显著，中央巡视工作不断创新形式，加大力度，截至 2017 年初，中央巡视组已经巡视了 240 多个党组织，实现了对地方、央企、金融单位和中央国家机关四个板块的巡视全覆盖[②]。

2018 年，我国进一步全面落实从严治党战略部署，反腐败斗争成效显著。首先，在严明党的政治纪律和政治规矩方面，国家纪检监察系统对"七个有之"问题保持高度警觉。全国纪检监察机关共对 52.6 万名党员做出党纪处分，对 13.5 万名公职人员做出政务处分[③]；党的十九大以来共有 5500 余名党员干部主动投案，"天网 2018"行动追回 1335 名外逃人员，其中"百名红通人员"5 名，追回赃款 35.4 亿元，宣示有逃必追、一追到底的坚定决心[④]。

三　政务诚信建设面临的主要问题

（一）"放管服"改革存在"最后一公里"问题

2017 年 3 月 5 日，国务院总理李克强在向全国人民代表大会做政府工作报告时着重指出，"持续推进政府职能转变。我们一定要让企业和群众更

---

① 《习近平在第十八届中央纪律检查委员会第六次全体会议上的讲话》，《人民日报》2016 年 5 月 3 日。
② 《中国共产党第十八届中央纪律检查委员会第七次全体会议公报》，《人民日报》2017 年 1 月 9 日。
③ 赵乐际：《在中国共产党第十九届中央纪律检查委员会第三次全体会议上的工作报告》，2019 年 1 月 11 日，中纪委网站。
④ 赵乐际：《在中国共产党第十九届中央纪律检查委员会第三次全体会议上的工作报告》，2019 年 1 月 11 日，中纪委网站。

多感受到'放管服'改革成效，着力打通'最后一公里'，坚决除烦苛之弊、施公平之策、开便利之门"。政府实施一系列改革在各级政府和部门中取得了很大的成绩，但现实中，相关改革同李克强总理提到的让企业和群众有更多的获得感之间仍存在一定的差距。尤其是在县级、农村基层，相关改革举措尚未在企业和群众中产生切实成效，"放管服"改革的"最后一公里"问题尚未完全解决，具体体现在以下方面。

第一，基层政府对"放管服"改革的认识不到位。李克强总理在2017年《政府工作报告》中提到"转变政府职能，使市场在资源配置中起决定性作用和更好发挥政府作用，必须深化简政放权、放管结合、优化服务改革。这是政府自身的一场深刻革命，要继续以壮士断腕的勇气，坚决披荆斩棘向前推进"。可见，"放管服"改革过程就是政府自我革命的过程，改变以往政府部门权责不清、权力过大、制约市场配置资源作用的发挥的情况，改变我国经济社会活动制度性交易成本较高等问题，改革过程是政府让位于市场发挥作用的过程。目前，基层政府和相关部门对此并没有深刻的认识，将国家层面推出的系列改革措施当成上级布置的行政任务而被动完成，结果造成很多工作在落实中流于表面，企业和群众等主体并未切实体会到改革的应有成效。

第二，基层"放管服"改革缺乏日常监督评价机制。"放管服"系列改革由国家全面推动实施，具体层面的落实效果则基本由基层政府对此问题的理解和认识水平决定，并没有统一的监督评价机制，工作具有主观性，存在"做多做少一个样，做好做坏一个样"的问题。"放管服"改革缺乏上级政府、同级监督（如人大）、市场主体和社会主体监督评价以及专业第三方对政府工作的评价机制，导致基层政府未能将改革政策落到实处。

（二）政务信息公开工作仍处于初级阶段

依法实施政府信息公开是建设现代政府、提高政府公信力、稳定市场预期的基本要求。近年来，在国家大力推动下，我国政府信息公开工作迈出重大步伐，取得显著成效。随着信息技术的迅猛发展和信息传播方式的深刻变革，社会公众对政府工作知情、参与和监督意识不断增强，对各级行政机关依法公开政务信息工作提出了更高要求。与公众的期望和依法行政的要求相比，当前一些地方政府和部门仍然存在政府信息公开不主动、不及时①，政务信息公开工作整体上仍处于初级阶段，主要存在以下问题。

第一，政务信息公开标准不统一、公开内容不规范。政务信息公开应按照各部门依法行政中全工作流程的规定，制定各个环节政务信息公开的标准和内容，对于不同部门应统一制定相应的公开目录。目前我国政务公开工作并未建立统一的公开标准和相应的公开目录，造成一些政务公开工作混乱无序，后续政务评价工作和政务诚信体系建设工作无从开展，严重影响了政府"放管服"改革的效率。

第二，政务信息公开的频率不固定，公开效果无评价。当前政务信息工作缺乏系统的工作约束制度保障，地方政府和部门的政务公开工作成效仅由各级政府办公厅（室）进行抽查和监督，对相应的问题进行督促整改，尚未建立规范化、制度化的工作机制。行政命令和检查式的工作机制导致基层政府对政务公开的思想认识不到位，很多基层政府的政务信息工作仍停留于表面形式，对于基层重点领域和群众关切的信息仍存在不愿公开的现象，政务信息公开工作存在政府联系服务群众的"最后一公里"问题。

第三，政务信息公开工作的组织领导机制尚待完善。当前各地方政府对互联网大数据时代下政务公开工作的意义和认识与客观规律的要求之间仍存在一定的差距。各地方和部门尚未明确承担政务公开工作的机构，未配备固定的工作人员，未建立政务公开工作的执行和协调机构。地方政务公开的效果评估工作和考核问责工作目前由政府办公厅（室）组织进行，大部分地方并未建立科学、合理的量化评估和考核机制，导致地方和基层政务公开工作的标准化、规范化和持续性不能得到保证。

---

① 《国务院办公厅关于进一步加强政府信息公开回应社会关切提升政府公信力的意见》，中国政府网，2013 年 10 月 1 日。

（三）政务诚信建设在微观层面认识和实践不足

当前，从宏观层面看，我国政务诚信建设工作，在简政放权、放管结合、优化服务、政务信息公开、行政体制改革、从严治党、廉政建设等方面有目共睹。与法人和其他组织、个人信用体系建设相比，政务诚信建设在微观层面的认识和实践工作仍明显不足。我国基本建立了覆盖所有法人、其他组织和个人征信的信用体系，政府正是基于这些信用信息系统进行市场监管和政务服务的提供工作。但在政务诚信建设工作推进过程中，"政府"一词具有统称性和非所指性，在实际工作落实中并没有承担政务失信后果的具体主体，导致政府信用工作无法进行评价和反馈，即信用主体模糊使评价和奖惩工作缺位，政务诚信建设工作无法在微观层面很好地实现，具体体现在以下几个方面。

第一，政府作为特殊的主体，在经济社会活动中应承担独立运行的政府职能。政务诚信建设的基本要求是各级政府和部门作为独立的信用主体，其政务工作和行为均可在信用体系中得到制度约束。以我国政务诚信体系的关键环节政务信息公开工作为例，目前各级政府和部门的政务公开工作是以行政命令实现的，缺乏相应的制度机制对实施效果和工作的持续性等进行评价、监督和反馈。

第二，政务诚信体系以各级政府和部门作为社会信用主体，将政府信贷、财政、履约等方面的行为，以统一的政府部门信用代码为标识，进行记录、互联共享、评价，体现在信用管理的各环节。当前我国的政务信用体系建设的各项工作在微观层面的实践明显不足，个别地方进行了相关探索，但对政府信用和政务诚信等理论内涵及实施路径的认识仍较为模糊，政务信息公开、政务信息互联共享、行政体制改革、事中事后监管、联合执法、社会共治等相关工作仍处于割裂状态，导致政务诚信建设的大格局难于成型。

第三，有关如何构建微观层面政务诚信的理论研究仍然不足。信息社会是扁平化社会，因其为个体提供均等机会而激发出空前的社会发展潜力，同时信息社会是信用社会。信息社会中政府职能转变的方向和目标将出现质的变化，政府作为社会中的组织形态，政务人员作为社会活动中的群体，与其他主体相比，其特殊性存在的根源在于政府是社会信用的源头和表率。传统社会中，政府几乎仅作为信用相关方的受信者而存在，虽然政府作为受信者需要取信于民，但相对而言一般民众对经济社会活动的影响较小。在信息社会，政府职能转变的过程就是向其他主体大幅授信的过程，同时政府受信者的角色同授信者的角色正趋于均衡。因此，政务诚信体系的理论研究需要综合公共管理、行政学、信用管理等多学科知识，以政府职能转变为核心、以构建微观层面政务诚信为目标进行系统性研究。

四 加强我国政务诚信建设的政策建议

（一）厘清思想认识，建立政府信用监督机制

以信用为视角对社会发展的历程进行梳理可以发现，经济社会正常运行的前提基础是人与人之间的信任关系，政府是现代社会中信任关系建立的源头，这一特征在我国表现得尤为明显。在由计划经济向市场经济转轨的过程中，我国政府掌握着市场准入、市场监管等经济社会活动的授信权，这在特定时期奠定了我国经济社会快速发展的基础。进入 21 世纪以来，随着信息生产力在世界范围内高速发展，各类新兴产业均呈现出"重人才、轻资产"的特点，人力资本要素在经济发展中的贡献率逐步上升，不断发展的先进生产力对社会制度提出了更高要求。

我国政府顺应这一趋势，以简政放权为突破口扎实推进系列行政体制改革。政府的自我变革表现出了"授信与民"和"受信于民"的双重特征：政府"简政放权"的过程是政务诚信体系建立的过程，政府"放管结合"的过程是政府向其他社会主体授信的过程，"转变政府职能""推动双创开展"的过程是社会信用体系和信用制度建设与加强的过程。

在社会信用制度的机制设计和规定中，政府同其他主体的地位平等。各级政府和部门是信用体系建设的推动者，是应用信用体系对其他主体进行授

信的监管者；同时，政府是社会信用体系的主体之一，政府信用是社会信用体系的重要组成部分，政府作为受信者接受其他社会主体的信用监督。在信用关系相关方中，政府同其他主体处于同等地位，作为授信方和受信方同时存在。因此，政务诚信建设工作首先应从思想上达成如下共识。

第一，各级政府和部门主体同其他社会主体一样，受社会信用体系相关规定的约束，而非独立于社会信用体系之外。政务诚信产生于政府提供公共服务和公共管理过程中，政务信用信息是评价政府诚信水平的基本依据。

第二，应以社会信用体系为基础建立政务过程的双向监督机制，即实现政府对其他主体进行信用监管，以及其他社会主体对政府进行信用监督和评价。

第三，政务行为具有公共性质，公共信用涵盖政务诚信。因此，与其他主体信用相比，政务诚信在信息公开、共享、应用、加工等信用环节的各项行政法律规定中较为明确。政务诚信建设工作应率先垂范，鼓励先行先试，在不同程度和范围探索我国信用体系建设的发展之路。

（二）强化微观基础，构建政务诚信工作长效机制

自 2014 年国务院发布《社会信用体系建设规划纲要（2014—2020 年）》以来，我国政务诚信以及法人和其他组织信用体系和个人诚信体系建设工作均取得了明显成效，与法人和其他组织及个人等社会主体的信用工作相比，我国政务诚信工作仍以国家宏观层面为重，政务诚信建设的微观基础相对薄弱。

2016 年 12 月 30 日，国务院发布《关于加强政务诚信建设的指导意见》，该意见的发布表明在已有工作基础上，在国家社会信用体系建设的总体布局下，我国信用体系建设工作正全面有序向纵深稳步推进。以政务、法人和其他组织、个人等为主体的信用体系将逐步汇集为一张信用网，形成以信息化为基础，以信用管理机制为核心，以提高经济社会发展质量和运行效率为目的，与信息生产力相适的社会信用制度，不断促进新型生产力的发展。

政务诚信是社会信用的源头和表率，信息化的核心特征是工作流程的留痕化和可追溯，包括政府在内的所有社会主体的社会活动在信息化条件下均可实现行为客观记录。社会主体的信用管理系统是政府提供公共服务和进行市场信用监管的前提与基础。在这个过程中，政府自身工作的留痕化、可追溯共享及可评价成为政务诚信和社会信用体系建设的必然要求。作为经济社会运行结构中的核心，政府的行为同其他主体的行为共同构成了经济社会活动的运行链条，社会信用体系是使这一链条顺利运转的制度基础，政府活动是其中的核心环节，政务诚信水平制约和影响着社会活动的顺利运行。

因此，在信息社会中，政府对其他社会主体的市场监管和服务工作，与其他主体对政府自身职能的监督和评价工作是社会信用体系的一体两面，决定着经济社会整体运行效率，以及生产关系与生产力发展的适应程度。目前，我国从宏观层面大力推动政府职能转变的根本目的是实现各级政府和部门在微观层面将政务诚信工作落到实处。可见，为做好政务诚信工作，须建立一套完善的政务诚信制度体系，实现政务工作的可记录、可追溯、及时公开、动态评价、实时反馈及奖惩约束，通过健全的制度体系确保政务诚信作为社会信用体系的出发点和表率发挥其核心关键作用，这也是信息化社会对政府职能及其实现途径方式的必然要求。

（三）加强理论研究，探索政府信用评价的实践形式

信用制度是在以信息技术为代表的新型生产力发展的条件下，随着生产关系的变革逐步形成的制度安排，信用制度使分散的"信息孤岛"实现互联共享，从而促进经济社会活动的智能化、系统化高效运行。在信用思维下，各类主体甚至每个个体在社会活动中的作用趋于相等，经济社会正向着主体自治和社会共治的方向发展。受此影响，政府角色和绩效评价因素更加多元化，政务诚信体系建设的理论和实践工作应注意以下方面的问题。

第一，覆盖各类社会主体的公共信用信息由政府进行记录、公开和共享，作为公共信用的组成部分，政府自身信用信息的记录、公开工作目前尚

未在制度约束下实现常态化运行。政府信用的记录和公开是政务诚信建设的基础性工作,我国应该建立政府信息公开的监督评价机制,使政府信息公开工作由在行政软约束条件下开展向制度硬约束条件下实施转变。在机制设计中对政务信用公开的程度、范围、标准等做出统一要求,为政务信用体系的建立奠定基础。

第二,应理顺政务诚信体系与其他相关系统间的区别与联系,将政务信用工作纳入我国的政治制度和行政体制中进行研究和评价。政务诚信工作应同时参考人民代表大会及其常委会、上级政府、人民政协、人民群众的监督评价,由于不同的监督主体对政府评价的出发点和目标不尽相同,各地应结合实际情况,在此基础上探索建立政务诚信的第三方评估机制。同时,应探索政务信用体系与电子政务、"互联网+政务"、大数据监管服务、政府绩效管理等系统实现互联共享,构建与我国国情相适应的政务诚信管理体系。

第三,与其他主体的信用管理相比,政府信用评价标准和过程具有主动性,诚信标准要求更高。对其他主体进行信用评价降低了社会交易的信息成本,实现了"守信者一路畅通,失信者寸步难行"的结果。而政府信用是社会信用的源头,理论上政府守信是一种主动行为,政府信用评价的目标和实现的结果均具有其独特性。因此,政务诚信建设应按照依法行政、政务公开、勤政高效、守信践诺等基本原则,从不同角度按照不同的实现形式进行多方探索实践,逐步达成理论共识,促进信用工作不断深入开展。

参考文献

［1］章政、田侃主编《中国信用发展报告（2014～2015)》,社会科学文献出版社,2015。
［2］章政、郑天涯:《政府公信力提升与政府信用体系建设》,载章政、田侃主编《中国信用发展报告（2014～2015)》,社会科学文献出版社,2015。

［3］于新循、付贤禹：《从自律走向他律：我国政府信用的法制化探径》，《社会科学研究》2011 年第 2 期。

［4］人民日报新媒体中心、人民网舆情监测室、新浪微博：《2015 政务指数微博影响力报告》。

［5］腾讯网：《2015 年度全国政务新媒体报告》。

［6］2015 年、2016 年、2017 年《政府工作报告》。

B.4
公共信用体系建设与市场信用监管

章 政　张丽丽*

摘　要： 本报告阐述了有关公共信用理论研究的基本问题，认为公共信用属于广义信用的范畴，是一种特殊的公共品；公共信用原始数据具有再生产功能，公共信用信息具有公开性和完整性特征；公共信用信息与市场信用信息的边界是模糊的，随着市场经济的发展，后者将不断向前者过渡，互联网公共领域产生的公共信用信息应纳入国家公共信用信息平台进行统一监管和应用。与发达国家的征信体系相比，中国的社会信用体系将承载更多职能，包括政府职能转型、新型市场监管、社会管理等多项制度职能，这是符合中国国情的制度选择。

关键词： 公共信用　社会信用体系　市场信用　信用信息

近年来，国务院多次印发关于推进"放管服"工作统一部署的政策文件，对我国建立服务型政府提出了新要求，包括推动政务信息公开、建立统一的公共资源交易平台、实施互联网＋政务等具体措施。与行政体制改革和建立服务型政府同步推出的改革措施还包括：（1）在市场监管领域，创新监管方式，即提出"双随机"和信用联合激励惩戒机制、加强事中事后监管等措施；（2）在社会管理领域，要求创新社会治理方式，包括执法中心

---

* 章政，北京大学经济学院教授、博士生导师，北京大学中国信用研究中心主任；张丽丽，北京大学经济学院博士后，北京大学中国信用研究中心研究员。

下移，发挥市县社区基层作用，推进综合执法，推进网格化管理，动员公众参与，实现社会多元共治局面等内容。

在以上政府职能转变、市场监管方式创新和实现社会共治的系列改革中，都明确了信用机制的核心作用。尤其是随着以信息技术为代表的新型生产力的发展，信用理念和信用机制将发挥基础性作用，一个健全的公共信用管理制度将成为未来我国现代治理体系的重要组成部分。

一 公共信用的一般特征

狭义上，"信用"的定义是货币借贷和商品买卖中延期付款或交货的总称，是以偿还为条件的价值运动的特殊形式，一般包括银行信用、商业信用、国家信用和消费信用等。根据不同的分类标准，信用可以划分为不同类别，且不同类别之间具有交叉关系：按不同的受信主体，信用可分为政府信用、法人信用、自然人信用、其他社会组织信用、主权信用等；按照不同领域，信用可分为税务信用、产品质量信用、商务流通信用、建筑市场信用等；按照不同活动性质，信用可分为公共信用、交易信用、社交信用、职业信用等。

（一）广义信用的提出

信息社会中，信用以信息或数据的形式存在。从当前信用实践来看，从狭义金融领域的信用活动到广义的信用范畴，在政务、商务、社会、司法、新经济等领域的实践中，信用都是以客观反映信任关系的凭证和依据而存在，信任关系既包括人与人，也包括人与物、物与物之间的关系，具有客观性①。需要注意的是，信用的凭证和依据在信息社会之前的社会中大多表现为具体的实物，如档案凭证、报销凭证、抵押物品、单位介绍信、营业执照、货币

---

① 注：在信息生产力高度发展的条件下，理解信用涉及的对象必须考虑万物互联这一关键因素，即信息社会的信任关系包含人与人、人与物、物与物之间的互信，这里用"人"代表"主体"，用"物"代表"客体"是为了形象地说明该问题。

债券等①。在信息社会中，信用的凭证和依据则在计算机语言下以程序化、数字化的形式呈现②，即在当前信息技术发展背景下，信用的表达形式和内容有了新的发展和突破，这也是"信用"和"信息"相互交融、紧密相关的原因。信息化大大拓展了传统信用的边界，使得信用生产力作用和应用范围得到进一步提升，进而推动了信任关系向更高级阶段发展，并催生了信用经济等新业态的出现③。

通过对基于信息社会发展条件所提出的广义信用内涵进行分析，可以发现信用具有以下特点。

第一，与诚实守信、恪守承诺这些具有褒义的行为概念相比，信用的概念是中性的，信用作为社会其他主体评价、信任某一主体的依据而存在。因此，信用原理和信用机制的应用目的决定了信用的属性和结果。

第二，信用并不只是市场经济的产物，信用的内涵也非局限于围绕资本进行的评级活动。信用体现了社会中人与人和人与社会之间的基本关系，是使经济社会实现高效率运转的机制保证。信用与人类社会的发展全程相伴，没有更高级的信用制度的发展便没有人类社会文明的进步。

第三，在不同的社会发展阶段，信用具有不同的表现形式。比如，在传统农业及以前的社会中，人与人之间的交往、生产要素及信息的交流受到空间地域的限制，熟人信用对经济社会的运行起着重要作用；在资本化的商品经济发展起来以后，以国家信用为基础、银行信用为支撑的货币信贷信用体系保证了工业社会的高效运转，如同资本在工业生产中发挥的重要作用一样；在信息经济中，人力资本要素对产出的贡献率将逐步提高，所有主体的

---

① 注：将各种制度、法律法规、秩序规则等作为"信任的凭证和依据"进行理解可能较为困难，但非常重要，尤其是在信息社会中审视"信任的凭证和依据"会发现，各种信任凭证和依据，如制度、法律法规、秩序规则等正在以程序化（数字化）的形式呈现，这将从根本上影响社会经济活动方式。

② 以计算机语言进行编程可以表达为程序化、数字化，也可理解为代码化的信用呈现，下文同。

③ 章政、张丽丽：《论从狭义信用向广义信用的制度变迁——信用、信用经济和信用制度的内涵问题辨析》，《征信》2019年第12期，第1~8页。

社会活动均可以信息形式表现出来，信息信用将成为信息经济社会发展的制度基础。

可见，广义信用是信息经济社会中，某一主体被其他社会主体所信任并建立交易关系的各种信息化的凭证和依据。根据这一定义，公共信用指在以政府为主体包括其他主体所从事的公共管理和公共服务中所产生的信用，属于广义信用范畴，具有公共品的属性。

（二）公共信用的基本属性

公共信用是在公共产品的生产和公共服务的提供过程中产生的，绝大部分公共信用是由政府部门提供的。由于政府是公共产品或公共服务的提供者，因此政务诚信也包含在公共信用范畴中。在信息社会语境中，公共信用表现为以公共信息形式存在的信用，如政务信息、企业工商信息、失信被执行人信息等。与主体的市场信用和私人信用相比，公共信用具有以下特征。

1. 公共信用属于特殊的公共品

与有形的公共产品或服务不同，公共信用是一种特殊的公共品，主要体现在两个方面：一方面，公共信用的生产不是直接进行的，是伴随着其他公共产品的提供过程产生的，以信息数据形式存在；另一方面，与其他公共品相比，公共信用是与每个具体的社会主体直接相关的公共品，公共信用信息既包括社会整体的宏观信用信息，也包括政府、企业、个人等各类主体的微观信用信息。

2. 公共信用信息具有公开性要求

按照主体划分，公共信用信息主体包括政府、自然人、法人和其他社会组织等。与市场信用信息和私人信用信息相比，公共信用信息是在公共产品或服务的提供过程中产生的信息，这些信息属于社会主体的公共行为信息，除个别特殊性质的信用信息可能涉及主体的隐私外，绝大部分公共信用信息应在社会范围内公开共享。在实际情况中，公共信用信息的公开范围将随着社会发展逐步扩大。

3. 公共信用信息具有完整性特征

具体操作中，公共信用信息以统一的社会信用代码为识别标识，将分散在不同公共部门下的主体信息统一归集为有机整体。因此，某一公共部门所产生存储的信息只是公共信用的部分片段，所有部门存储的完整的信息组合才是公共信用信息的实际整体，信用信息数据的完整性是进行信用数据分析处理并进行信用管理的前提条件。国家各个公共部门应以开放共享的理念，顺应公共信用的这一客观规律，改变由部门、地区分割导致的信用"信息孤岛"现象，还原公共信用的完整性全貌。

4. 原始公共信用数据具有再生产特点

公共信用作为一种特殊的公共产品被提供，公共信用信息数据因可进行加工应用而具有再生产性。公共信用信息作为大数据时代重要的数据类型，将成为信息产业生产要素。未来，政府应引入市场力量对公共信用数据信息进行深加工，逐步引导数据服务加工、信用信息服务、信用评级等行业规范开放公共信用数据，推动信用产业深入发展①。

二 当前我国公共信用体系建设及应用的现状

我国公共信用体系基本上以各级政府和部门作为信息记录和收集方，将政府在公共管理和公共服务提供过程中产生的各类社会主体的公共行为信息进行记录、收集，并将这些信息应用于政府部门公共管理和公共服务过程中，同时为社会公众提供信用信息查询服务。我国的公共信用体系构成了国家社会信用体系的主体部分，由国家发展和改革委员会、中国人民银行牵头，共有44个部门作为部际联席会议中的成员单位，自2016年以来，我国公共信用体系建设及以此为基础进行的市场信用监管工作得到大力推进。

---

① 本文以上部分内容引自章政、张丽丽《中国公共信用体系建设：特性、问题与对策》，《新视野》2017年第2期，第59~65页。

（一）信用中国网信用信息共享平台建设及应用情况

信用中国网是由国家信息中心主办，由国家发展和改革委员会、中国人民银行指导，社会信用体系建设部际联席会议各成员单位支持的国家级信用门户类网站。全国信用信息共享平台以信用中国网为窗口，逐渐打破了各部门各地区的"信息孤岛"，建立起全国统一互联的信用信息共享查询平台。

信用中国网站于 2015 年 6 月 1 日正式上线开通，提供一站式信息查询服务。同年 10 月，全国信用信息共享平台正式上线运行，打破了公共信用"信息孤岛"，提升了公共信用信息公开程度，为实现守信联合激励和失信联合惩戒的联动格局打下了坚实的基础。截至 2019 年 6 月底，全国信用信息共享平台已累计归集各类信用信息 368.83 亿条。信用中国网站公示行政许可信息 1.26 亿条、行政处罚信息 3935 万条①。其中，录入企业基础信息、红黑名单信息、行政许可和行政处罚信息等各类信用数据超过 1 亿条②。2016 年 8 月以来，国家信息中心已持续向信用中国网站推送了 21 类"受惩黑名单"。

（二）中国人民银行征信系统信用平台建设情况

中国人民银行征信系统是按照国务院要求，由中国人民银行牵头 22 个单位，于 2002 年 3 月建立金融系统企业和个人征信体系专题工作小组，负责提出全国企业和个人征信体系建设总体方案。除了企业和个人主体的信贷信息以外，中国人民银行征信系统采集了主体的公共信用信息，包括：一是履行相关义务的公共信用信息，包括社会保险参保缴费信息、住房公积金缴存信息、车辆抵押交易信息等；二是后付费的公共信用信息，主要有电信等公用事业缴费信息；三是公共部门的获得资质信息、行政许可和处罚信息、

---

① 资料来源：《国家发改委就宏观经济运行情况举行新闻发布会》，信用中国网，2019 年 7 月 18 日。

② 《国家发展和改革委定时定主题新闻发布会》，国家发展和改革委网站，2016 年 12 月 13 日。

获得奖励信息、执业资格信息、法院判决和执行信息、欠税信息、低保救助信息、上市公司监管信息等[1]。截至 2019 年 6 月，征信系统累计收录了 9.9 亿自然人、2591 万户企业和其他组织的有关信息，个人和企业信用报告日均查询量分别达 550 万次和 30 万次[2]。

需要注意的是，央行征信系统中的信用信息是以主体信贷信息为主、其他公共信用信息为辅的征信信息组合，信贷信息的查询使用等保密属性要求标准高于一般公共信用信息，主体信贷类信息并不属于公共信用信息范畴，应得到主体的授权才能进行查询。

（三）全国企业信用信息公示系统应用情况

2014 年 3 月 1 日，作为商事制度等系列改革的基础性配套设施，全国企业信用信息公示系统（原国家工商总局）开始运行，该公示系统的建立开启了全新的信用监管之路。全国企业信用信息公示系统的建立为国家进行一系列相关改革提供了实施平台，是国家进行商事制度改革、加强市场主体事中事后监管、以信用机制创新市场监管制度、"双随机、一公开"监管措施、企业经营异常名录以及"黑名单"制度、企业信息共享进行联合惩戒、大数据市场监管等制度顺利进行的保障。当前全国企业信用信息公示系统建设的主要情况如下。

企业信用信息系统以统一社会信用代码为标识，"全量归集、一码关联"，记于企业名下，建立区域汇聚、全国集中的企业信用信息资源库。中央 56 个部门、地方 31 个省区市的数据记于企业名下，归集到国家企业信息公示系统中。2015 年 3 月 20 日，李克强总理视察国家工商总局，指示要织好织密市场监管体系一张"网"。2016 年 12 月 22 日，国务委员王勇在国家工商总局启动国家企业信用信息公示系统（全国企业信用信息公示系统）[3]。两

---

① 中国人民银行征信中心：《征信系统建设运行报告（2004—2014）》。
② 《央行：征信系统收录 9.9 亿自然人》，央广网，2019 年 6 月 15 日。
③ 《织好织密"全国一张网"——国家企业信用信息公示系统建设纪实》，中国政府网，2017 年 3 月 21 日。

年时间内，原国家工商总局先后与 56 个部门会签了《政府部门涉企信息统一归集公示工作实施方案》，国家企业信用信息公示系统于 2017 年 12 月 27 日全面建成，标志着市场监管体系一张网的建成使用。该系统覆盖全国 31 个省区市，联通各级政府部门和单位，把跨部门、跨领域、跨层级的各类行政许可、行政处罚、注册登记、抽查检查等关于企业的信息统一归集，并以统一社会信用代码为索引记于企业名下。2019 年 1 月底，国家企业信用信息公示系统提供企业基础信息 5640 万条、经营异常名录信息 545.07 万条、严重违法失信企业名单信息 53.63 万条①。

三　我国公共信用体系建设面临的问题

综上所述，我国的社会信用体系既体现发达国家信用工作的一般性特征，又具有与我国发展阶段和特殊国情相适应的鲜明特点，这决定了我国信用发展走的是理论与实践紧密结合、探索创新的道路。信用理论研究应密切关注我国各地的信用实践工作，由此提炼广义信用一般规律，进而指导实践。信用实践应及时将广义信用理论进行制度性转化，在不同地方和领域积极探索推广，提出信用理论需解决的新问题，促进理论研究不断深入。总体来讲，当前我国公共信用体系建设存在以下问题。

（一）信用信息归集共享有待深入推进

按照公共信用信息所具有的完整性的特征要求，当前我国已经建立起以法人和自然人社会信用代码为标识的统一的公共信用信息平台，该平台覆盖了所有公共部门，包括不同地区的各类社会主体，这些分散在各种平台中的公共信用信息在实现互联共享的情况下可以保证信息的完整性。但在实际操作中，我国行政实行条块分割的体制，容易出现部门间公共利益难于统一的

---

① 《信用监管进入长效化运行轨道——访国家市场监督管理总局信用监管司副司长张世煜》，信用中国网，2019 年 6 月 10 日。

局面。在公共信用信息的归集与共享工作中，有的部门尚未认识到打破"信息孤岛"、实现信息全面共享的重要性，导致不愿共享、被迫共享，或共享数据质量不高的情况时有出现。

影响公共信用信息数据质量的另一个重要因素在于公共信用信息的数据标准并不统一。目前我国由国家发展和改革委员会、中国人民银行牵头归集的公共信用信息只涵盖了主体守信失信行为事项的信息，大量存在于各个部门的细化的信用信息尚未实现共享，这在很大程度上是由信息标准化规定缺失造成的。不同部门不同行业对主体进行的信用监管角度、监管方面和评价标准存在较大差异，在缺乏公共信用信息数据统一标准的条件下，很难实现不同类别信息在同一平台中进行归集共享。

建立全国统一的信用信息数据标准是我国公共信用信息平台下一步发展的必要前提，是信用产业链条中公共信用信息加工评价和信用产业发展的基础。

（二）全国统一信用信息平台存在虚实之争问题

目前，我国各级政府正着手建立各部门各地区连接共享的统一信用信息平台，在建立初期，各地存在有关共享平台的"虚实之争"。统一平台的"虚实之争"是指，平台是作为将所有原始数据集中存储的物理仓库，还是仅作为一个数据索引库，源数据仍保存在各产生数据的原始部门。

当前在全国和各个地方所建立的统一的公共信用信息平台是将所有原始数据进行集中存储的物理仓库，该平台集中了所有数据源，实现对原始数据的集中存储，平台中的部分数据可以在信用中国网站上查询。在地方的信用平台建设实践中，有些地方的公共信用平台仅仅作为数据索引库，源数据仍在原始部门保留，如上海市公共信用信息平台即属于此类。这类信用信息共享平台在数据的存储成本、维护成本、更新频率及避免重复建设等方面存在优势。随着数据体量不断增大，数据更新频率不断提高，这种数据索引库式的信用共享平台在接下来实现公共信用数据的应用等方面优势将不断凸显。

通过进一步分析信用信息共享平台建设的虚实模式可以发现，政府公共信用管理部门的职责并不应仅仅围绕信用数据的物理归集和数据管理展开，而应朝着专业化的信用（信息数据）管理部门发展，主要职责应定位于信用数据标准的制定、信用行业发展法规的制定、信用产业链的行业监管、公共信用产品的开发和推广，以及在公共管理和公共服务中推进公共信用产品的应用等范围。

（三）加强公共信用产品的开发和应用问题

信用本身具有产业化特征，在广义信用内涵下，公共信用信息归集共享的目的是实现数据的加工和应用，促进信用数据产业发展。信用全产业链发展将成为信用信息归集共享的原动力。公共信用管理部门应降低企业准入门槛，降低信用产品服务行业获取公共信用数据的成本，同时加强信用服务市场的事中事后监管，不断培育和完善信用服务行业的发展，激发市场活力。

目前，我国从国家到地方层面的公共信用信息平台，基本上实现了对社会主体公共信用的开放查询，包括失信被执行人、企业经营异常名录、重大税收违法案件当事人名单等。同时，我国公共信用产品的开发应用与信用行业发展的应有要求还存在较大差距。未来应围绕公共管理工作实际如政务服务、市场监管及社会治理等方面对信用产品的需求，促进宏观信用与微观信用产品的开发应用，创新信用监管方式，在公共信用体系建设的同时推动信用经济的发展。

（四）公共信用信息的开放和颗粒度问题

公共信用信息平台向公众提供查询服务与公共信用信息数据开放是不同层面的问题。目前，我国实现了在全国信用信息共享平台上查询某一主体的信用记录，这类信息是已经过分类加工归集处理的信息，并不是原始信用信息数据，严格来讲，这些信用信息已属于信用产品的范畴。公共信用信息数据开放是指，公共信用信息管理部门将原始数据对外开放，尤其是向信用产业下游包括各类信息产品加工行业的对象主体进行更大授权，支持信用产业纵向发展。

数据颗粒度是商业智能领域数据仓库中的相关概念，主要针对指标数据的计算范围，用于表示数据集组成的最小单元。按照数据颗粒度的划分标准，仓库中的数据可以分为详细数据、轻度总结、高度总结三级，数据细化程度越高，颗粒度越小。原始数据是固定不变的，数据分析产生多种类型的结果，不同的分析者和使用者对同一组数据通常也会得出不同的结论。因此，公共信用信息平台应将颗粒度最小的原始信用数据对外开放，使不同数据加工者根据市场需求和自身标准生产各种信用产品，同时培育信用产品的供需双方力量，使信用服务市场逐渐发展壮大①。

四　我国公共信用体系构建的政策建议

基于以上分析，本报告认为接下来我国公共信用体系建设工作在开展中应注意以下基本问题。

第一，公共信用体系是一个包括政府和其他主体在内的对公共行为进行记录、追溯、评价、分析，并将信用产品再应用于公共管理的闭环过程。目前，我国的公共信用体系以及以此为基础的国家信用体系仍处于发展的初期阶段，我国社会信用体系有别于发达国家的征信体系，是与我国发展阶段和国情相适应的制度安排。公共信用主体同时包括各类社会主体和政府公共部门，政务诚信也是公共信用的重要组成部分，下一步应探索在公共信用制度和信用信息共享系统中实现政务服务、市场监管等职能的统一，重点是探索各类信用产品在相关工作中的应用。

第二，政府的职责是组织提供具有公共品属性的公共信用信息，制定实际政策时应同时考虑到政府是公共信用信息的主体和管理者的角色。与传统管理方式相比，公共信用管理体系包括了政务诚信管理。因此，公共信用管理机制可以实现政府与其他社会主体之间的互相监督，在政府职能转变、市场

①　章政、张丽丽：《中国公共信用体系建设：特性、问题与对策》，《新视野》2017 年第 2 期，第 59~65 页。

主体自律意识培育、社会共治目标形成中发挥重要作用。从这个意义上，在公共信用管理体系中，政务诚信对其他主体行为的表率作用将更为突出。

第三，打破政府部门信息独占的固定思维，培育信息流通共享思维，实现公共信用信息的全面归集共享。不同的公共服务部门，因所具体负责的职能存在差异，所产生的公共信用信息在数量、质量、对经济社会发展的贡献度等方面存在一定差别，但不同公共部门信用信息的公共属性、完整性、公开性并无差别。各级政府和部门对此应达成共识，确保不同类别的信用信息在公共信用体系中实现平等共享，不因特定阶段特定数据存在数量或经济属性上的差异而区别对待。

第四，当前政府各部门均明确了权利和责任清单，公共信用管理应突出强调在各自权责范围下部门间的联合治理，形成公共管理和服务的工作合力。基于这一理念的网格化管理在大多数地区的城市管理中取得显著成绩。公共信用网格化管理是将相关职能交叉部门下沉到网格之中，以事件为监测点，明确各部门权责界限，推动综合执法，尤其适合在涉及交叉部门较多的领域中应用。我们认为，以公共信用平台为依托建立起来的城市网格化治理在未来的公共事务管理中将得到更广泛的应用。各地应积极探索此类信用管理方法的实践应用。

第五，应以公共信用信息的开放为契机，探索实现公共信用与市场中其他类型信用信息的交换共享，使不同主体的信用状况得到更大程度的综合反映，降低全社会的交易成本。应积极培育发展信用服务市场，依托市场力量开发多种公共信用产品，同时加大信用产品在公共管理中的应用力度，如首先在政府绩效评价管理、宏观信用管理、市场信用监管和社会治理等领域实现公共信用产品的应用。在此基础上激发各种信用产品的市场化应用，在传统信息不对称领域引导市场力量加大信用产品的应用，发挥信用红利，实现中国新经济的长效增长①。

---

① 章政、张丽丽：《中国公共信用体系建设：特性、问题与对策》，《新视野》2017 年第 2 期，第 59 ~ 65 页。

参考文献

［1］武超群：《基于经济信用的公共信用及其张力模型研究》，《中央财经大学学报》2013 年第 4 期。

［2］王博涵、曹佳：《我国公共信用信息共享现状及对策》，《电子政务》2016 年第 10 期。

［3］程民选：《信用的经济学分析》，中国社会科学出版社，2010。

［4］赵向标：《神奇的 PR——商用公关手册》，人民中国出版社，1998。

［5］哈贝马斯：《公共领域的结构转型》，曹卫东、王晓珏等译，学林出版社，1999。

B.5
社会信用体系建设与新型社会治理

董树功*

摘　要： 社会信用体系建设是经济社会健康发展的重要保证。自 2016 年以来，我国社会信用体系建设逐步深入推进，在制度设计与信用立法、信用信息共享平台建设与强化、企业登记制度改革与信用信息公示、守信联合激励和失信联合惩戒以及信用服务和信用应用等方面取得了全面提升和快速发展。推动社会信用体系建设，有利于提高社会治理能力，要通过立法建设、制度建设、平台建设、文化建设等途径积极探索以信用监管为内容的新型社会治理方式，实现其与社会信用体系建设的协调发展。

关键词： 社会信用体系　社会治理　信用监管

社会信用体系是经济社会发展的重要基础。自 2013 年提出推动诚信体系建设以来，党和国家日益重视社会信用体系的建设，在 2015 年的《政府工作报告》中出现"加快社会信用体系建设"的表述，2016 年调整为"完善社会信用体系"的提法，2018 年更改为"加强社会信用体系建设"，2019年措辞为"健全社会信用体系"，可以看出，我国社会信用体系建设进程正在稳步推进当中。

社会信用是经济健康运行的基础，社会信用体系的建立和完善成为新型

---

* 董树功，副教授，硕士生导师，天津职业技术师范大学经济与管理学院信用管理系主任。

社会治理的方式和手段，是社会主义市场经济不断走向成熟的重要标志之一。2018 年，全国深化"放管服"改革转变政府职能电视电话会议专门强调了信用监管是规范市场秩序的"金钥匙"。"信用监管"一词在 2019 年《政府工作报告》中首次出现，要求以公正监管促进公平竞争，并明确提出，推进"双随机、一公开"跨部门联合监管，推行信用监管和"互联网＋监管"改革。信用监管已成为深化行政管理体制改革、促进政府职能转变的抓手。"信用监管"被写入《政府工作报告》，意味着以信用为核心的新型监管机制将加速推进，新型社会治理随着社会信用体系的建设向纵深广泛推进。

一　2016～2019年中国社会信用体系建设成效

社会信用体系建设，是由政府、行业协会、企业、个人、信用中介机构等各方力量广泛参与的社会治理过程。社会信用体系建设与社会治理能力息息相关。推动社会信用体系建设，有利于提高社会治理能力，倡导文明新风和社会公德，构筑良好的经济社会环境。目前，社会信用体系建设推动了社会治理体系的建设进程和治理能力现代化的发展，已成为社会治理体制的重要组成部分；与此同时，社会治理的手段创新和方式变革使社会信用体系建设向更深远、更宽广的领域发展。

信用监管是社会信用体系建设中的重要内容。信用监管注重采取信用承诺、信用信息公开、信用评价等相对中性或者强度较低的管理方式进行监管，可以按照信用风险的高低进行有区别性的监管，是一项重要的社会治理措施，是实现国家治理体系和治理能力现代化的重要方式。2019 年 7 月，国务院印发《关于加快推进社会信用体系建设构建以信用为基础的新型监管机制的指导意见》，标志着信用监管已成为提升社会治理能力和水平、规范市场秩序、优化营商环境的重要手段。从 2016 年至 2019 年，在国家发展和改革委员会、中国人民银行的带领下，在社会信用体系建设部际联席会议各成员单位的推动下，各地区、各部门凝心聚力，扎实推进社会信用体系建设，取得积极的进展和重要的阶段性成果。

（一）社会信用体系建设制度设计日益完善

2016 年，国家发展和改革委员会、最高人民法院等 44 家单位联合签署了《关于对失信被执行人实施联合信用惩戒的合作备忘录》及有关政策法规；同年 5 月 30 日，国务院颁布《关于建立完善守信联合激励和失信联合惩戒制度加快推进社会诚信建设的指导意见》，持续推动政务诚信、商务诚信、司法公信和社会诚信四大领域建设，着力支持社会治理创新和经济体制改革。2016 年 9 月，中共中央办公厅、国务院办公厅印发《关于加快推进失信被执行人信用监督、警示和惩戒机制建设的意见》，为信用体系核心机制建设奠定了重要的制度基础。12 月 30 日，国务院办公厅印发了一系列诚信建设文件，涉及《关于加强个人诚信体系建设的指导意见》《关于加强政务诚信建设的指导意见》《关于全面加强电子商务领域诚信建设的指导意见》等，进一步丰富和完善了社会信用体系建设的制度设计。2016 年 12 月 27 日，上海启动信用立法，《上海市社会信用立法条例（草案）》提交市人大常委会一审，开国内信用立法先河。

2017 年 10 月 30 日，国家发展和改革委员会、中国人民银行联合印发《关于加强和规范守信联合激励和失信联合惩戒对象名单管理工作的指导意见》，把信用联合奖惩机制建设推向深入，为信用立法提供了更多的实践依据。同年，最高人民法院颁布《关于公布失信被执行人名单信息的若干规定》，将"未履行生效法律文书确定之义务者"纳入失信被执行人名单，并依法对其进行信用惩戒。

2018 年 11 月 23 日，全国社会信用标准化技术委员会（以下简称"信标委"）年会在北京召开，会上公布截至会议召开日，信标委已先后发布了社会信用国家标准 45 项、已立项在研 3 项、正在申报立项 27 项，各项国家信用标准涵盖基础通用标准、公共信用标准、质量信用标准、企业信用标准、电子商务信用标准、信用信息共享标准等，为社会信用体系建设提供了重要的标准化支撑。

2019 年 7 月，国务院办公厅印发《关于加快推进社会信用体系建设构

建以信用为基础的新型监管机制的指导意见》。该意见强调了信用监管的重要性，提出要在监管理念、监管制度、监管方式方面创新，打造事前、事中、事后环节全监管的新型监管机制，依法依规、改革创新、协同共治，提升监管能力和水平，规范市场秩序，优化营商环境，推动社会经济高质量发展。

（二）全国信用信息共享平台不断强化

自 2015 年 10 月开始，全国信用信息共享平台作为公共信用信息归集共享的"总枢纽"正式上线运行，接入 37 个部门和所有省级行政单位，归集基础信息、行政处罚信息、行政许可信息、红黑名单信息等共 3.1 亿条。全国信用信息共享平台可以生成某个市场主体的全景式信用信息报告，实现信用信息的公开、归集和共享，具有信息交换、市场主体信息查询以及守信联合激励和失信联合惩戒三大功能。平台有效打破了政务信用"信息孤岛"，实现了各地区、各部门信用信息共享，提高了事前、事中、事后协同监管效率，确保了守信联合激励和失信联合惩戒，提升了信用信息公开程度，为政府部门协同监管奠定了基础，为我国信用体系建设提供了重要支撑。

依托全国信用信息共享平台建设的"信用中国"网站在信息披露、信息查询、交换共享等方面取得重大进展，有效地整合了各地区、各部门信用信息，将行政许可、行政处罚信息进行网上公示，实现信用信息"一站式"查询，为社会公众提供了方便快捷的服务。截至 2019 年 5 月底，全国信用信息共享平台归集总量持续增长，向社会公开各类信用信息超过 368.83 亿条，公示行政许可和行政处罚等信用信息 1.59 亿条，其中行政许可信息 1.2 亿条，行政处罚信息 3921 万条①。

（三）企业登记制度改革与信用信息公示发展进入新阶段

2016 年 8 月，国务院办公厅发布《政府部门涉企信息统一归集公示工

---

① 《截至 5 月底发布失信被执行人名单 1409 万人次》，http：//news.cctv.com/2019/06/17/ARTIc4xKR4RvkHLWpEpxhuLZ190617.shtml。

作实施方案》，该方案提出要统一归集、对外公示各地区、各有关部门应当公示的政府涉企信息。2016 年 10 月 1 日，我国全面实施"五证合一、一照一码"登记制度改革，其中"五证"包括营业执照、组织机构代码证、税务登记证、社会保险登记证和统计登记证。2016 年 12 月 1 日，"两证整合"登记制度改革在全国全面实施，其中"两证"是指个体工商户营业执照和税务登记证。"五证合一、一照一码""两证整合"改革，大幅度缩短了办照办证时限，为企业的成长提供了便利化的服务，激发了企业活力，优化了营商环境，受到企业、个体工商户和社会各界普遍欢迎。2016 年 10 月 14 日，国务院在充分肯定"五证合一、一照一码"登记制度改革取得成果的基础上积极部署开展"多证合一、一照一码"改革试点，这项措施大大降低了创业企业准入的制度性成本，在推进"大众创业、万众创新"方面起到了积极作用，促进了就业的增加，实现了经济社会的持续健康发展。截至2019 年底，随着统一社会信用代码制度的全面实施，全国企业、社会组织、机关事业单位存量代码转换率已达 100%，个体工商户存量代码转换率达99.6%，统一社会信用代码制度基本实现全覆盖，在各领域得到广泛应用，基本实现"一照一码"走遍天下。

（四）守信联合激励和失信联合惩戒取得重大进展

2016 年 6 月 12 日，国务院印发《关于建立完善守信联合激励和失信联合惩戒制度加快推进社会诚信建设的指导意见》，提出要落实加强和创新社会治理要求，以信用信息的公开共享、守信联合激励和失信联合惩戒机制的构建、法规制度和诚信文化的建设等为工作重点，通过部门联动和社会协同来统筹推进，加快推进社会信用体系建设。同年 6 月 27 日，中央全面深化改革领导小组第二十五次会议审议通过《关于加快推进失信被执行人信用监督、警示和惩戒机制建设的意见》，提出构建"一处失信、处处受限"的信用惩戒大格局，让失信者寸步难行。截至 2016 年底，累计签署 20 个联合惩戒、联合激励备忘录，逐步建立以信用为核心的新型监管机制，信用惩戒大格局基本形成。

在守信联合激励方面，有关地区和部门主要通过为诚信纳税人提供贷款融资便利等手段，强化正面激励导向；在失信联合惩戒方面，各部门主要通过在分别建立"黑名单"基础上实现共享，推进跨部门的失信联合惩戒。尤其是在政务领域失信问题专项治理中，一大批严重影响政府公信力的案件得到清理，5006家被列入全国法院失信被执行人名单的政府机构还款偿债，合计金额逾80亿元，整改率达99.7%。经过集中治理，我国的营商环境得到大大改善，在世界银行发布的《2019年营商环境报告》中，中国的排名跃居世界第46位，提升了32位。

据统计，自2018年底至2019年3月底，全国法院累计发布失信被执行人数量从1277万人次增至1349万人次，限制购买飞机票人数从1704万人次增至2047万人次，限制购买动车高铁票人数从544万人次增至571万人次，失信被执行人慑于信用惩戒主动履行法律义务的数量自346万人次增至390万人次。社会信用体系的奖惩机制和边界也在根据案例被不断明晰和界定，逐步走向成熟。

（五）信用服务和信用应用取得重大进展

中国人民银行征信中心于2006年成立，拥有国家金融信用信息基础数据库，肩负着为市场化信贷机构提供征信服务的重任。随着信用经济和信用市场的发展，个人征信业务需求逐渐显现。中国人民银行按照《征信业管理条例》要求，同意芝麻信用、腾讯征信、深圳前海、鹏元征信、中诚信征信、中智诚征信、拉卡拉信用、北京华道征信8家机构开展个人征信业务的准备工作。由于8家机构分属互联网、传统信用服务等不同领域，身份具有一定的复杂性，央行对放开民营征信十分谨慎。此前，8家机构已经在信用服务和信用应用方面做出了积极的尝试。前海征信已为近1500家机构提供征信输出服务。芝麻信用各场景的合作伙伴已超过200家，并于2016年7月宣布研发了小微企业信用洞察"灵芝"系统，尝试为小微企业提供全息高清征信画像，推出了企业信用报告、风险云图、信用评分和指数、关注名单、风险监控预警五大产品。

2018 年 2 月 22 日，中国人民银行公布的《设立经营个人征信业务的机构许可信息公示表》显示，百行征信有限公司申请设立个人征信机构已获得许可，获得了我国首张个人征信业务牌照。百行征信是由中国互联网金融协会牵头，与芝麻信用等 8 家市场机构共同组建的一家市场化个人征信机构。百行征信专注于个人信用数据尤其是金融数据的收集和共享，打破"数据孤岛"，降低风险和成本，与央行征信中心的国家金融信用信息基础数据库形成有效互补，助力构建国家级基础数据库。

中国人民银行对信用服务市场和信用应用实践提出了规范化的要求，重拳出击整肃征信市场，对征信市场中的不规范竞争行为和不合法经营行为进行严厉打击，注销 3 家征信机构的《企业征信业务经营备案证》。2016 年 10 月至 11 月，国家发展和改革委员会与中国人民银行委托北京大学、中国人民大学和中国改革报社 3 家机构分别牵头成立第三方评估组，评估 20 个信用示范创建城市的六个"规定动作"落地和"自选动作"创新，充分体现了社会信用体系评估方面的规范性。

（六）社会信用体系成为社会治理的创新手段

社会信用体系建设是政府监管和社会治理以及法治化建设的主要手段。大力推动社会信用体系建设，促进我国社会治理能力创新化和现代化，是党中央、国务院做出的重要部署，也是推动全社会科学发展、和谐发展的迫切要求。

2016 年 5 月，国务院发布《关于建立完善守信联合激励和失信联合惩戒制度加快推进社会诚信建设的指导意见》，该意见提出，要健全社会信用体系，加快构建以信用为核心的新型市场监管体制，这表明国家已将社会信用体系建设作为政府创新社会治理的一种重要手段。社会信用体系建设过程推动社会治理在强调"过程"、倡导"调和"、兼顾"多元"、注重"互动"的层面上不断创新，取得成绩。目前，个人及企业的金融信用体系已经在中国人民银行的牵头下基本建立起来，正在发挥着应有的作用，而金融信用体系之外的信用问题仍亟待完善。社会治理正在以信用为核心

和标准，整个社会正在培养并逐步确立信用标准，通过建立信用数据库、利用信息记录等信用资质，从以实物资本为核心，转变为以信用为核心，让社会进步真正做到了以人为本，以信用精神、信用文化、信用品牌为根本。

二 我国社会信用体系建设过程中存在的主要问题

（一）我国社会信用法律法规制度不健全

目前，我国法律体系中关于信用或社会信用的全国性法律尚属空白，社会信用体系建设的法律环境并不健全，缺乏国家层面的立法保障。涉及社会信用体系的内容零星地散落在《刑法》《民法通则》《合同法》《证券法》《保险法》《消费者权益保护法》等法律条文之中。据统计，目前包含信用条款的法律有 26 部、行政法规 28 部，其分散性、非系统性和深度不足等特点导致了其对社会中出现的各类信用问题的法律约束乏力。但同时，也为信用立法奠定了一定的法治实践基础。在行政法规中，国务院于 2013 年颁布了《征信业管理条例》，对于征信产品的标准性、征信服务的规范性、征信市场的有序性起到了有效的约束和促进作用。与此同时，征信行业发展还将与民法、刑法、经济法、消费者权益保护法等诸多法律交叉，社会信用体系建设还需涉及行政、商务、金融、消费、文化、教育等诸多领域，单纯依靠《征信业管理条例》这一行政法规，无法对信用信息披露、个人隐私保护、商业秘密保护等形成有效法律支持，无法满足当前社会信用体系建设所需的法律基础。由于缺乏法律依据，管理者对失信行为只能采取行政处罚措施，对于危害食品药品安全等恶劣失信行为也缺乏法律约束，失信成本过低，无法达到惩戒的效果，导致社会信用体系建设的法律支撑长期乏力。自 2017 年以来，上海、浙江等省市已出台相关条例，近期河南、厦门、南京等地开始加入社会信用立法的队伍中。截至 2019 年 9 月，全国已出台或正在研究出台地方信用法规的省区市达三分之二以上。

（二）社会信用体系建设推动社会治理的效果不佳

社会信用体系是为社会治理和经济发展服务的。从目前的信用体系建设成果来看，征信产业政策基本上只能适应金融业的发展，并且还只是其中金融信贷的一部分，社会治理方面尚未涉及。这需要多部门有效联动，共同推动社会信用体系为社会治理服务。近年来，随着中国经济的高速增长，大量社会信用问题日益凸显出来，严重阻碍了社会福利水平的提高，扰乱了人民的日常生活，尤其是部分地区的诚信缺失现象屡见不鲜，部分领域的失信行为令人愤慨，诸如食品药品安全领域、安全生产与服务质量领域、生态环保领域等，发生了冷冻疫苗失效事件、大学生遭受电信诈骗致死事件、毒奶粉事件、天价大虾和野生鱼事件等，严重侵害了人民群众的生命财产安全。政府信用方面也存在朝令夕改、言而无信、弄虚作假等失信表现。虽然这些问题看上去主要是由个人失信、企业失责、政府失察等原因导致的，但更深层的原因是社会信用体系的不健全和社会治理创新滞后，以社会信用体系建设推动社会治理的效果不佳。当前迫在眉睫的任务就是要有效杜绝失信行为，完善社会信用体系，推动社会治理创新。

（三）信息资源共享程度不高

信用信息平台建设滞后、信用信息割裂是制约我国社会信用体系建设的核心问题。在信用信息资源共享方面，我国还存在信用"信息孤岛"、条块分割严重、信用数据档案封锁、信用体系壁垒繁多、信用信息平台不健全、标准不统一、信息共享难等问题，最终导致我国的社会信用体系建设数据基础薄弱，服务效率低下。从发达国家社会信用体系建设的经验来看，大多数信用国家都实现了有关信用方面的信息和数据比较"透明"，并可以在保证隐私权和商业机密的前提下通过合法的、公开的渠道被合法征信机构取得，以及被其他经济主体有效利用。目前，中国人民银行征信中心建有全国统一的企业信用信息基础数据库和个人征信系统信用信息基础数据库，已覆盖所有企业和个人的信贷信息，可实现全国联网查询，但仍远远不能满足社会信

用体系建设对大数据的需求，不能实现信息在各行业、各部门之间的自由共享。

（四）信用服务机构较少，信用产品服务种类单一

信用市场的有序发展、信用服务机构的规范经营和信用产品与服务的繁荣是社会信用体系建设的重要内容。通过社会信用服务机构对社会信用状况开展客观、独立、科学、统一的评价，可以充分展现信用的资本属性和社会价值，有利于节约交易成本，便于企业主体通过第三方评价辨别交易对象，形成社会统一的价值衡量标准和尺度。社会信用评价能够激励守信行为，约束失信行为。据统计，我国现有各类征信机构、评级机构150多家，年收入20多亿元，但远未达到社会经济发展对征信产品和服务的需求；征信系统已收录8.5亿自然人信息、近1940万户企业及其他组织信息，但无论是个人还是企业组织，都远未达到覆盖全社会的程度。信用机构成长困难、信用产品与服务良莠不齐、规范性较差，影响和抑制民众对信用市场与服务的需求，阻碍了信用服务行业发展。目前，我国信用机构总体数量偏少，且发展水平不一，除了北京、天津、上海、广州等城市发展处于领先水平，其他很多省区市信用服务机构发展均比较滞后，主要表现为信用机构数量太少、种类单一、功能不足、规模过小，信用资源开发不足、利用效率低下，信用产品供给欠缺，信用服务质量较差，导致社会公众对信用服务的认可度持续低迷，社会对信用市场的需求无法满足。另外，信用教育发展缓慢、信用人才的缺乏也严重制约了信用市场的发展。

（五）社会信用意识淡薄，失信行为屡有发生

尽管社会信用体系建设已经取得了一些突破性的进展，但在日常生活中，由于一些公众的社会信用意识淡薄，失信行为依然屡有发生。我国有着悠久丰富的传统信用文化，个人信用作为衡量道德品质的重要标准之一，历来为人们所推崇。由于市场经济制度发展仍不完善，目前社会上出现了一些失信现象，从商业诈骗到制假售假、从偷税漏税到食品安全、从虚报瞒报到

学术不端，涉及诸多领域。尤其是近些年，信用违约事件逐渐增多，从民营企业到地方国企、央企，债务违约风险都有所暴露。之前快速扩张的P2P网络借贷也出现了很多诈骗、跑路等问题。这说明当前我国社会信用道德观念的教育、培养、养成还比较欠缺，一些个人和企业的信用意识淡薄、诚信素养缺失、诚信经营理念不足，尚未形成全社会诚实守信的浓厚氛围，与社会主义核心价值观中的"诚信"要求还存在一定的差距，社会信用关系的弱化和扭曲会严重影响社会经济的正常有序运转。

三 完善我国社会信用体系建设的相关措施

（一）健全社会信用法律法规制度体系，强化信用体系综合监管

完整的社会信用体系应由信用市场体系、信用机构体系、信用宣传教育体系以及信用法规与监管体系等共同构成。健全的社会信用法律法规制度体系建设是社会信用体系建设的重要内容。

首先，要在现有的法律条文基础之上，形成全国性的信用基本法律，在各地方政府的信用法规基础之上，形成全国性的信用基本法规。

其次，要完善当前的征信法规体系。中国人民银行作为征信业的管理部门，要在全面落实《征信业管理条例》和《征信机构管理办法》的基础之上，协同各部门进一步制定"征信业务管理办法""征信机构信息采集基本指导目录"等制度，以建立清晰的、符合市场实际的监管规则为目标，以维护信息主体权益为监管重点，以开展现场与非现场检查、加强征信机构作业过程的监管为手段，以督促征信机构和从业人员提高服务质量为抓手，以完善问责机制、强化征信机构和从业人员的责任为保障，继续完善制度、强化监管，牢固树立信息保护意识，确保信用信息主体的权益。

最后，要形成和运用行业性、行政性、司法性、市场性、社会性"五位一体"的失信惩戒机制，健全社会信用体系综合监管与奖惩法律法规制度，对市场经济活动中的食品药品安全、金融诈骗等失信行为进行专项治理、有效惩戒，

做好警示教育；通过税收优惠等各种优惠政策与服务措施对守信的企业与个人进行奖励，树立守信激励的政策导向，将诚实守信受益真正落到实处。

（二）积极探索新型社会治理方式，促进其与信用体系建设协调发展

社会信用体系建设为加强和创新社会治理、提升社会治理能力提供了有效手段。在当前的新形势下，新型社会治理方式应坚持创新引领，积极推动理念、制度、机制、方法创新，不断提高社会化、法治化、智能化、专业化水平，努力实现对各类风险从被动应对处置向主动预防转变，推动大数据等现代科技手段与社会治理的深度融合，努力解决食品药品安全、校园欺凌、金融诈骗、电信诈骗、非法集资、拐卖儿童等各类安全威胁，形成一种新型的社会治理方式。

首先，建立和完善以政府为核心的社会信用体系。政府具有双重身份，它既是社会信用体系建设的主体，又是社会治理的主体。一方面，政府要充分发挥管理者的职责，整合并优化全社会的资源，号召并协调多主体共同参与；另一方面，政府要充分发挥社会信用榜样力量，树立社会风向标，以自身良好的信用形象提振社会治理的自信，筑牢社会信用体系建设的根基。

其次，政府要创新整合社会信用管理组织结构。政府通过创新法制建设、打破"条块分割"、建立信用奖惩联动机制、打造诚信开放环境等方法，减少社会生活中的矛盾、摩擦和冲突，以良好的环境来推进社会治理创新。政府既可以通过不断提高社会公共生活的透明度来减少风险和降低成本，又可以通过不断加大监管力度和惩戒力度增加腐败、失信的成本，努力实现"民主法治、公平正义、诚信友爱、充满活力、安定有序，人与人和谐相处的社会主义和谐社会"的社会现代化目标。

（三）有效打破信用"信息孤岛"，着力完善信用信息平台

目前，我国社会信用信息平台建设滞后、信用信息割裂现象明显，制约着我国社会信用体系建设的进程，影响着社会治理的效果。我国从2015年就已经着手筹备信用信息平台建设的相关工作，至当年年底已经实现了全国

信用平台的试运行。目前，全国信用信息共享平台进入了二期工程，主要内容包括以下几个方面。

一是加大信用信息归集整合力度。形成联通 43 个社会信用体系建设示范城市、扩大到 100 个中央和国家机构的信用信息归集，加大信息归集整合力度。同时将拓展行业协会、城市信用、电商平台等多维数据来源，推动实现公共信用信息全覆盖。

二是构建全方位、多层次、条块结合的信用信息共享及应用的平台，主要包括"四库、一平台、两网站、七系统、N 应用"。"四库"指的是基础数据库、统一社会信用代码对照库、主题信用库和业务数据库，"一平台"指的是公共数据交换平台，"两网站"指的是信用平台政务外网门户网站和"信用中国"互联网门户网站，"七系统"指的是公共信用信息服务系统、统一社会信用代码对照库系统、全国城市信用状况监测系统、全国性行业协会商会行业公共信用信息系统、联合奖惩协同应用系统、信用大数据分析系统、大数据黑名单数据库系统，"N 应用"指的是互联网应用服务区、信易贷、信易租、信易行等应用。我们要以互联网、物联网为基础，充分运用大数据、人工智能、云计算等现代化信息手段，继续打破信用"信息孤岛"，着力完善信用信息平台，并延伸到各级政府以及向各级政府的职能部门、向社会提供公共服务的各相关机构，打造信用信息共享机制，为守信联合激励和失信联合惩戒提供依据和基础；以政府部门及有关行业掌握的企业数据信息为基础对相关数据进行有效整合，以行业信用评级规范化为条件建立行业信用评价结果互认制度，以有效保证信息安全为前提打造企业信用信息披露机制，使多部门的信用信息实现合理充分的互联互通；并在依据有关法律法规和保密的前提下为企业和社会公众提供信用信息共享查询、分析和统计等服务，建立跨地区、跨行业类别的信用联合奖惩机制。

（四）扎实推进重点领域建设，积极开发信用相关产品

我国社会信用体系建设稳步推进，取得了丰硕的成果，但随着建设的不断深入，严峻的现实问题也凸显在我们面前，需要我们通过改革创新的办法

积极推进社会信用体系建设这一长期、艰巨的系统工程。2016 年我国社会信用体系建设把社会各领域都纳入进来，食品药品安全、社会保障、金融等重点领域建设速度加快。2017 年，我国以推动政务诚信作为示范引领，主要推进个人和电子商务等领域诚信体系建设。2018 年，区域性的信用体系建设取得了一定的进展，在搭建社会信用信息收集与共享平台、推动信用数据的标准化方面开展积极的探索，今后，还要加快推进社会信用立法。针对当前我国信用市场发展缓慢、信用服务机构规模较小、信用产品种类单一、市场需求不足等问题，今后要以培育信用市场需求为主导，进一步扶持信用服务机构的成长，积极开发信用新产品，优化现有的信用产品结构，推动信用市场的稳步发展。在繁荣信用市场方面，可以借鉴欧洲国家的"以政府和中央银行为主导"的社会信用建设模式，充分发挥政府的作用，强力推动立法建设和政策扶持，有效调动整合社会资源，加大市场培育投入，完善优化产品服务，满足消费市场需求。

（五）加大信用教育体系建设，使信用意识深植人们的思想观念

加强全民信用教育是将信用推进全社会经济生活中最根本、最有效的途径。

首先，建立健全信用教育法规。以社会主义核心价值观为引领，深入开展诚信、守法和道德教育，强化制度约束，形成诚信守法的长效机制；通过各种教育形式普及社会信用体系建设相关知识，以法律法规手段促进全民信用意识的提高，营造诚实守信的社会氛围。

其次，加强学校信用教育。开设信用教育课程，将信用教育贯穿从小学到大学整个学校教育的全过程，形成完整的信用教育体系，使"诚实守信"的观念根深蒂固于每个人心中；同时，要借助高校以及各种社会培训机构力量，根据社会对人才的需求情况开设信用管理专业，增加专业招生名额，举办信用管理人才培训，加快培养优秀的信用管理人才。

最后，加强诚信文化建设。以社会主义核心价值观树立社会主体的价值导向，实现让诚实守信成为全社会共同的价值追求和行为准则，努力打造良好信用环境；在保护公民个人信息安全的前提下推行实名制，健全用户信息保护制度。

B.6
信用立法与信用法律体系建设

黄 萍　高珲远*

摘　要： 经过百余年的信用制度建设与发展，西方发达国家已形成较为完善的信用体系架构，信用法律体系也不断健全。信用法律体系的建立和完善是长期而又复杂的系统工程，我国通过修改现行法律法规、加快信用相关立法、司法与执法层面落实法律责任等方式不断加强与完善信用法律体系。但是，相对于市场经济发展，我国信用立法仍然较为滞后，影响到市场经济秩序的稳定和市场主体经济效益的实现。借鉴西方发达国家信用立法经验，推进构建完善的信用法律体系势在必行。

关键词： 信用立法　社会信用基本法　大数据征信法律

一　信用立法与中国信用法律体系的构成

（一）信用立法

信用立法是指以信用作为对象，以信用体系建设作为立法目标，把诚实守信的道德准则及内容固化为法律的过程。通过立法，将道德规范的内容提升为法律规范，并使之成为通过国家强制力保证实施的社会主体行为模式与

---

* 黄萍，教授，硕士生导师，兰州财经大学金融学院信用管理系主任。高珲远，四川大学数学学院（金融数学方向）本科生。

准则。信用立法为市场经济运行下的社会信用体系提供法律依据与制度保障，在一国信用立法中，通常应注意处理好行政公开与国家经济安全保护、信用信息公开与企业商业秘密保护、个人信用信息公开与个人隐私保护三层关系。

（二）社会信用的法律体系

美国既是全球信用经济最发达的国家，也是信用立法较为完善的国家。美国信用制度建设始自 19 世纪 40 年代，成熟于 20 世纪 50 年代。20 世纪 60 年代至 80 年代美国处于社会信用立法相对集中期，其后随着市场变化对旧法几经修改，形成了包括规范政府权限、维护经济诚信与保护个人隐私在内的完整信用法律体系（见表 1）。美国构建了以 17 部法律为核心的比较完备的维护经济诚信的信用法律体系（《信用控制法》于 20 世纪 80 年代效力终止）。其中，7 项用于保护个人权益，9 项涉及规范金融活动，对征信数据环境、失信惩罚机制、公平授信的权利和保护个人隐私权等一系列重要问题进行了调整。此外，美国联邦政府还出台了一些与信用管理有关的规则，诸如规范政府权限的法律、保护个人隐私的法律等。美国的信用立法属于典型的市场主导型立法，也是发达国家信用立法的主流模式。在此模式下，政府在信用立法出台、部门信用数据开放、政策有效执行与征信主体权益保护等方面发挥积极作用。

欧洲国家的信用立法大多出台于 20 世纪 60 年代至 80 年代，欧洲国家当属德国、英国和奥地利最注重建立信用管理专业法律（见表 1）。德国当属欧洲建立信用管理专业法律的先驱，1970 年，联邦德国的黑森州通过了全球首部《个人数据保护法》。1970 年，联邦德国颁布实施了《分期付款法》。1977 年，联邦德国颁布了《通用商业总则》。1934 年德国建立了个人信用登记系统。此外，1970 年英国通过了《消费信贷法》。1995 年 10月，欧洲议会通过了欧盟的《个人数据保护纲领》，成为欧盟在信用管理领域的首部公共法律。欧洲国家的信用立法属于典型的政府主导型信用立法模式。在此模式下，中央政府出资组建征信企业并直接经营管理。政府组建的征信企业，通常由中央银行进行管理，仅限于经授权的央行职员和从事汇报的金融机构拥有进入公共信用调查机构的权力。公共信用调查机构的运转与私营信贷机构无本质区别，都借助与信贷授予人创设双向数据得以实现。

表1 欧美国家信用立法概览

区域		主要法律法规	备注
美国	规范政府权限的法律	《信息自由法》《联邦咨询委员会法》《阳光下的联邦政府法》《联邦咨询委员会法》	美国构建了以17部法律为核心的比较完备的维护经济诚信的信用法律体系（《信用控制法》于20世纪80年代效力终止）。其中，7项用于保护个人权益，9项涉及规范金融活动，对征信数据环境、失信惩罚机制、公平授信的权利和保护个人隐私权等一系列重要问题进行了调整。此外，美国联邦政府还出台了一些与信用管理有关的规则，诸如规范政府权限的法律、保护个人隐私的法律等
	维护经济诚信的法律	《诚实租借法》《公正信用报告法》《信用卡发行法》《平等信贷机会法》《公平债务催收作业法》《公平信用结账法》《电子资金转账法》《公平信用和贷计卡公开法》《储蓄机构解除管制和货币控制法》《甘恩—圣哲曼储蓄机构法》《银行平等竞争法》《房屋抵押公开法》《房屋贷款人保护法》《金融机构改革—恢复—执行法》《社区再投资法》《信用修复机构法》	
	保护个人隐私的法律	《公平与准确信用交易法》《隐私法案》《犯罪控制法》《家庭教育权和隐私权利法》《财务隐私权利法》《隐私保护法》《电子通信隐私法》《录像隐私保护法》《驾驶员隐私保护法》等	
欧洲		英国《数据资料保护法》《消费者信用法》，德国《个人信息保护法》《通用商业总则》《个人数据保护法》，瑞典《瑞典数据法》，澳大利亚《联邦隐私权法》，葡萄牙《葡萄牙个人数据保护法》，欧盟《数据保护法》《一般数据保护条例》，等等	欧洲多数国家信用立法主要调节个人隐私保护与征信活动之间的矛盾，征信立法主要针对个人数据保护。以2018年5月生效的《欧盟一般数据保护条例》为典型代表，西方国家的信用立法更多考虑了数字经济快速发展的现实，希望在经济发展、信息开放与主体权益保护等方面寻求平衡

资料来源：根据《规则之治——社会诚信体系治理模式研究》等资料整理。

分析国外的信用立法建设，以下方面值得借鉴：

一是在宏观层面，有法律体系而无综合立法。为推动信用建设，国家制定信用基本法律，对扰乱信用秩序、严重失信等行为给予行政甚至刑事制裁；二是在中观层面，注重对信用活动的规范。重视征信立法，尊重市场经济规律。许多国家征信立法重在保护个人数据，信用信息收集较为开放，但使用较为严格；三是在微观层面，具体问题具体要求。通过众多单行法，或散见于各部分法律的相关条款（涉及信用采集、信用投放、保护消费者权益等）对具体问题做出具体要求；四是在现实层面，注重数字经济发展与主体权益保护。西方国家的信用立法在近年来随着数字经济的迅猛发展，在充分考虑了大数据背景下信息高度透明化与快速流动化特征的前提下，希望在经济发展、信息开放与主体权益保护等方面寻求平衡。

（三）中国信用法律体系的构成

建立完善的社会信用法律体系对我国经济的健康发展至关重要，它既对市场经济秩序的稳定和市场主体经济效益的实现具有重要的规范、引导、保障与推进等保驾作用，又对信息的采集、披露与查询等环节起到有法可依、有法可保、有法引导的护航作用。我国的法律体系通常由宪法、法律、行政法规、地方性法规、政府规章、部门规章构成，社会信用法律体系亦遵从此结构。自1999年我国正式启动社会信用体系建设以来，社会信用法律体系建设也随之展开，其后陆续制定并颁布了一些与信用相关的法律、法规及规章，形成了集企业信用、信用机构、个人信用、政府信用、信用活动及其法律制度于一体的社会信用法律体系。我国信用法律体系的构成见表2。

表2　我国信用法律体系的构成

子体系	主要法律法规
个人信用法律子体系	《个人贷款管理暂行办法》《个人住房贷款管理办法》《助学贷款管理办法》《个人存款账户实名制规定》《信用卡业务管理办法》《汽车消费贷款管理办法》《个人信用信息基础数据库管理暂行办法》《关于加强个人诚信体系建设的指导意见》等

续表

子体系	主要法律法规
企业信用法律子体系	《中华人民共和国公司法》《中华人民共和国证券法》《中华人民共和国企业破产法》《中小企业促进法》《企业信息公示暂行条例》《全国人民代表大会常务委员会关于惩治违反公司法的犯罪的决定》《反不正当竞争法》等
政府信用法律子体系	《行政立法法》《行政督察法》《公务员法》《政府信息公开条例》《行政处罚法》《关于加强政务诚信建设的指导意见》等
信用机构信用法律子体系	《证券市场资信评级业务管理暂行办法》《保险机构债券投资信用评级指引》《资信评级机构出具证券公司债券评级报告准则》《信用信息管理办法》《个体工商户信用分类监管指导意见》《征信机构管理办法》等
信用活动法律子体系	《征信业管理条例》《关于建立完善守信联合激励和失信联合惩戒制度加快推进社会诚信建设的指导意见》《关于加快推进失信被执行人信用监督警示和惩戒机制建设的意见》《关于进一步健全相关领域实名制登记制度的总体方案》《关于全面加强电子商务领域诚信建设的指导意见》等

资料来源：根据相关会议与网站资料整理。

二　中国信用法律体系建设的实践成效

《社会信用体系建设规划纲要（2014—2020 年）》（以下简称《纲要》）于 2014 年 6 月经国务院正式颁布实施，《纲要》发布以来，我国不断加快信用立法步伐，不断完善与诚信相关的法律。信用立法顶层设计步伐加快，各部委规划、办法相继出台，地方立法多方探索，其他法律与政策文件有效支撑，上述积极进展标志着在全面依法治国的大格局下，我国信用法律体系建设正步入全新发展阶段，为经济社会健康发展奠定了坚实的信用基础。

（一）信用立法顶层设计日益受到重视

2016 年 12 月 9 日，习近平总书记主持中央政治局第 37 次集体学习，其间强调要"使法治和德治在国家治理中相互补充、相互促进、相得益彰，

推进国家治理体系和治理能力现代化"①，其后印发实施的《社会主义核心价值观融入法治建设立法修法规划》明确要求"探索完善社会信用体系相关法律制度，研究制定信用方面的法律"。2018 年 6 月，李克强总理主持召开国务院第 11 次常务会议，明确要求社会信用体系建设要坚持"应用导向，立法先行"。2019 年 7 月印发的《国务院办公厅关于加快推进社会信用体系建设构建以信用为基础的新型监管机制的指导意见》（国办发〔2019〕35 号）明确要求"加快建章立制。推动制定社会信用体系建设相关法律，加快研究出台公共信用信息管理条例、统一社会信用代码管理办法等法规"。为贯彻落实党中央、国务院加速推进社会信用立法进程的部署，2019 年 8 月 30 日，国家发展和改革委员会副主任连维良主持召开了社会信用立法座谈会，来自全国人大财经委、全国人大常委会法工委、司法部、中国人民银行及相关行业部门、地方政府、高校、信用服务机构的 60 余名代表参加座谈交流。会议还围绕信用立法的目的、进展、问题等内容进行了深入的交流与探讨，并研究讨论了《中华人民共和国社会信用法（部门起草稿）》。代表们纷纷表示，社会信用立法被列入全国人大常委会立法项目，预示着立法条件相对成熟，显示了社会各界立法意愿迫切，号召各地方、各部门及社会各界广泛参与以加快推动立法进程。毋庸置疑，这些充分说明加快信用立法的顶层设计已受到党中央、国务院的高度重视，进一步加强信用法制建设、加快推动社会信用立法已受到空前的关注，顶层设计的重视与相关政策文件的接连出台，为国家级信用立法奠定了坚实的基础。

（二）各部门规划、办法密集出台

伴随着我国信用立法顶层设计步伐加快，各部门也从各个方面密集出台与信用管理相关的规划、办法等：从联合惩戒到行业处罚、从个人诚信到商务诚信、从行业信用体系建设到信息安全、从特定严重失信人到失信专项治

---

① 《习近平：坚持依法治国和以德治国相结合》，新华网，http://www.xinhuanet.com/politics/2016 - 12/10/c - 1120093133.htm。

理、从行业信用管理综合文件到奖惩备忘录、从名单管理到培育信用服务机构、从优化营商环境到重点领域的信用建设等，如最高人民法院发布《人民法院执行工作报告》白皮书，工信部通过《关于进一步防范和打击通讯信息诈骗工作的实施意见》，人大常委会通过《网络安全法》，交通运输部发布《交通运输行业信用体系建设重点工作方案》并开通信用交通网站，科技部出台《国家科技计划（专项、基金等）严重失信行为记录暂行规定》，教育部颁布《高等学校预防与处理学术不端行为办法》，人社部印发《企业劳动保障守法诚信等级评价办法》及《重大劳动保障违法行为社会公布办法》，中组部、人社部与国家公务员局公布《公务员考试录用违纪违规行为处理办法》，国家食药监总局印发《食品安全信用信息管理办法》，最高人民法院等9个部门发布《关于在招标投标活动中对失信被执行人实施联合惩戒的通知》，财政部印发《关于在政府采购活动中查询及使用信用记录有关问题的通知》，国家发展改革委等10个部门印发《行业协会商会综合监管办法》，公安部等8个部门发布《关于规范居民身份证使用管理的公告》，商务部办公厅下发《关于进一步做好商务诚信建设试点工作的通知》；住建部明确9种不正当经营，房企严重违规进入"黑名单"；国办推进绿色产品信用体系建设，建立黑名单制度；国家卫计委建立消毒产品生产企业"黑名单"制度；工信部建立车企信用库和黑名单；民政部加强社会组织承接政府购买服务信用信息记录；等等。2016～2019年各部门信用法规见表3。

表3 2016～2019年各部门信用法规一览

名称	发文单位	出台时间
《关于加快推进"互联网＋政务服务"工作的指导意见》	国务院	2016年9月25日
《关于全面推进政务公开工作的意见》实施细则	国务院办公厅	2016年11月10日
《关于加快推进"五证合一、一照一码"登记制度改革的通知》	国务院办公厅	2016年6月30日
《关于进一步防范和打击通讯信息诈骗工作的实施意见》	工信部	2016年11月4日
《金融消费者权益保护实施办法》	中国人民银行	2016年12月27日
《网络借贷信息中介机构业务活动管理暂行办法》	银监会等	2016年8月17日

续表

名称	发文单位	出台时间
《关于对农资领域严重失信生产经营单位及其有关人员开展联合惩戒的合作备忘录》	国家发展改革委、农业部等	2017 年 2 月 27 日
《关于进一步加强征信信息安全管理的通知》	中国人民银行	2018 年 4 月 24 日
《关于进一步加强科研诚信建设的若干意见》	中央办公厅、国务院办公厅	2018 年 5 月
《关于对失信主体加强信用监管的通知》	国家发展改革委、中国人民银行	2018 年 7 月 24 日
《中华人民共和国政府信息公开条例》(修订版)	国务院	2019 年 4 月 16 日
《国家发展改革委办公厅进一步完善"信用中国"网站及地方信用门户网站行政处罚信息信用修复机制的通知》	国家发展改革委	2019 年 5 月 14 日
《关于对模范践行诚实守信个人实施联合激励 加快推进个人诚信体系建设的指导意见(征求意见稿)》	国家发展改革委	2019 年 6 月 3 日
《企业信息公示条例(修订征求意见稿)》	国家市场监管总局	2019 年 6 月 18 日
《关于更新调整新政许可和行政处罚等信用信息数据归集公示标准的通知》	国家发展改革委、国家市场监管总局	2018 年 7 月 4 日
《关于在一定期限内适当限制特定严重失信人乘坐民用航空器推动社会信用体系建设的意见》	国家发展改革委等	2018 年 3 月 2 日
《关于开展交通出行领域严重失信行文专项治理工作的通知》	国家发展改革委等	2018 年 8 月 8 日
《重大税收违法失信案件信息公布办法》	国家税务总局	2018 年 11 月 7 日
《企业统计信用管理办法》	国家统计局	2019 年 4 月 4 日
《关于深入推进商务信用建设的指导意见》	商务部	2019 年 4 月 12 日
《关于对文化市场领域严重违法失信市场主体及有关人员开展联合惩戒的合作备忘录》	国家发展改革委等	2018 年 12 月 28 日
《关于做好〈关于加强和规范守信联合激励和失信联合惩戒对象名单管理工作的指导意见〉贯彻落实工作的通知》	国家发展改革委	2018 年 1 月 19 日
《关于充分发挥信用服务机构作用加开推进社会信用体系建设的通知》	国家发展改革委	2018 年 2 月 2 日
《交通运输守信联合激励和失信联合惩戒对象名单管理办法(试行)》	交通运输部	2018 年 12 月 21 日
《关于进一步深化司法公开的意见》	最高人民法院	2018 年 11 月 20 日
《关于探索开展"信易贷"工作的通知》	国家发展改革委	2018 年 4 月 11 日
《关于开展 APP 违法违规收集使用个人信息专项治理的公告》	中央网信办等	2019 年 1 月 23 日
《电子商务企业诚信档案评价规范(征求意见稿)》	商务部	2019 年 7 月 4 日
《经营个人征信业务的征信机构审批事项服务指南》	中国人民银行	2019 年 1 月 10 日

资料来源：根据相关会议与网站资料整理。

（三）地方信用立法多方探索

在国家层面信用立法仍旧缺失的当下，各地社会信用立法在积极摸索。上海市、湖北省于2016年推出《上海市社会信用条例（草案）》与《湖北省社会信用信息管理条例（草案）》提请审议，掀起了地方信用立法积极探索的高潮。2017年以来，湖北、上海、河北、浙江、厦门等省市陆续出台了地方信用法规，广东、山东、河南、贵州、辽宁、哈尔滨、南京等省市提请地方信用立法审议或征求意见，地方信用立法建设进一步有效推进。正视信用建设的地域差异现状，促使具备条件者先行立法，既有利于重大理论及现实问题的探索与解决，又有利于国家层面立法重要参考的提供与实践经验的积累。近年来我国地方信用立法情况见表4。

表4 近年来我国地方信用立法情况一览

级别	名称	时间
省级	《湖北省社会信用信息管理条例》	2017年7月1日正式施行
	《上海市社会信用条例》	2017年10月1日正式施行
	《河北省社会信用信息条例》	2018年1月1日正式施行
	《浙江省公共信用信息管理条例》	2018年1月1日正式施行
	《广东省社会信用条例》（草案送审稿）	2019年1月24日至2月24日，面向社会征集立法意见
	《山东省社会信用条例（草案）》	2019年9月30日经省人大常委会会议初次审议，面向社会公开征求意见
	《河南省社会信用条例（草案）》	2019年9月23日提请省人大常委会会议进行第二次审议
	《贵州省社会信用条例（草案）》	2019年6月4日，向全社会公开征求意见
	《辽宁省公共信用信息管理条例（草案）》	2019年8月2日至9月1日，面向社会公开征求意见
	《北京市社会信用立法》	《北京市进一步优化营商环境行动计划（2018～2020年）》明确：2020年底前完成北京市社会信用条例立法工作
市级	《无锡市公共信用信息条例》	2016年3月1日正式施行
	《泰州市公共信用信息条例》	2016年10月1日正式施行
	《宿迁市社会信用条例》	2016年3月15日正式施行
	《哈尔滨市社会信用条例（草案）》	2019年5月28日，哈尔滨市人大举行立法工作推进会
	《厦门经济特区社会信用条例》	2019年6月1日正式施行
	《南京市社会信用条例（草案）》	2019年8月20日，提交市人大初次审议

资料来源：根据相关会议与网站资料整理。

三 中国信用法律体系建设面临的现实问题

（一）立法层次较低，缺乏系统完整的社会信用法律

我国社会信用体系建设虽取得了许多进展，但目前社会信用法律体系建设仍呈现出供需脱节之势，我国还未出台过一部国家级信用法律法规，有关社会信用体系建设的法规主要是《征信业管理条例》，其他分散于各部门法律法规之中（见表5）。现行的信用法律法规框架采用的是在各领域专门法律法规中嵌入信用相关核心条款的方式，例如在《中华人民共和国外商投资法》《反不正当竞争法》《刑法》等20多部法律中嵌入了信用、欺诈等相关条款及处罚规定。国家级信用法律法规的缺失，使得许多部门规章生成缺少基本法律指引，信用立法出现结构性缺陷并弱化了社会信用法律效力。

表5 我国各领域专门法律法规嵌入信用有关核心条款情况一览

法律名称	内容
《中华人民共和国外商投资法》	第三十四条 国家建立外商投资信息报告制度。外国投资者或者外商投资企业应当通过企业登记系统以及企业信用信息公示系统向商务主管部门报送投资信息 第三十八条 对外国投资者、外商投资企业违反法律、法规的行为，由有关部门依法查处，并按照国家有关规定纳入信用信息系统
《中华人民共和国广告法》	第五条 广告主、广告经营者、广告发布者从事广告活动，应当遵守法律、法规，诚实信用，公平竞争 第六十七条 有本法规定的违法行为的，由市场监督管理部门记入信用档案，并依照有关法律、行政法规规定予以公示
《中华人民共和国个人所得税法》	第十五条 有关部门依法将纳税人、扣缴义务人遵守本法的情况纳入信用信息系统，并实施联合激励或者惩戒
《中华人民共和国公务员法》	第二十六条 "被依法列为失信联合惩戒对象的人员"不得录用为公务员
《中华人民共和国电子商务法》	第三十九条 电子商务平台经营者应当建立健全信用评价制度，公示信用评价规则，为消费者提供对平台内销售的商品或者提供的服务进行评价的途径 第七十条 国家支持依法设立的信用评价机构开展电子商务信用评价，向社会提供电子商务信用评价服务 第八十六条 电子商务经营者有本法规定的违法行为的，依照有关法律、行政法规的规定记入信用档案，并予以公示

续表

法律名称	法律内容
《中华人民共和国反不当竞争法》	第二十六条 经营者违反本法规定从事不正当竞争,受到行政处罚的,由监督检查部门记入信用记录,并依照有关法律、行政法规的规定予以公示
《中华人民共和国标准化法》	第三十七条 生产、销售、进口产品或者提供服务不符合强制性标准的,依照《中华人民共和国产品质量法》《中华人民共和国进出口商品检验法》《中华人民共和国消费者权益保护法》等法律、行政法规的规定查处,记入信用记录,并依照有关法律、行政法规的规定予以公示;构成犯罪的,依法追究刑事责任
《中华人民共和国中小企业促进法》	第七条 国家推进中小企业信用制度建设,建立社会化的信用信息征集与评价体系,实现中小企业信用信息查询、交流和共享的社会化 第二十一条 县级以上人民政府应当建立中小企业政策性信用担保体系,鼓励各类担保机构为中小企业融资提供信用担保 第二十二条 国家推动保险机构开展中小企业贷款保证保险和信用保险业务,开发适应中小企业分散风险、补偿损失需求的保险产品 第四十六条 国家鼓励各类服务机构为中小企业提供创业培训与辅导、知识产权保护、管理咨询、信息咨询、信用服务、市场营销、项目开发、投资融资、财会税务、产权交易、技术支持、人才引进、对外合作、展览展销、法律咨询等服务
《中华人民共和国测绘法》	第四十八条 县级以上人民政府测绘地理信息主管部门应当对测绘单位实行信用管理,并依法将其信用信息予以公示
《中华人民共和国民办教育促进法》	第四十一条 教育行政部门及有关部门依法对民办学校实行督导,建立民办学校信息公示和信用档案制度,促进提高办学质量;组织或者委托社会中介组织评估办学水平和教育质量,并将评估结果向社会公布
《中华人民共和国电影产业促进法》	第四十六条 县级以上人民政府电影主管部门应当加强对电影活动的日常监督管理,受理对违反本法规定的行为的投诉、举报,并及时核实、处理、答复;将从事电影活动的单位和个人因违反本法规定受到行政处罚的情形记入信用档案,并向社会公布
《中华人民共和国网络安全法》	第七十一条 有本法规定的违法行为的,依照有关法律、行政法规的规定记入信用档案,并予以公示
《中华人民共和国旅游法》	第一百零八条 对违反本法规定的旅游经营者及其从业人员,旅游主管部门和有关部门应当记入信用档案,向社会公布
《中华人民共和国资产评估法》	第三十六条 评估行业协会履行职责:建立会员信用档案,将会员遵守法律、行政法规和评估准则的情况记入信用档案,并向社会公开
《中华人民共和国慈善法》	第九十五条 县级以上人民政府民政部门应当建立慈善组织及其负责人信用记录制度,并向社会公布

法律名称	法律内容
《中华人民共和国种子法》	第五十一条　种子生产经营者依法自愿成立种子行业协会,加强行业自律管理,维护成员合法权益,为成员和行业发展提供信息交流、技术培训、信用建设、市场营销和咨询等服务
《中华人民共和国食品安全法》	第一百条　国家出入境检验检疫部门应当对进出口食品的进口商、出口商和出口食品生产企业实施信用管理,建立信用记录,并依法向社会公布。对有不良记录的进口商、出口商和出口食品生产企业,应当加强对其进出口食品的检验检疫 第一百一十三条　县级以上人民政府食品安全监督管理部门应当建立食品生产经营者食品安全信用档案,记录许可颁发、日常监督检查结果、违法行为查处等情况,依法向社会公布并实时更新;对有不良信用记录的食品生产经营者增加监督检查频次,对违法行为情节严重的食品生产经营者,可以通报投资主管部门、证券监督管理机构和有关的金融机构 第一百一十四条　食品生产经营过程中存在食品安全隐患,未及时采取措施消除的,县级以上人民政府食品安全监督管理部门可以对食品生产经营者的法定代表人或者主要负责人进行责任约谈。食品生产经营者应当立即采取措施,进行整改,消除隐患。责任约谈情况和整改情况应当纳入食品生产经营者食品安全信用档案
《中华人民共和国药品管理法》	第一百零五条　药品监督管理部门建立药品上市许可持有人、药品生产企业、药品经营企业、药物非临床安全性评价研究机构、药物临床试验机构和医疗机构药品安全信用档案,记录许可颁发、日常监督检查结果、违法行为查处等情况,依法向社会公布并及时更新;对有不良信用记录的,增加监督检查频次,并可以按照国家规定实施联合惩戒
《中华人民共和国消费者权益保护法》	第五十六条　经营者有违规失信情形的,除依照法律、法规规定予以处罚外,处罚机关应当记入信用档案,向社会公布
《中华人民共和国商标法》	第六十八条　商标代理机构有违反规定行为的,由工商行政管理部门记入信用档案;情节严重的,商标局、商标评审委员会可以决定停止受理其办理商标代理业务,并予以公告
《中华人民共和国农业法》	第四十五条　国家建立健全农村金融体系,加强农村信用制度建设,加强农村金融监管
《中华人民共和国野生动物保护法》	第四十四条　违反本法第十五条第三款规定,以收容救护为名买卖野生动物及其制品的,由县级以上人民政府野生动物保护主管部门没收野生动物及其制品、违法所得,并处野生动物及其制品价值二倍以上十倍以下的罚款,将有关违法信息记入社会诚信档案,向社会公布;构成犯罪的,依法追究刑事责任
《中华人民共和国港口法》	第四十五条　港口经营人、港口理货业务经营人有本法规定的违法行为的,依照有关法律、行政法规的规定纳入信用记录,予以公示

续表

法律名称	法律内容
《中华人民共和国疫苗管理法》	第二十三条　疫苗上市许可持有人的法定代表人、主要负责人应当具有良好的信用记录,生产管理负责人、质量管理负责人、质量受权人等关键岗位人员应当具有相关专业背景和从业经历 第七十二条　药品监督管理部门应当建立疫苗上市许可持有人及其相关人员信用记录制度,纳入全国信用信息共享平台,按照规定公示其严重失信信息,实施联合惩戒
《中华人民共和国土壤污染防治法》	第八十条　省级以上人民政府生态环境主管部门和其他负有土壤污染防治监督管理职责的部门应当将从事土壤污染状况调查和土壤污染风险评估、风险管控、修复、风险管控效果评估、修复效果评估、后期管理等活动的单位和个人的执业情况,纳入信用系统建立信用记录,将违法信息记入社会诚信档案,并纳入全国信用信息共享平台和国家企业信用信息公示系统向社会公布
《中华人民共和国文物保护法》	第五十七条　省、自治区、直辖市人民政府文物行政部门应当建立文物购销、拍卖信息与信用管理系统
《中华人民共和国环境影响评价法》	第二十条　负责审批建设项目环境影响报告书、环境影响报告表的生态环境主管部门应当将编制单位、编制主持人和主要编制人员的相关违法信息记入社会诚信档案,并纳入全国信用信息共享平台和国家企业信用信息公示系统向社会公布

资料来源:根据相关法律法规文件资料整理。

总体而言,信用立法存在层次不高、可操作性不强、处罚条款弹性较大等不足,制约了信用活动的有效开展。政府组织信用立法,制定信用基本法,为社会信用体系建设与信用管理建立基本的法律制度框架,是形成社会信用法律保障机制的重心,旨在创建一个信用开放和信用共享的大环境。

(二)立法更新较慢,难以适应互联网金融发展的新挑战

近年来,互联网金融以能够降低金融交易成本、促进普惠金融、推动创新和模式变革等优点得到迅速发展。由于其特殊的虚拟属性、交易双方信息不对称以及交易者信用缺失等问题的客观存在,我国互联网金融交易信用风险日渐凸显。作为互联网金融的有机组成部分,征信应该对互联网金融的健康发展发挥调整与规范作用。信用立法更新进程缓慢,不仅不利于互联网金融发展过程中风险的抑制,而且不利于征信体系建设的有效推动。遍观我国

现有的信用法律法规，虽已出台了《征信业管理条例》《征信机构管理办法》等相关法律文件，却都属于行政法规或部门规章，法律位阶较低，且缺乏可操作性，造成事实上能有效规范社会信用体系建设的法律法规缺失，自2013年《征信管理条例》出台至今，我国鲜有国家层面的信用法律正式出台，一定程度上影响了互联网金融监管效力的发挥。面对互联网金融突飞猛进的发展，信用法律体系的不完善，势必会给不法分子谋取私利以可乘之机，进而影响互联网金融的健康发展。法律是市场经济平稳运行的根本保证，信用立法的缺失势必会影响互联网金融行业的有序发展。为进一步保障金融消费者权益、促进社会信用体系建设、维护信用网络安全，搭建与完善促进互联网金融发展的信用法律体系正当其时。

（三）立法保障不足，缺乏大数据时代对征信主体权益的法律保护

征信活动中个人数据信息来源广泛，大致可分为三个层次：第一层，个人的所有信息；第二层，个人的所有履约信息；第三层，个人信贷的履约信息。传统征信主要通过第三层信息判断个人信用状况。大数据时代的来临，既拓展了征信数据来源的广度与深度，又拓宽了征信的应用场景。大数据技术通过收集个人网上交易数据、社交数据、行为数据等海量数据，结合交叉分析和索引处理等手段对多元化、多维化和非结构化的海量数据进行分析，挖掘出有价值的信息，运用能反映行为主体性格、心理等更加本质的信息，更加全面实时地反映个人的行为轨迹，并据此推断个人性格特征、心理状态与经济状况，进一步对信息主体的信用状况进行推断。虽然大数据征信在一定程度上克服了传统征信中价值数据采集的部分难题，但是，由于大数据征信涉及面广，涵盖个人社交网络、电商交易数据、通信记录等，诸多信息涉及公民的个人隐私问题，这便使得大数据征信中存在信息主体的信息被泄露、违法收集、违规使用等侵权问题，甚至还会有信用评估结果不准确、对信用主体不公平等特定侵权问题。目前，我国尚无针对个人信息保护或应用的专门立法，对征信主体权益的保护有限。大数据时代征信主体权益保护不力问题的出现，归根结底是由于我国征信法律体系不完善、征信立法滞后于

大数据时代征信市场的发展。征信行业的乱象需要法律的整治，期待隐私法、信息保护法的正式出台，以防范信息滥用与信息泄露事件的发生，以破解大数据时代征信主体权益保障不力的困境。

四　完善中国信用法律体系建设的对策建议

（一）加快社会信用基础法律体系建设

第一，加快国家层面的信用立法建设。全面构建包括信用基本法律、信息公开法律、公平使用信息法律、保护企业商业秘密与个人隐私的法律、失信惩戒法律法规等在内的多层次信用法律体系。出台社会信用法，以进一步保护信息主体权益与规范征信活动。

第二，推进行业、部门和地方信用法规建设。各地区、各部门分别从本地区与行业信用体系建设的需要出发，制定适合自身需求的信用建设规章制度，明确信用信息主体责任，完善信用信息共享机制，推动信用信息资源有序利用。国家层面支持有条件者先行推进地方信用立法，规范公共信用信息的共享与使用，规范"红黑名单"制度及异议处理机制，规范守信联合激励与失信联合惩戒措施。

第三，建立信用信息分类管理制度。制定信用信息的目录、明确信用信息的分类，依法推进信用信息的分类管理（包括采集、共享、使用与公开等环节），加大对贩卖个人隐私与商业秘密等失信行为的查处力度。

（二）完善互联网诚信法律体系建设

第一，完善互联网诚信法律法规。立足《征信业管理条例》，制定配套的规章制度，对互联网金融机构的接入、信息主体权益的保护、信息采集及查询的范围、不良信息的提供、异议和投诉等环节进一步细化规定，依法打击各类严重失信行为，全面治理与净化网络环境。

第二，实行实名登记制度。尽快出台健全相关领域实名登记制度的总体

方案，按照后台实名、前台自愿的原则对平台用户进行实名认证，对已注册但未认证的用户限期补认证。

第三，完善法律救济制度。采取切实有效的管理措施，对个人信息进行严格保密与规范监管，严格查处非法提供与出售个人信息等的违法犯罪行为。政府相关部门切实保障行政与民事救济的渠道畅通，有效维护被征信人的合法权益。

第四，建立政府主管部门、社会机构与平台企业合作共治的联动机制。制定炒信证据标准、异议处理与惩戒反馈机制，对炒信网站和黑物流公司等采取联合专项整治行动，联合惩戒互联网失信行为。

第五，建立跨部门、跨行业、跨领域与跨线上线下的互联网诚信激励机制。联合激励互联网诚信企业，使其充分享受联合激励的各项优惠政策。坚持开展行业自查、互查、自纠行动，加强网站备案、许可经营、资质准入、实名制管理，加强互联网诚信第三方监管。加强互联网诚信宣传，引导形成风清气正的网络诚信环境。加强互联网信用信息共享，切实推进互联网领域监管共治。

（三）加强大数据时代征信法律体系建设

征信法律体系的建构与完善是大数据征信行业健康与稳健发展的主线，对大数据征信行业的发展起着基础性支撑与规范作用。

第一，将新金融业态下的征信业务发展模式纳入征信法律体系中，对现有征信法律法规进一步补充完善。完善互联网信息保存的相关法律法规，以国际化的视野加强顶层设计，充分利用现有资源，构建互联网信息的保存与服务体系。

第二，推动大数据征信活动相关法律法规出台。进一步明确大数据技术下信息数据采集、整合及使用的流程与规范，从制度设计上为征信提供一整套行之有效的行为规则。

第三，构建全面的个人信息保护法律框架。推动网上个人信息保护立法工作，出台"个人信息保护法"，对过度收集个人信息、擅自披露与提供个人信息、非法买卖个人信息、侵害信息主体权利、跨境信息交流等问题进行界定，并明确相应的责任和惩罚措施，规范信用信息的收集。

第四，出台网络数据安全法律法规。进一步加强对基础信息网络与关键行业领域重要信息系统的安全保障，保护网络数据安全。

第五，推动数据资源权益立法建设。基于制度设计视角，为征信提供行之有效的行为规则，制定数据开放与保护制度，对数据采集、传输、存储、利用与开放进行规范管理。制定有关政府信息资源的管理办法，建立政府部门数据资源协调管理与共享复用制度。

参考文献

［1］韩家平：《关于加快社会信用立法的思考与建议》，《征信》2019 年第 5 期。

［2］崔凯：《上海社会信用立法：促进与路径》，《地方立法研究》2019 年第 2 期。

［3］刘旭、李南南：《基于大数据视角的信用主体权益保护体系构建》，《征信》2016 年第 10 期。

［4］李佳儒：《互联网金融征信模式选择》，《征信》2016 年第 9 期。

［5］赵红梅、王志鹏：《大数据时代互联网征信发展中的问题及应对策略》，《金融经济》2016 年第 9 期。

［6］付思刚、邢爱芝：《试论我国社会信用法律体系的构建——以与西方发达国家信用法律制度　相比较的视角》，《法制与经济》2012 年第 1 期。

［7］何玲丽：《信用立法之法理分析》，《法政探索理论月刊》2013 年第 4 期。

［8］李爱玲：《西方发达国家信用立法及其借鉴》，《金融理论与实践》2010 年第 3 期。

行业篇

Industry Reports

B.7

中国房地产业信用发展研究

田侃　郭志昂　阮姣姣＊

摘　要：　行业良好的信用环境促进了中国房地产业健康发展。近十年
来，中国房地产业信用建设取得了长足进步，但是，房地产
业信用建设仍存在诸多问题，如政府相关执法部门监管不力、
惩罚不严，信用评价指标存在缺陷等。加强房地产业信用建
设是控制房地产业系统性风险、维护购房者利益的重要因素。
导致房地产业信用问题的关键因素在于法律法规不健全、高
利润导致过度投机、信用意识淡薄等。为了促进房地产业健
康发展，必须健全房地产业相关法律法规，加快房地产业信
用制度建设、加大信用监管力度、完善信用信息披露、注重

＊　田侃，中国社会科学院大学教授，博士生导师，中国社会科学院财经战略研究院信用研究中
心主任，北京大学中国信用研究中心研究员；郭志昂，国家开发银行山东分行；阮姣姣，中
国物流与采购联合会物流规划研究院。

信用评级人才培养等。

关键词： 房地产业　信用发展　行业监管　信用制度

一　中国房地产业发展概况

（一）房地产市场逐步降温，潜在风险加大

我国于 20 世纪末启动住房制度改革，房地产业蓬勃发展，成长为第三大产业支柱，有效促进了我国经济的发展。在商品房需求不断增加的同时，消费者的买房动机由最初的居住需求逐步拓展至投资需求，尤其是一、二线城市的商品房投资价值凸显，其价格也随之飙升；随着我国城镇化进程加速，三、四线城市房价稳步上扬。

2018 年以来，房地产市场增速明显放缓（见图 1）。2018 年年中之后，房地产相关政策开始转向，住房和城乡建设部等七部门联合开展治理房地产市场乱象专项行动。2018 年 7 月，深圳开始出台限售政策；7 月 31 日召开的中央政治局会议表明"下决心解决好房地产市场问题""坚决遏制房价上涨"，正式宣告政策转向严格调控。调控组合拳对房地产市场的打压效果立竿见影，8 月之后，商品房销售面积增速、销售额增速均连续回落，以往年度中房地产业"金九银十"的行情未能延续，调控成效初显。2019 年春节后，3 月、4 月商品房销售面积、销售额增速虽然出现了小幅反弹，但后续增速下行趋势维持不变。2019 年前三季度新建商品房销售面积 119179 万平方米，同比下降了 0.1%。

我国商品房均价由 2000 年的 1948 元/平方米上涨至 2018 年的 8736 元/平方米。我国商品住宅房价收入比理论上在 6~7 的区间内为合理波动，2018 年该比值达到 8，为历史第二高位；截至 2019 年上半年，深圳房价收入比达 35.9，位居全国第一名，厦门、北京、三亚、上海紧随其后。我国

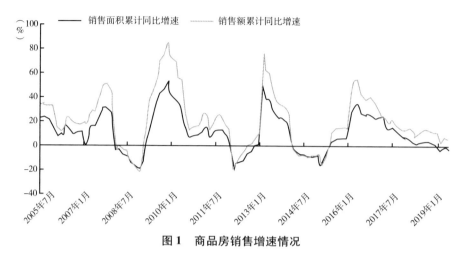

图1　商品房销售增速情况

资料来源：国家统计局官网。

房地产业总体风险水平较高，需要引起重视。化解和防范房地产市场风险，警惕房价快速上涨具有重大意义。

（二）抑制房地产泡沫，调控力度加强

2016年是我国"十三五"规划的第一年，房地产市场的走向及相关政策具有风向标式的意义。2016年上半年，房地产业受益于宽松的政策环境，百城房价累计上涨超过7%，北京、上海、深圳、广州及一、二线重点城市房价上涨超预期。21个城市于2016年国庆节期间密集出台了楼市调控政策。此次调控手段主要包括限购、提高二套房首付比例、收紧开发商融资等，其力度之大、范围之广、政策落地之快均彰显了决策层抑制高房价的决心。此轮调控组合拳也确实达到了预期的效果，市场交易量减少，房价上涨势头被迅速遏制，维护了房地产市场的稳定。

2017年中央经济工作会议上，习近平总书记对房地产业提出了"房子是用来住的、不是用来炒的"总基调，做出了"抑制房地产泡沫"等具体要求。未来相当长一段时间，炒房空间将实质性被限，住宅将回归到居住的应有之意。至少未来五年将是我国房地产市场去泡沫、去库存的关键阶段，与房地产业健康平稳发展相关的长效机制将逐步建立。

2018 年以来，房地产调控频频加码，全国范围内房地产调控次数达到405 次，同比上涨约 80%。各地纷纷出台限购限售等调控政策。例如，海南出台了商品房的全岛限购、深圳推出保障房计划等。国家发展改革委严控房地产企业海外发债资金流向，房地产企业融资约束增加。个人住房贷款利率维持高位，购房需求有限。

2019 年，调控力度不减，房地产企业融资难度持续加大。4 月，中央政治局会议强调了结构化去杠杆，商业银行进一步压缩房地产信贷规模，第二季度后房地产信托被窗口指导，非银融资渠道受到了前所未有的限制。房地产企业将重点放在销售回笼资金，主动减少投资金额。2019 年各地市调控政策频出，"一城一策"的调控策略逐步显现效果，市场显著降温。

（三）降低杠杆率，房地产业信用制度有待完善

房地产业信用是指在房地产开发、经营、购销、经纪业务、资产评估等过程中的货币借贷、抵押质押，房地产买卖、租赁环节中的赊销赊购行为以及房地产开发中的资产证券化等融资行为。

房地产市场属于强周期性行业，虽然近十几年我国房地产业总体处于蓬勃发展的良好态势，但是繁荣背后所累积的风险、暴露的问题仍不容小觑。房地产开发通过银行借贷资金，房地产企业与银行之间存在信息不对称，从而导致了逆向选择和道德风险，放大了房地产贷款的风险。房地产企业杠杆水平连年攀升（见图 2），如果以高杠杆运营的房地产企业出现经营危机，周转速度下降，银行贷款将难以收回，风险随之蔓延至银行业，甚至造成更为严重的系统性风险，危害国民经济的稳定运行。

当前我国应当健全房地产业信用制度与评价体系，完善信用信息的收集，提高信用信息质量；建立行之有效的房地产业信用体系有利于逐步解决信息不对称的问题，降低整个行业的系统性风险。在经济新常态和供给侧结构性改革深入推进的大背景下，完善房地产业信用制度是房地产业防风险、去库存的必经之路，是保障我国房地产业走向成熟、提高经济效益、促进国民经济稳定发展的重要措施。

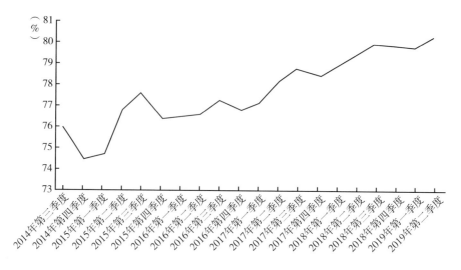

图2　上证A股房地产企业资产负债率

资料来源：Wind 数据库。

二　中国房地产业信用建设现状

2003 年，住建部发布《关于加快建立和完善房地产信用档案系统的通知》，这在我国房地产业信用建设中具有里程碑式的意义。虽然我国房地产价格与交易量快速增长，房地产业迅速发展，但是我国房地产业整体信用状况堪忧。根据中国消费者协会（以下简称中消协）的统计，2018 年中消协在全国范围内收到房屋及建材类各类投诉共计27916 件，这一领域属于投诉重灾区；截至 2019 年第三季度末，中消协收到房屋及建材类总投诉接近8049 件，该类型投诉位列各投诉类型的第六名。这表明我国房地产业信用环境与2018 年比有所改善，但是房地产业信用建设依然任重道远。

（一）房地产开发企业信用评价指标体系初步建立

完善房地产业的信用评价指标是落实我国信用体系建设相关方针、政策的重要一环，是行政执法部门行使执法权、消费者维护自身合法权益的重要依据。自 2003 年起，特别是近年来我国多个地市相继颁布了一系列规章制度和信用评分细则（见表 1）。

表 1 近年来部分地市出台的房企信用评价办法

序号	发布时间	规章名称
1	2008 年	《宁夏回族自治区房地产开发企业信用信息管理细则》
2	2011 年 12 月	《湖南省房地产行业信用信息管理办法实施细则》
3	2013 年 5 月	《重庆市房地产开发行业信用体系建设与管理暂行办法》
4	2013 年 8 月	《合肥市房地产开发企业信用考评暂行办法》
5	2015 年 3 月	《南京市房地产开发企业信用体系评价规则（试行）》
6	2015 年 5 月	《青海省房地产开发企业信用评价管理办法（试行）》
7	2016 年 7 月	《济南市房地产开发企业信用等级评价管理暂行办法》
8	2016 年 8 月	《四川省房地产开发企业信用信息管理暂行办法》
9	2019 年 9 月	《安徽省房地产开发企业信用管理暂行办法》

资料来源：各省区市住房和城乡建设部门官方网站。

总体来讲，目前我国房地产业信用评价指标体系构建大致可以分为两类。一是基本情况 + 信用能力 + 信用行为模式。以中国房地产业协会公布的指标为例，该指标是从公司基本面的信用风险入手，将公司的基本情况、信用能力以及信用行为赋予一定的权重，进而将三者拆分为一系列细化的二级指标，使用者对每个二级指标进行量化评分，即可得到最终的分值，完成对房地产企业的信用评价（见表 2）。

表 2 中房协房地产业（开发企业）信用评价指标体系

一级指标	二级指标	三级指标
企业客观信用能力（20 分）	经营年限（2 分）	
	注册资本（2 分）	
	银行资信等级（2 分）	
	开发能力（4 分）	近三年开发面积（2 分）
		上年开发面积（2 分）
	人员素质（1 分）	
	财务信用能力（9 分）	偿债能力（3 分）
		运营能力（2 分）
		发展能力（2 分）
		盈利能力（2 分）

续表

一级指标	二级指标	三级指标
企业经营信用情况 （45 分）	企业开发前期信用（10 分）	土地运作信用（4 分）
		规划许可信用（2 分）
		工程招标信用（2 分）
		参与保障房建设信用（2 分）
	企业建设阶段信用（16 分）	合同信用（3 分）
		质量信用（5 分）
		进度信用（3 分）
		安全信用（3 分）
		竣工信用（2 分）
	企业租售阶段信用（16 分）* 注：根据租售情况分类评价	销售推广信用（4 分）
		租赁推广信用（4 分）
		预、销售信用（5 分）
		合同履约信用（7 分）
		租赁履约信用（12 分）
	企业前期物业管理信用（3 分）	
企业履行社会责任信用情况 （35 分）	企业对所有者信用（2 分）	
	企业对员工信用（5 分）	员工满意度（2 分）
		劳动合同（1 分）
		社保、公积金等缴纳（2 分）
	企业对消费者信用（8 分）	消费者满意度（2 分）
		投诉处理（2 分）
		地方消协评价（2 分）
		地方政府信访部门评价（2 分）
	企业对合作方信用（4 分）	合作方评价（3 分）
		银行评价（1 分）
	企业对政府信用（5 分）	纳税额（2 分）
		纳税信用等级（2 分）
		残疾人就业（1 分）
	环保节能（5 分）	
	社会公益（2 分）	
	社会荣誉（4 分）	企业荣誉（2 分）
		项目荣誉（2 分）

若存在严重失信行为，一票否决

* 本指标根据租赁或出售的情况进行分类评价，而非将租赁和出售相关的全部指标加总评价。
资料来源：中国房地产业协会官网。

二是房地产业信用指标体系的评估模式由两部分构成：良好行为为加分项，不良行为为减分项。该指标体系从房企的行为入手，将房企的历史行为分拆为一系列良好行为和不良行为，对于每一项行为分别赋予不同的分值，最终计算出某房企的信用评级等级。该指标体系有利于将管理标准细化，结合当地的整体经济形势和房地产业状况，设计出适合本地房地产业信用发展的指标体系。例如，四川省住房和城乡建设厅于 2016 年 8 月 1 日发布了《四川省房地产开发企业信用信息管理暂行办法》，该办法即采用了"良好行为加分指标 + 不良行为减分指标"模式（见表 3）。

表 3　四川省房地产开发企业信用评价指标体系

行为类别	行为描述	加分/扣分分值
良好行为加分类	开发业绩良好	加分不超过 10 分
	开发项目质量、性能和品质良好	最高累计加 43 分
	企业及负责人获得的与企业经营管理相关的表彰	最高累计加 6.5 分
	社会贡献良好	最高累计加 5 分
	纳税情况良好	最高累计加 2 分
	管理配合良好	最高累计加 6 分
	开发实力良好	最高累计加 8 分
	开发经营管理能力和履约诚信水平良好	最高累计加 22 分
不良行为扣分类	资质管理不良	最高累计扣 35 分
	项目建设管理行为不良	最高累计扣 144 分
	商品房预（销）售管理行为	最高累计扣 42 分
	前期物业管理服务行为	最高累计扣 29 分
	其他不良行为	最高累计扣 22 分

资料来源：四川省人民政府官网。

（二）房地产中介服务行业信用档案建设日趋完善

2002 年 8 月，原建设部发布了《关于建立房地产企业及执（从）业人员信用档案系统的通知》，这标志着我国开始重视房地产中介服务行业的信用情况。房地产中介服务行业信用档案由房地产估价机构信用档案、注册房地产估价师信用档案、注册房地产经纪人信用档案以及房地产经纪机构信用档案四部分组成（见表 4）。

表4　房地产中介服务行业信用档案类型及主要内容

信用档案类型	主要内容
房地产估价机构信用档案、房地产经纪机构信用档案	机构基本情况、机构良好行为记录、机构不良行为记录、估价项目汇总、估价项目基本情况、股东(合伙人)情况、注册房地产估价师基本情况、机构资质年审情况、投诉情况等
注册房地产估价师信用档案、注册房地产经纪人信用档案	个人基本情况、个人业绩汇总、继续教育情况、科研能力表现、良好行为记录、不良行为记录、投诉情况等

注:《房地产估价机构管理办法》规定,房地产估价机构的不良行为作为该机构法定代表人或者执行合伙人的不良行为记入其信用档案。

资料来源:《房地产估价机构管理办法》《注册房地产估价师管理办法》。

目前,政府部门电子政务已全面推广,房地产中介服务行业信用档案正逐步与工商、税收、质检、住建等相关政府部门形成数据信息互联互通、信息共享,加快实现从同业征信向联合征信的跨越,尽快建立多层次、全方位、立体化、政府部门之间高效联动、省区市地域之间畅通无阻的房地产中介服务业信用档案,动态、全面地管理房地产中介服务行业以及执(从)业人员的信用状况。随着房地产信用档案逐步受到重视,近年来各部门及各地区相继发布了与房地产中介服务行业信用档案建设相关的管理制度(见表5)。

表5　部门及部分地区房地产中介服务行业信用档案建设规章

序号	发布时间	规章名称
1	2005 年 10 月	中华人民共和国建设部发布《房地产估价机构管理办法》
2	2006 年 7 月	建设部、国家发展改革委、国家工商总局联合印发《关于进一步整顿规范房地产交易秩序的通知》
3	2007 年 3 月	《湖南省房地产行业房地产估价机构及执(从)业人员信用评价暂行管理办法》《湖南省房地产行业国家注册房地产经纪人信用评价暂行管理办法》
4	2007 年 3 月	《吉林省房地产估价机构管理实施细则》
5	2010 年 5 月	《黑龙江省房地产估价机构信用等级评价办法》
6	2011 年 2 月	济南市发布《关于进一步健全完善房地产估价机构信用档案管理制度的通知》
7	2012 年 11 月	《青海省房地产经纪管理实施细则》
8	2013 年 4 月	《深圳市房地产行业诚信档案管理办法》
9	2015 年 5 月	《南昌市房地产经纪信用档案管理实施细则》
10	2018 年 10 月	《广州市房地产中介信用评分评级管理办法》

资料来源:各地区住房和城乡建设部门官方网站。

在档案组织实施方面，住房和城乡建设部负责一级资质房地产估价机构及执业人员信用档案系统的建立健全；中国房地产估价师与房地产经纪人学会在住建部的领导下，负责房地产中介服务行业信用档案的管理。近年来，在中国房地产经纪信用档案系统登记的经纪人、经纪机构数量保持连年增长，反映出房地产中介服务行业信用档案建设正日趋完善。截至2019年，基本每个地级市都建立了与房地产中介服务机构相关的信用档案管理制度。

（三）信息不对称减少，各类服务平台逐步增加

目前，除了消费者常用的中国裁判文书网、国家企业信用信息公示系统等，"信用中国"等线上平台专门开辟了房地产业信用专栏，定期公布相关政策资讯。在地方政府推动下，诸多地方性房地产开发企业信用信息公示平台成立，定期公示地方房地产开发企业信用信息，发挥了一定的积极作用。

2019年9月，中国房地产业协会创建的"信用房地产"上线试运行，"信用房地产"较好地提供了房地产开发企业的信用信息。根据平台开发方介绍，该平台与多个社会信用信息平台实现信息共享，该网站有望进一步增加信用信息的互联互通，提升信息的完整性、时效性、准确性，减少市场中的信息不对称现象，提高信息查询者的使用效率。

三 中国房地产业信用建设存在的主要问题

（一）部门监管不力，行业违法违规依然严重

政府监管部门执法不力是目前房地产业信用状况不佳的重要原因。在社会主义市场经济体制下，政府相关部门应当制定行业法律法规、条例规则，承担市场的监管责任，严格查处市场违法违规行为，保障房地产市场整体信用状况良好，维持市场有序、高效运行。房地产业监管部门执法不力、惩罚不足削弱了我国相关法律法规对房地产市场规范性的约束力。

1. 监管措施不细化、不具体、不清晰

近年来，相关法律法规针对例如虚假宣传等诸多房地产市场失信行为做出了监管的定性规定，即认定虚假宣传等为欺诈行为，但是具体执行过程中执法部门在界定、鉴别某行为是否违反了相关法律法规时还存在模糊的地方，针对某项违法行为的处罚也存在标准上的不清晰之处。执法责任难以具体落实，某些处罚难以量化，存在主观性，这就间接地为一线执法人员提供了权力寻租的空间，未能秉公执法、从严执法，进而形成了当前行业内信用状况不佳的局面。

2. 监管基础不坚实，监管质量效率不高

监管部门获取充分、高质量的市场参与者信息，尽量减少信息不对称是形成有效监管的重要基础。当前我国虽然已经建立了房地产开发企业的评级体系、行业信用档案以及信用信息平台，但是这类工具所提供的信用信息质量不高，且未能与各银行等金融机构实现信息共享、信息联动，监管部门难以在日常工作中依靠此类信息进行执法，其使用频率并不高，未能有效降低信息不对称的问题，故实际上未能大幅度提升监管部门的监管效率和监管质量。

3. 行业监管人员数量和专业能力不足

监管人员素质是影响监管水平的重要因素。房地产业有其专业性、特殊性，对行业监管人员专业素质要求较高，执法监管人员应当具备一定的财务、法律知识，但是目前我国并未充分认识到该行业监管的专业性，相关监管部门人员多为行政性人员，尚未达到应当具备的水平。同时，监管人员职责不明晰，上下级责任划分不清，横向部门间协调不力，执法过程独立性不足等问题突出；对监管、执法的不利缺少行政问责，行政执法人员秉公执法的激励不足。

4. 对行业失信行为严格惩戒力度不够

房地产市场中的参与者"选择守信"还是"选择失信"，主要取决于失信成本的高低。如果惩罚不够严格，相关参与者就不会将失信的成本纳入其决策过程之中，进而选择尽可能地失信。房地产行业监管部门对失信企业或个人法律约束不足，惩戒力度不够，主要表现为：监管部门的惩罚过轻、威慑力不够，行业内通报及给予相关限制不足以对失信企业或个人产生有力震慑，相关企业或个人不会因失信而承担社会影响、公司信誉的极大损失，因违反法律法规、违约而支付的罚金、赔偿数额不大而不足以令各方参与者遵守行业信用制度来舍弃部分的短期利益，导致房地产市场投机行为难以杜绝、参与者失信行为成本过低，进而造成当前房地产业绝大多数公司或个人更加看重短期的经济利益，对公司或个人信誉的维护和提升以及信用的长期培育不以为意，忽视守信所带来的长期收益。

（二）房地产业信用评价影响小，企业参与度不高

虽然我国多个重要省份、地市已经开始推行房地产开发企业信用评价，但是在实际操作中还存在诸多问题。房地产企业缺少积极参与地方信用评价的激励。房地产业信用评价没有获得社会的足够重视，社会公信力不足。信用评价结果主要于地方政府网站、地方房地产业协会网站或官方纸质报刊公布，在消费者等重要群体中影响力较小，难以影响消费者的购房决策，所以房地产企业并不会从参与信用评价中获得直接的经济利益的流入，相反还需要承担相关的申报成本等。因此，房地产企业缺乏参与地方信用评价的积极性。

（三）房地产业信用评价方式简单，不够科学系统

我国商业银行对房地产企业信用的评价方式过于简单。尽管有些商业银行已经根据《新巴塞尔协议》的要求更新了评价方法，但是大部分商业银行还是受利益驱动或因条件有限采取最为简单的专家评分法。这种评级方式的弊端显而易见。由专家评分主观性太强，没有办法真正系统科学地反映企业的经营状况，从而无法保证最后评级结果的真实性、准确性和权威性。对于个体而言，我国的个人信用体系尚未形成，银行无法完全掌握个人的资产信用状况，也无法长期跟踪个人资信状况的变化，由于经济形势的变化，可能会不断出现违约行为。由于我国金融体系的不完善和房地产企业自有资金

的不足，无论是房地产企业投资开发还是个人购房都需要从银行获取贷款，对于银行来说风险极大。一旦信用破产，既会危及银行业的安全，也会给我国经济带来巨大损失。

（四）房地产业信用评价主体单一，专业性不强

我国信用体系是从20世纪80年代开始发展的，尚有很多不足之处，所以现在想利用它来进行市场监管还具有一定的难度。

第一，就目前情况来讲，我国的企业信用价值还没有办法得到体现，企业信用意识不足，很大一部分企业并没有参与信用评级。一般而言，不参与评级的都是中小企业；大规模企业由于其资金实力强和市场占有率高，风险较低；反而那些不在监管范围之内、没有信用记录的中小企业风险较高。

第二，建立信用评价体系时，应该将一个企业好的、坏的信息都进行披露，但是很多企业因担心负面的信息会影响自身的社会评价而不愿意进行登记。

第三，我国缺乏专业的评级机构，大部分是由政府、行业协会和部分商业银行行使这个职能。我国的信用评价还局限在宏观层面，虽然房地产业非常重要，但是很少会对行业内企业进行信用评级，专门针对房地产业进行信用评级的机构也少之又少。即便是信用评估，信息更新也不及时，从而影响了信用评价的可信性和市场认可度。

（五）房地产开发企业信用信息系统起步较晚、问题较多

房地产开发企业信用信息体系的构建具有重要意义，且越来越受到政府的重视。虽然我国正在积极地构建和完善信用信息体系，但是由于尚处于初期阶段，所以不可避免地存在一些问题。第一，信用信息系统存在重复和缺乏共享的缺点，难以实现统一管理。第二，信用评价的数据来源相对单一，管理分散。大多数省区市均采用企业自主申报数据、住建部门审核数据的方式，信用评价过程中所上报的参评数据为住建部门内部所独享，未能与其他相关部门的数据有机结合、动态更新，未能形成高效运行、全面评价的多部

门信息联动机制。第三，由于数据库设计的问题，一些数据缺乏真实性，难以真正反映企业的信用评级。第四，信用信息体系的建立需要大量专业人才，由于我国房地产开发企业信用信息体系建设尚在起步阶段，所以缺乏相关的专业化管理人员。相关人员的研究不足、熟练程度不够、专业素质不达标、职业道德存在问题等造成相关信用信息数据与企业真实情况有所偏差。

四　制约中国房地产业信用发展的关键因素

（一）房地产业信用法律制度体系不够健全

信用的维护需要法律，信用其实就是一种法律机制。从国外发达国家的经验来看，系统规范的信用法律体系是房地产业得以健康发展的基础和制度保障，也可以对市场中的企业和个人起到约束作用。我国房地产业虽然得到了迅速发展，也为经济发展做出了很大贡献，但是房地产信用方面的法律却没有与之同步发展。在市场经济条件下，我国的法律体系尚不完善，虽然出台了一系列的法律如《合同法》《担保法》等规范市场行为，但是在房地产信用方面还缺乏细则进行规范，缺少对具体行为、具体事项的明文规定，缺少针对有关责任人的惩罚条款。这就形成了所谓的"盲区"，留下了法律监管的"灰色地带"。我国的法律法规未明确政府的监管职能和商业秘密、个人隐私泄露后的相关惩罚措施，也没有出台相关法律明确界定房地产企业信息、个人信息的界限，导致房地产信用信息的商业秘密和市场公开、个人信息和个人隐私之间存在冲突。如果强制性规定信息公开，可能会造成商业秘密、个人隐私的泄露，给房地产行业企业或个人造成损失。

（二）政府职能转变严重滞后，责任意识不足

在我国信用体系日益完善的今天，政府理应承担起更大的责任。我国目前处于经济的转轨阶段，很多政策缺乏连续性，这导致社会上一些人对政府建立信用体系的信心下降。同时，因为我国目前的财政税收政策和地方对

GDP 的重视，地方保护主义现象依然存在，如果某个房地产企业能够为当地带来很大的 GDP 贡献，即便出现失信现象，当地政府也很有可能袒护这一失信企业，从而难以发挥政府应有的作用。我国的政企分离还没有达到设想的目标，一些地方政府会为了自身利益而不顾市场经济的特点，支持一些信用差的房地产企业，而这些企业的存在显然是不符合市场经济规律的。总之，我国政府有待进一步转变职能，发挥其在房地产信用建设中应有的作用。

（三）高利润导致过度投机，行业信用被忽视

2018 年，全国房地产开发投资约 12 万亿元，同比增长 9.5%；住宅投资达 8.5 万亿元，同比增长 13.4%；商品房销售面积约 17.17 亿平方米，同比增长 1.3%；商品房销售额从 2006 年的 20825.96 亿元上涨至 2018 年的 149973 亿元，涨幅达 620.1%。

从图 3 中我们可以看出，虽然近十余年来我国多次出台有关政策对房地产行业进行调控，抑制房价过快上涨，但是，我国商品房销售额一直呈现稳步上升的态势。即便是其间遭受 2008 年金融危机的冲击，我国房地产行业的营业收入也未受到严重影响。从整个房地产行业的净利润角度看，净利润

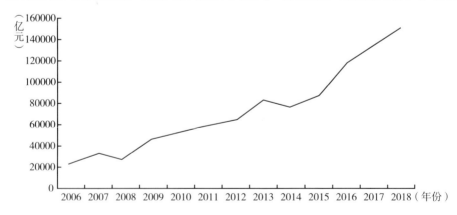

图 3　近十余年商品房销售额

资料来源：Wind 数据库。

增长率从 2007 年起大幅下降，近几年已保持在相对稳定的水平上，销售毛利率和 ROE 均保持相对稳定，房地产开发企业的盈利能力保持强劲。截至 2019 年上半年，A 股 128 家上市房地产企业净利润合计达 1004 亿元。房地产行业可观的利润吸引了大批有实力、有资源的优秀企业竞相投资其中，并获取了丰厚的回报，迅速发展壮大，如恒大、万科等房地产企业已跻身"世界 500 强"企业。

从图 4 可以看出，A 股房地产企业的销售毛利率很高。房地产行业高回报的特质吸引了房地产开发企业甚至房地产中介服务机构以及消费者参与到房地产投机行为中，期望从中获取高额收益。部分市场参与者唯利是图，在法律监管的灰色地带牟取暴利，甚至绕过法律制度的监管非法获利，进而形成了行业内信用状况堪忧的局面。根据我国土地相关法律制度，土地归国家或集体所有。房地产开发企业首先向地方政府缴纳土地出让金，获得土地使用权，然后才被允许进行商品房开发。而一些房地产开发企业难以通过自有的流动资金支付土地出让金，通常会通过申请银行贷款用以支付土地出让金以及后续的房地产开发支出。房地产开发商的投机行为实际上将地方政府、银行及自身利益捆绑在一起。所以，对于房地产开发商侵害消费者的行为，例如一房二卖、建材使用不合格、工程质量不达标、虚假宣传等失信且违法

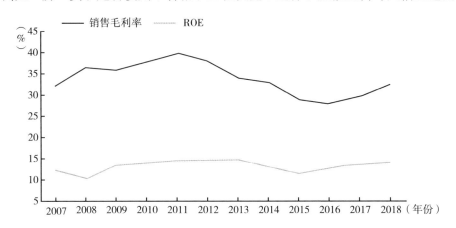

图 4　上证 A 股房地产企业销售毛利率及 ROE

资料来源：Wind 数据库。

行为，一些地方政府并没有严格监管、秉公执法，房地产开发企业失信行为屡禁不止。

房地产市场投机行为加大了银行等金融机构的信用风险，甚至有可能导致系统性风险。对于以银行为代表的金融机构来说，在房地产开发过程中，其发放的贷款不仅包括面向房企的房地产开发贷款，还包括住房消费贷款、建筑企业贷款等，房地产市场中各个参与者的贷款利率风险和信用风险也随之集聚到银行。房地产贷款目前已经成为银行贷款的重要组成部分。如果房地产开发企业经营风险加大，财务出现问题，现金流不足，银行难以收回房地产开发企业的贷款，银行出现流动性不足的局面，甚至会产生系统性风险，波及实体经济。

五　日本房地产业信用制度建设的经验和启示

中国的房地产信用建设起步晚，发展慢，信用建设尚不健全。发达国家房地产信用建设已经有一百余年的历史。研究其发展历程，总结其经验和教训能够让我国以更快的速度完善房地产信用体系，同时也可以少走弯路。本报告通过总结日本在房地产信用建设方面的实践和经验，以期得到借鉴和启示。

1. 根据信息来源建立不同的征信系统

这是日本信用系统最突出的特点。日本提供个人咨询情况的机构有三家：银行系统的"全国银行个人信用信息中心"、邮购系统的"信用信息中心"和消费金融系统的"全国信用信息联合会"。全国银行个人信用信息中心实行会员制，中心的信息均由会员提供，提供客户的借款情况、信用卡情况等并及时更新。同时，三大征信机构之间及时交流信用信息，实现了信息资源的共享。

2. 注重对个人隐私和信用信息的保护

日本的信用信息活动是以保护个人的信用隐私为前提的，任何损害个人隐私的行为都是违反宪法的。在个人信息的收集和使用过程中，很有可能会出现隐私暴露的问题，比如说公司的职员泄露客户信息、计算机系统被黑客攻破等。以上问题都会引发公众对个人隐私保护的担忧，所以日本采取了很多措施维护个人隐私。比如制定了法律对个人隐私进行保护，明确了个人信息与个人隐私的区别、收集个人信息时会征得当事人的同意等。

3. 拥有亚洲最大的信用评级机构和体系

日本债券种类多、规模大，大家对于证券的评级需求大，评价等级是决定证券发行价格的主要因素。对证券和企业进行信用评级的需求使得评级机构有着充足的利润来源。同时，日本采用双评级制度，由两家机构对企业或者证券进行分别评级，然后公布评级结果，这种评级制度为投资人提供了更为客观、独立的评级服务。金融监管厅是日本的金融监管部门，它负责包括信用评级在内的金融市场的监督。此外，日本政府为了更好地对评级机构进行监督，还颁布了《信用平台机构监管指引》，对评级机构做出了更为详细的要求。

4. 中小企业信用担保体系功能完善

中小企业在日本企业中占绝大部分，虽然规模无法和大企业相比，但是吸纳了近70%的劳动力，成为日本国民经济不可忽视的一部分。因此，中小企业信用担保体系也相应地成为日本信用体系建设中不可或缺的一部分，包括信用保证制度、信用保险制度、责任共有制度和紧急保证制度。以上制度主要有两个功能，一是信用保证协会为那些信用风险高的企业提供担保；二是日本政策金融公库对这些信用担保机构以保险形式实行再担保。中小企业信用担保体系可以为那些在银行等机构申请不到贷款的中小企业提供融资，促进了中小企业的结构性改革和国民经济的发展。

5. 拥有健全的信用法律框架和制度体系

日本有着健全的信用法律体系，这是信用建设得以发展的保障。随着日本信用的发展，政府开始实行信息公开透明化制度，随之而来的一个问题就是信息隐私的保护。为此，日本专门出台了多部法律，比如《贷款业规制法》《分期付款销售法》等；同时规定了三大信用中心为官方机构，制定了个人信用信息的收集使用办法，以及禁止将个人信息用于任何非法商业用

途。针对中小企业，日本颁布了《中小企业基本法》。为了保证信用协会的发展，还专门出台了《信用保证协会法》。总之，日本非常重视信用方面的法律建设，有关信用建设的法律框架已经形成，且覆盖范围很广。

6. 行业协会发挥信用监管主导作用

在日本，是行业协会而不是政府在更多地起到监督企业的作用。行业协会首先制定自己的章程，对会员的进入、退出都有详细的规定，所有的协会内成员都享有相同的权利、承担相同的义务。其次，行业协会会根据行业特点和风险控制要求，决定数据信息的处理方式，并且做到数据共享和保证数据的及时性。当然，一旦某个企业违反了行业章程，那么就会被取消会员资格或者受到相应的惩罚。这些章程对协会内会员起到了约束作用，督促会员诚实守信，有助于社会信誉度提高。政府会在经济的特殊时期进行直接的干预，但是一般情况下，政府不会选择直接介入，更多地是通过设计制度框架和引导，充分发挥市场经济的作用，保证信贷机构、评级机构等的独立性。这些都会加速信用社会的建设。

日本作为亚洲发达的国家和地区之一，在经济发展方面有其自身的经验，但是中日之间由于社会制度、经济制度、发展程度不同，所以两国在法律、行业自律等方面也有很大的差异。从法律角度来看，日本法律发展已经有百余年历史，在不断完善的过程中已经建立了较为完备的法律体系；而中国法律的发展尚处于渐序完善阶段。从行业协会和政府监管来看，我国对房地产业的监管以政府为主导，以偏强制性的手段进行直接干预；日本在发挥政府相关作用的同时，更注重发挥行业协会的自律作用，行业协会作为政府和企业的中介和纽带，起到一种连接作用，还会对政府的决策产生一定的影响。中国和日本目前所处的发展阶段不同，中国正处于城镇化的阶段，所以更加注重新房市场，而日本更注重对于二手房市场和租赁市场相关问题的规范。

中国所处的城镇化高速发展的阶段决定了在未来一段时间内，我国房地产业将向成熟的市场迈进。在这个过程中，在坚持社会主义市场经济体制的基础上，我们应该不断完善房地产业的法律法规，加强对房地产业的规范和引导，发挥政府和行业协会的作用，最终建立起健全的房地产业信用体系，促进房地产业健康发展。

六　促进中国房地产业信用发展的政策建议

房地产业对于促进经济增长、拉动内需和消费起到了重要作用，已经成为我国的支柱产业之一。房地产业信用的重要性随着房地产业的发展而日益凸显。由于我国房地产业信用建设起步较晚，行业内的失信现象较为严重，甚至出现了信用危机。因此，加快推进房地产业信用建设迫在眉睫。根据我国房地产业发展及其信用状况，提出以下几点政策建议。

（一）营造社会信用环境，培育房地产业诚信意识

通过家庭、学校和社会教育等多样化的形式进行诚信意识的培育和诚信文化的宣传，在全社会营造一种"守信光荣，失信可耻"的氛围。推动房地产业诚信文化建设，把传统的守信文化和房地产业信用建设相结合，促进房地产企业和住房消费者个人信用观念的形成。增强房地产企业的诚信意识，将提升信用水平作为其重要发展目标之一，把对消费者守信作为其获取利润的前提条件；支持和鼓励房地产企业所有从业人员从小事做起，讲诚信，从而提高企业的信用水平和整体实力，让房地产行业的全体企业和所有从业人员都形成诚信是财富、是美德的认识。

（二）完善信用法律法规，推动房地产业健康发展

加强房地产领域相关信用法制建设。明确政府、企业的责任，确保企业出现失信行为时有法可依。通过法律法规维护企业的应有利益，界定商业机密和企业信息之间的界限，避免企业房地产信用信息被非法使用。通过立法加强个人信用管理，建立房地产行业从业人员信用管理办法，严格规范从业人员执业行为与道德操守。针对违反法律法规的行为，依法给予行业禁入处罚，加大违法成本，推进房地产业健康发展。总之，只有建立起房地产信用

的相关法律，构建起法律的框架并形成体系，才能真正维护好房地产业的秩序，促进其良性发展。

（三）发挥政府主导作用，建立联合奖惩制度

政府发挥主导作用，强化信用信息披露制度，让公众准确全面了解房地产企业的信息，解决房地产行业因信息不对称而导致的信用缺失问题。构建房地产信息平台，加强信息披露，将最受关注信息，如房地产的供给与需求、房地产企业的信息、从业人员的信息、政府的相关信息进行公开和披露。完善房地产企业信用信息数据库，利用大数据、区块链、人工智能等新技术，实行房地产企业信用信息入库管理。实施房地产企业档案的对外开放，利用计算机技术和通信网络技术，使房地产企业得到有效的监督。建立守信奖励、失信惩戒制度。对于那些诚信守法的房地产企业，给予相关的支持奖励，如在竞标、市场准入时优先考虑，定期检查、年检时给予免检，向社会公开其诚信行为等；对于那些严重失信的房地产企业，将其列入"黑名单"，并将其失信行为予以曝光，使其受到严厉惩戒。

（四）发挥行业协会作用，促进房地产业信用建设

房地产行业协会既能起到中介作用，又可以起到行业内部自律、提高资源配置效率的作用，督促行业内的企业诚实守信，提高社会信誉。根据我国房地产业发展现状，积极推动房地产行业协会健康发展，发挥其自我服务、自我监督、自我管理等职能，加强对房地产企业的监督和管理，规范房地产企业信用信息的处理，真正做到信用信息共享和及时对外披露。通过行业自律作用和惩戒机制，提升房地产行业企业的信用水平，促进我国房地产业信用体系建设。

房地产业在国民经济中的作用举足轻重，房地产业持续健康发展对于全面建成小康社会、构建社会主义和谐社会具有重要意义。而我国的房地产业信用建设只有十几年的历史，发展水平还不高。因此，在适应我国基本国情的前提下，我们可以借鉴发达国家和地区的经验，少走弯路；积极发挥政府

的主导作用，发挥行业协会的自律功能，加强信用信息披露，建立守信奖励失信惩戒制度，加快完善个人和企业的信用评级，积极培养专业化的人才，加强法制建设，形成诚实守信的社会观念，最终推动房地产业信用体系的建设，促进房地产业的健康发展。

七　未来房地产业信用发展趋势

房地产业信用不是孤立存在的，而是建立在整个房地产行业之上。房地产业信用从产生到发展，每个发展阶段都与当期的房地产行业整体状况，既包括房地产行业周期、市场环境也包括政府相关的方针、政策，息息相关。房地产业信用的未来发展趋势在很大程度上取决于房地产行业的整体走向。所以，要对房地产业信用的未来发展趋势做出研判，首先要对未来的房地产行业发展做出基本的趋势判断。

（一）未来房地产行业发展趋势

1. 业内竞争加剧，行业整合加快

我国房地产行业历经十几年的蓬勃发展后，目前行业的增长率已经进入了一个相对稳定的阶段，这表明房地产行业已经从成长阶段迈入了成熟阶段。首先，未来特大城市、一线城市可用于房地产开发的土地存量将持续下降，土地供给将越发紧张。随着国家对房地产行业调控力度的加强，二、三线城市"去库存"的压力将加大，该形势预计将压缩房地产开发企业的利润空间。其次，国家宏观层面强调"防风险、去杠杆"，在稳健的货币政策下，房地产开发企业资金成本将上升。最后，从长期来看，我国人口老龄化趋势难以逆转，房地产行业中住宅需求将稳步走低，尤其二、三线城市的住宅需求将下滑。综上所述，房地产行业将面临行业内竞争加剧的局面，中小房地产企业生存空间被挤压、风险应对能力差，行业内企业整合将加快。

2. 房企战略调整，经营趋向多元

随着以上所述经营风险的逐步扩大、行业走向成熟，房地产企业的发展

战略将发生转变。纵向上，房企将从以房地产开发为核心的传统业务过渡到以运营及应用为中心的业务，企业开始走精细化道路，房地产的投资属性将减弱，去投资化趋势不可逆转，房地产市场的投机性将逐步减弱。横向上，以开发商品房为主的房地产企业将走向多元化经营的发展战略，拓展主营业务范围，进入新型农业、互联网、金融等领域；同时，将择机进军海外房地产市场，谋求更大的利润空间。例如，以开发住宅和商业地产为主业的恒大地产正积极布局新能源汽车、矿泉水、粮油、乳业、保险等领域。房地产开发企业多元化经营有利于对冲原业务的经营风险和政策风险，提高整体毛利率，增厚利润。

（二）未来房地产业信用发展趋势

现阶段，房地产业信用更多地被政府部门所关注和重视，市场并未对房地产业信用给予应有的重视。房地产业信用也没有充分发挥出在成熟市场经济中所体现出来的重要作用。目前，我国房地产业信用建设虽然已经取得了一定的成就，但是仍存在较多问题，与市场的需求和政府的预期尚存在较大的距离。未来房地产业信用将随着房地产行业进入"白银时代"而逐步走向成熟，在消除房地产市场信息不对称方面发挥出更加重要的作用。

第一，房地产业信用制度、信用评价体系将更加完善。我国从中央到地方均出台了房地产业信用信息管理办法，建立了房地产开发企业信用信息平台、房地产开发企业信用档案以及房地产开发企业信用评价体系等；虽然相关制度、文件在实际执行过程中尚存在不合理之处，行业内相关部门的监管尚存在空白地带，但是，随着我国供给侧结构性改革的深入、社会主义市场经济逐步迈向成熟，信用的价值将更多地被市场所重视、更快地深入人心，房地产业相关的信用配套制度、体系将更完善、更成熟。

第二，房地产业整合加快将促进行业内信用状况向好。对于中小房企来说，行业内龙头企业占据资金、土地储备及品牌上的巨大优势，中小房企在行业整合的浪潮中提升自身的信用水平，有利于获取更多的与行业龙头企业合作的机会，甚至在并购中获得更高的估值。房地产开发企业在行业内竞争加剧的背景下，将会更加重视提升自身的信用水平，以取得竞争优势。

第三，房地产企业战略调整有利于提高房地产行业信用水平。供给侧结构性改革的目的是减少无效供给，扩大有效供给，促进产业结构转型升级。长期来看，高新技术产业和服务业将成为我国未来新型的支柱性产业。房地产开发行业高毛利、高增长的时代接近尾声。无论房地产企业转向以运营及应用为中心的业务，还是拓展业务范围、从事多元化经营，这一转变都将促使房地产行业的企业积极提升自身信用水平、承担社会责任，为新的业务板块铺垫良好的声誉，获得政府和市场的认可。良好的信用水平有利于房地产企业在转型升级过程中提升自身竞争力，加速扩大市场份额，降低转型成本，吸引更多的优秀人才。

第四，未来房地产行业的监管将更加严格，执法将更加严厉。党和国家将长期坚持党风廉政建设和反腐败工作。政府监管部门权力寻租的空间将消失，同时，监管人员的个人专业素质和能力也将提高。未来，房地产业信用制度的完善将为行业监管打下坚实的基础，为执法行为提供更加可靠的制度支撑；而信用评价体系的成熟将为政府监管人员提供更加充分的信用信息支持，大幅提升监管的效率。

参考文献

［1］冯俊、苗乐如、张永岳等：《中国房地产市场研究（季报）》，中国房地产业协会，2017。

［2］倪鹏飞、郭宏宇、汪红驹等：《中国住房发展报告（2018～2019）》，中国社会科学院财经战略研究院，2018。

［3］王为：《房地产开发企业信用评价指标体系研究》，清华大学硕士学位论文，2010。

［4］中华人民共和国住房和城乡建设部：《房地产估价机构管理办法》，2005年10月12日。

［5］中华人民共和国住房和城乡建设部：《注册房地产估价师管理办法》，2007年3月1日。

［6］陈英存：《我国房地产经纪业管理模式研究》，同济大学博士学位论文，2007。

［7］董再平：《地方政府"土地财政"的现状、成因和治理》，《理论导刊》2008 年第 12 期。

［8］赵雪梅：《浅谈房地产开发企业财务风险管理》，《中国经贸》2012 年第 14 期。

［9］盛娟：《中国房地产市场信用缺失及信用体系的构建研究》，南京林业大学硕士学位论文，2008。

［10］姜红娜：《三种信用模式比较与对中国信用体系建构的启示》，《经济研究导刊》2014 年第 22 期。

［11］文学舟、梅强：《日美意三种模式信用担保机构的国际比较与借鉴》，《经济问题探索》2011 年第 7 期。

［12］刘英男、马晓艳：《美日两国中小企业信用担保实践对我国的启示》，《现代企业文化》2010 年第 12 期。

［13］贾仁甫、张炯、单英华等：《房地产企业信用评价体系的构建与应用》，《扬州大学学报》（自然科学版）2009 年第 1 期。

［14］聂莎莉：《房地产企业信用评价体系研究》，石家庄经济学院，2012。

［15］徐淑霞、张晓峰：《我国房地产企业信用评价现状及存在的问题》，《商场现代化》2010 年第 12 期。

［16］张喆：《日本中小企业信用担保机制对我国的借鉴及启示》，《当代经济》2010 年第 11 期。

B.8
中国钢铁行业信用发展研究

田 侃[*]

摘 要: 随着我国叠加经济增速减缓、经济结构优化、生态环境约束等影响,钢铁行业信用问题日益凸显,如行业杠杆率过高、行业信用质量持续分化、债务违约事件频发、违法违规建设生产等。钢铁行业的信用问题已经成为制约钢铁行业转型升级和可持续发展的重要因素。导致钢铁行业信用问题产生的关键因素在于法律法规不完善、政策执行不力、行业标准建设滞后、失信惩罚乏力等。因此,为了促进钢铁行业信用发展,为实现钢铁行业转型升级和可持续发展提供良好的制度环境支撑,应健全法律法规并加强政策执行力、提升行业信用质量、强化企业信用意识等。

关键词: 钢铁行业 信用发展 杠杆率 信用环境

钢铁行业作为国民经济的重要基础原材料产业,不仅为我国经济建设提供了重要的原材料保障,而且其投资拉动作用大、吸纳就业能力强、产业关联度高,有力推动了我国工业化和现代化进程,促进了民生改善和社会发展。党的十九大报告指出,我国经济已由高速增长阶段转向高质量发展阶段,建设现代化经济体系,必须把发展经济的着力点放在实

---

* 田侃,中国社会科学院大学教授,博士生导师,中国社会科学院财经战略研究院信用研究中心主任,北京大学中国信用研究中心研究员。

体经济上，把提高供给体系质量作为主攻方向，显著增强我国经济质量优势①。这也对我国钢铁行业提出了更高的要求。因此，钢铁行业能否健康稳定发展，不仅关系到钢铁行业本身，也关系到整个国民经济的持续稳定发展。基于此，研究分析钢铁行业信用问题，为钢铁行业转型升级、有效实现行业可持续发展营造良好的制度环境具有重要的现实意义。

一 中国钢铁行业发展状况

经过多年的发展，作为国民经济基础产业的钢铁行业取得了举世瞩目的成就。特别是党的十八大以来，通过深化供给侧结构性改革，推进转型升级，不仅钢铁产量快速增长，连续多年稳居世界第一，而且行业的技术创新能力持续提升，品种不断增加，质量不断改善，行业整体实力和国际竞争力显著提升，为中国经济发展做出了重要贡献。

（一）有效支撑国民经济平稳快速发展

在社会需求的强烈推动下，中国粗钢产量已由 2011 年的 6.85 亿吨增加到 2018 年的 9.28 亿吨，实现年均增长 4.43%（见图 1），粗钢产量再创历史新高，基本满足了经济建设和社会发展对钢铁的需求，有力地支撑了我国工业化和城镇化进程。据统计，钢铁行业 2018 年主营业务收入达到 7.65 万亿元，实现利润 4704 亿元，为经济发展做出了巨大贡献。

（二）技术创新能力不断提升，初步建立了技术创新体系

截至 2018 年底，中国钢铁行业累计建成国家重点实验室 20 个、国家工程研究中心 14 个、国家工程实验室 5 个、国家企业技术中心 42 家，组成了上下游产学研用协同的国家产业技术创新战略试点联盟 4 个、重点培育联盟

---

① 习近平：《决胜全面建成小康社会 夺取新时代中国特色社会主义伟大胜利——在中国共产党第十九次全国代表大会上的报告》，2017 年 10 月 18 日。

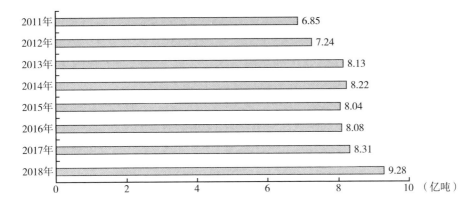

图 1　2011～2018 年我国粗钢产量

1 个，建立了钢铁行业产业技术创新战略试点联盟 4 个、重点培育联盟 2 个；大部分中国钢铁工业协会会员企业都建立了企业技术中心或研究院，行业科技创新体系进一步得以发展和完善，初步形成以企业为主体、产学研用相结合的技术创新体制和机制；2018 年中国钢铁工业协会会员企业专利申请受理数达到 11637 件，其中受理发明专利 5793 件；截至 2018 年末，钢协会员企业有效发明专利数已达到 18281 件，其中已被实施的发明专利数 11464 件[①]。在科技部公布的 2018 年度国家科学技术奖中，钢铁冶金领域获得 6 项奖励，其中国家自然科学奖二等奖 1 项，国家技术发明奖二等奖 1 项，国家科学技术进步奖一等奖 1 项，国家科学技术进步奖二等奖 3 项。

（三）两化融合水平显著提升，产业布局日趋完善

两化融合服务联盟和国家工业信息安全发展研究中心发布的《中国两化融合发展数据地图（2018）》显示，钢铁行业两化融合指数达到 51.2，关键工序数控化率达到 68.7%，应用电子商务的企业比例超过 50%[②]。在国家

---

① 《70 年，中国钢铁哪些成就令你刻骨铭心》，http：//www. sohu. com。
② 两化融合服务联盟和国家工业信息安全发展研究中心：《中国两化融合发展数据地图（2018）》。

"一带一路"倡议以及京津冀协同发展、长江经济带发展战略和全国主体功能区规划引导下,我国钢铁工业布局日趋完善,宝钢湛江一期、武钢防城港等重大沿海基地项目建成投产和启动实施,从根本上改变了我国钢铁"北重南轻"的总体布局①。

(四)"互联网+钢铁"塑造钢铁行业发展新模式

习近平总书记在中央政治局第 36 次集体学习会上指出:"世界经济加速向以网络信息技术产业为重要内容的经济活动转变,我们要加大投入,加强信息基础设施建设,推动互联网与实体经济深度融合,加快传统产业数字化、智能化,做大做强数字经济,拓展经济发展新空间。"在"互联网+"国家战略层层推进下,钢铁电子商务交易平台爆发式增长,形成了一批具有较强实力的钢铁电子商务交易平台,如找钢网、钢为网、欧冶云商、中钢网、五阿哥等,钢铁行业开始迈入"电商时代"。钢铁电子商务正挟着变革的力量,重构钢铁产业链的每一个环节,塑造钢铁行业发展的新模式。据统计,目前我国钢铁电子商务交易平台中 37.4% 来自钢铁企业自建平台,22.7% 来自资讯类网站的延伸,19.5% 来自大型钢铁贸易商的网络平台。上海市商务委员会的统计显示,2017 年上海市电子商务交易总额达到 2.4 万亿元,其中 B2B 交易额占到 70%,而在 B2B 交易额中,钢铁类企业交易额达到 36.9%。《中国钢铁电商发展报告(2018)》显示,国内主要规模以上电商平台(年成交量超过 100 万吨)2015 年的总成交量约为 2.23 亿吨,占当年钢材产量的 20%;2016 年总成交量为 2.22568 亿吨,占 19.6%;2017 年总成交量为 2.3 亿吨,占 22%②。在由中国互联网协会、工业和信息化部信息中心联合举办的"2017 年中国互联网企业 100 强发布会"上,钢银电商再度上榜"2017 年中国互联网企业 100 强"并居第 23 位,同时占据了百强榜 B2B 大宗电商第一位。

---

① 工业和信息化部:《钢铁工业调整升级规划(2016~2020 年)》(工信部规〔2016〕358号),http://www.miit.gov.cn/index.html。
② 陆闻言:《中国钢铁电商发展报告(2018)》,http://www.sohu.com/a/251046016_754864。

中国钢铁电子商务的发展，把钢铁生产流通和消费信息进行整合，形成信息联通、资源共享、信息互补共赢的市场机制平台，实现对钢铁行业信用体系的重构，在一定程度上解决了行业的不信任危机。正如原中国钢铁工业协会副会长、宝钢集团董事长徐乐江指出，互联网改变了中国钢铁行业的"圈地"思维、"狼性抢夺"、野蛮生长和投机①。特别是基于互联网的平台经济模式更是打破了市场的割据与封锁，使利用市场不对称性的投机行为获得割据保护难以奏效，而使优胜劣汰成为市场的基本现象。

（五）产能过剩矛盾比较突出，结构性失衡依然明显

2015 年 11 月，习近平总书记在中央财经工作领导小组第十一次会议上指出：要着力加强供给侧结构性改革。2016 年以来，在党中央、国务院的精心部署下，钢铁行业深入推进供给侧结构性改革，去产能取得了显著成效，提前两年完成了"十三五"规划提出的化解 1.5 亿吨过剩产能的目标任务，产能严重过剩矛盾得到有效缓解。随着去产能工作持续推进，钢铁行业效益好转，在利益的驱使下，产量过快增长又成为行业突出问题，产能过剩矛盾依然突出。据中钢协披露的材料，从近几年各地已公告的钢铁行业产能置换项目看，初步统计全国拟建钢铁项目的粗钢产能近 2 亿吨②。与此同时，我国钢铁行业结构性失衡较明显，普通钢产品供大于求，高品质、高复杂性、高附加值的钢产品供给不足甚至"空白"。

（六）行业集中度低，企业国际竞争力弱

《钢铁工业"十二五"发展规划》曾提出，"十二五"期间，钢铁行业集中度（CR10）由 48.6% 提高至 60% 左右。但《钢铁工业调整升级规划（2016～2020 年）》显示，钢铁产业集中度（CR10）由 2010 年的 48.6% 降

---

① 《宝钢董事长徐乐江：钢铁产能过剩互联网可化解》，https：//stook. qq. com/a/20151022/0/0782. htm？ pc。

② 罗国平、曾凌轲：《警惕新一轮钢铁产能过剩　中钢协呼吁行业自律》，http：//www. caixin. com。

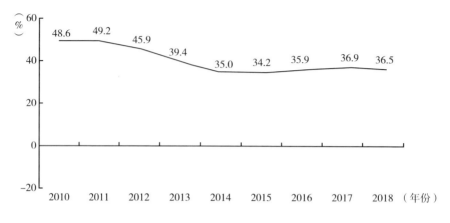

图2 2010～2018年我国钢铁行业集中度（CR10）变化情况

资料来源：作者根据相关资料整理。

至2015年的34.2%，不仅没有达到"十二五"规划"60%"的目标，反而有所下降。即使经过2016年以来严格的去产能及行业内的兼并重组，2018年我国钢铁行业集中度（CR10）也仅为36.5%，与行业有序发展和产业政策的要求有较大差距。而在2017年，韩国前两家钢铁企业累计产量占全国总产量的比例（CR2）为89.2%；日本前三家钢铁企业产量占全国总产量的比例（CR3）为81.5%；俄罗斯前四家钢铁企业产量占全国总产量的比例（CR4）为78.0%；美国前三家钢铁企业产量占全国总产量的比例（CR3）为57.7%。

与此相对应，中国钢铁企业在国际上的竞争力也比较弱。根据美国世界钢动态公司（WSD）发布的2018年"世界级钢铁企业竞争力排名"，前十名企业中没有一家中国钢铁企业（见表1）。

表1 2018年"世界级钢铁企业竞争力排名"前十

排名	企业名称	总部所在国/地区	加权平均得分
1	浦项钢铁	韩国及其他地区	8.35
2	纽柯钢铁	美国	8.08
3	奥钢联	奥地利	7.86
4	谢韦尔钢铁	俄罗斯	7.67

排名	企业名称	总部所在国/地区	加权平均得分
5	新日铁住金	日本及其他地区	7.66
6	新利佩兹克钢铁	俄罗斯/美国	7.58
7	京德勒西南钢铁	印度	7.52
8	安赛乐米塔尔	卢森堡	7.48
9	耶弗拉兹	俄罗斯/北美	7.44
10	现代制铁	韩国	7.41

资料来源：《最新世界级钢企竞争力排名》，https：//www.cnfeol.com/gangtie。

二　中国钢铁行业信用发展现状

（一）政策法规陆续制定完善，助推行业信用环境优化

为了加强钢铁行业管理，促进钢铁行业结构调整和产业升级，实现规范和可持续发展，全国人大、国务院及其他相关部门先后出台了多项法律法规和政策措施。比如，全国人民代表大会常务委员会通过《中华人民共和国环境保护法》《中华人民共和国节约能源法》《中华人民共和国产品质量法》，国务院发布《关于钢铁行业化解过剩产能实现脱困发展的意见》《关于开展质量提升行动的指导意见》，国家发展改革委发布《产业结构调整指导目录（2011年本）》，工业和信息化部发布《钢铁行业规范条件（2012年修订）》《钢铁行业规范企业管理办法》《废钢铁加工行业准入条件》，国土资源部、人力资源和社会保障部、环境保护部、中国人民银行、银监会、国家安全监管总局、国家税务总局、国家质检总局、国家煤矿安监局等部门发布《关于支持钢铁煤炭行业化解过剩产能实现脱困发展的意见》，国家发展改革委、工业和信息化部、国家质检总局、国家能源局、国家煤矿安监局等五部门联合印发《关于坚决遏制钢铁煤炭违规新增产能打击"地条钢"规范建设生产经营秩序的通知》，国家发展改革委、工业和信息化部等三部门联合印发《2019年钢铁化解过剩产能工作要点》，工业和信息化部印发《钢

铁行业产能置换实施办法》等。此外，各地方政府也陆续出台规范钢铁行业发展的规章及管理办法，例如 2016 年 11 月 26 日，山东省第十二届人民代表大会常务委员会第二十四次会议批准《莱芜市钢结构建筑应用促进条例》，这是全国首部深化钢铁行业供给侧结构性改革的地方性法规。这些法律法规和政策措施的制定与实施优化了钢铁行业发展的市场法制环境，也为钢铁行业的信用环境构建打下了良好的基础（详见表 2）。

表 2　涉及钢铁行业部分法律法规

发布部门	法规/办法/条例
全国人民代表大会常务委员会	《中华人民共和国环境保护法》
	《中华人民共和国节约能源法》
	《中华人民共和国安全生产法》
	《中华人民共和国产品质量法》
国务院	《关于钢铁行业化解过剩产能实现脱困发展的意见》
	《关于进一步加大节能减排力度加快钢铁工业结构调整的若干意见》
	《关于开展质量提升行动的指导意见》
国家发展改革委	《产业结构调整指导目录(2011 年本)》(2013 年修正版)
工业和信息化部	《钢铁行业规范条件(2012 年修订)》
	《钢铁行业规范企业管理办法》
	《钢铁工业调整升级规划(2016～2020 年)》
	《废钢铁加工行业准入条件》
	《关于钢铁工业节能减排的指导意见》
	《钢铁行业产能置换实施办法》
国家发展改革委、工信部、国家质检总局、国家能源局、国家煤矿安监局	《关于坚决遏制钢铁煤炭违规新增产能打击"地条钢"规范建设生产经营秩序的通知》
国家发展改革委、工信部等三部门	《2019 年钢铁化解过剩产能工作要点》
工信部、国家发展改革委、财政部、环保部等十六部门	《关于利用综合标准依法依规推动落后产能退出的指导意见》
生态环境部、国家发展改革委等五部委	《关于推进实施钢铁行业超低排放的意见》
银监会	《中国银监会　发展改革委　工业和信息化部关于钢铁煤炭行业化解过剩产能金融债权债务问题的若干意见》

资料来源：作者根据相关资料整理。

（二）行业标准不断补充提升，奠定了行业的信用基础

标准化水平的高低，反映了一个国家产业核心竞争力乃至综合实力的强弱[1]。我国钢铁行业标准化工作起步于 1950 年，1951 年成立钢铁标准规格委员会，1952 年首次颁布了 24 个钢铁标准。经过多年的建设，当前我国钢铁行业形成了由国家标准、行业标准、地方标准和经备案的企业标准所构成的标准体系，实现了由政府和市场二元供给的格局，基本建成了层次分明、结构合理、专业配套、可操作性强、技术水平较高的钢铁行业标准化体系。尤其是近十年来，钢铁行业标准化工作不断提升基础标准水平，提高标准的适用性。这些标准体系的建立促进了钢铁行业的规范自律、产品升级、质量提高、产业转型升级，奠定了钢铁行业的信用基础。

（三）质量品牌建设成效显著，筑牢高质量发展的条件

通过积极推进供给侧结构性改革，钢铁行业在创品牌、提质增效方面取得了较好成绩。一是钢铁企业积极培育优质产品，创建品牌。由中国钢铁工业协会公布的 2018 年冶金产品实物质量认定产品名单中，安阳钢铁股份有限公司等 70 家单位的 174 项产品的实物质量达到国际同类产品实物水平，认定为 2018 年度冶金产品实物质量"金杯优质产品"；安阳钢铁股份有限公司等 11 家公司的 12 项产品达到国际先进实物质量水平，被认定为 2018 年冶金产品实物质量标杆并授予"特优质量产品"。二是通过提升标准引导行业品牌建设。目前完成达到国际先进水平的产品认定条件有 42 项，已有认定条件覆盖的产品占全部钢材的 70% ~ 80%[2]。三是产品质量基础支撑能力不断提升。目前，170 家检验检测机构和实验室获得国家认可资质，其中 7 家机构和实验室被工信部认定为工业（产品）质量控制和技术评价实

---

① 《李克强出席国际标准化组织大会并致辞 以标准全面提升推动产业升级》，http://paper. people. com. cn/rmrbhwb html/2016 – 09/15/content_ 1712704. htm。
② 杨凯：《脱困升级当推质量品牌建设》，《中国冶金报》2016 年 3 月 24 日。

验室，这些机构在提供质量技术保障、加强质量监管和促进质量进步方面发挥了重要作用①。

（四）积极开展专项整治工作，营造公平的市场竞争环境

在国务院督查组和工信部的专项督查下，各地政府积极行动，展开对钢铁领域违法违规行为的专项整治。2017 年，共取缔"地条钢"1.2 亿吨，净化了市场环境，促进了行业公平竞争秩序的形成。2018 年，由国务院国资委、国家市场监督管理总局、国家统计局、中国钢铁工业协会等多部门组队的钢铁行业化解过剩产能防范"地条钢"死灰复燃专项抽查第八抽查组对四川省成都市、攀枝花市等 11 个市（州）共 22 家企业进行了实地抽查。2018 年 12 月 11 日，钢铁煤炭行业化解过剩产能和脱困发展工作部际联席会议在北京召开了钢铁行业化解过剩产能防范"地条钢"死灰复燃专项抽查工作会，主要通报了钢铁行业化解过剩产能防范"地条钢"死灰复燃专项抽查情况，并对下一步工作进行了部署。专项整治活动的开展，规范了钢铁行业的生产经营秩序，有助于建立公平竞争的市场环境。

（五）行业组织积极推进，加快行业信用建设步伐

中国钢铁工业协会制定并发布了《钢铁行业规范国内钢材市场秩序自律公约》，组织开展冶金产品实物质量达到国际同类产品实物水平认定（金杯奖）活动。该项活动每年开展一次，通过组织钢铁行业、下游用户专家现场诊断、咨询，评选出"金杯奖"和"特优质量奖"产品。此活动的开展，帮助钢铁行业内企业完善质量管理规范，改进和提高质量控制技术与水平，提升企业质量信用，培育企业品牌。

2015 年 1 月，中国钢铁工业协会发布了《钢铁行业信用体系建设（2014—2020 年）指导意见》，全面推进钢铁行业信用体系建设。同年 9 月，为推进钢铁行业和相关企业信用体系建设，中国钢铁工业协会成立了行业信

---

① 杨凯：《脱困升级当推质量品牌建设》，《中国冶金报》2016 年 3 月 24 日。

用体系建设领导小组。

2016 年 11 月 20 日，陕钢集团、立恒集团、酒钢集团等陕晋川甘的 14 家钢铁企业共同签署了为促进西部钢铁产业健康有序发展的《倡议书》。《倡议书》围绕落实产业发展政策、打击"地条钢"、维护健康市场秩序、加强经济技术交流等方面展开，并要求签署《倡议书》的钢铁企业自律遵守。

2016 年，中国钢铁工业协会组织武钢等 10 家企业参加了由国家质量监督检验检疫总局组织的品牌价值评价活动，评价结果通过中央电视台向社会发布，极大地提升了参评钢铁企业的产品品牌效应。

2018 年 5 月 10 日，中国冶金报社发布 2018 年"十大卓越钢铁企业品牌""十大优秀钢铁企业品牌"；在"6·5"世界环境日发起"寻找最美绿色钢城"评选及展示活动，评选出了"2018 绿色发展十大优秀企业"和"2018 绿色发展十大先进企业"。

2018 年 12 月 22 日，由中国钢铁工业协会指导，中国冶金报社、鞍钢集团共同主办的中国钢铁行业庆祝改革开放 40 周年高峰论坛在鞍山举行，对 40 家钢铁功勋企业和 20 家钢铁支撑类功勋企业进行表彰。

2018 年，中国钢铁工业协会积极与国家发展改革委和工信部等有关部门沟通，并组织约 200 人次的行业专家全程参与钢铁行业化解过剩产能防范"地条钢"死灰复燃专项抽查工作，对 21 个省区市进行了实地抽检工作，将违法违规产能举报平台收集的 89 条举报信息上报并逐一进行核实。

（六）信用意识日益内化为企业文化建设的核心价值观

随着全社会信用体系建设的逐步深入，钢铁行业内企业的信用意识也不断增强。在许多企业，信用意识日益内化为企业文化建设的核心价值观。比如，首钢建设集团将"诚信经营、持续发展"作为生产经营活动的根本宗旨和首要任务，在制度建设方面，结合集团现行的企业信用管理、劳务与供应商信用等级评定和内部银行评价体系等制度，完善《首钢建设集团企业信用信息归集工作制度》《首钢建设集团企业信用信息披露工作制度》等信

用制度，使企业信用管理制度体系更加全面；同时，积极把诚信教育纳入企业文化建设的重要内容，吸收借鉴社会及行业内信用体系建设的先进经验，不断提高企业信用建设和管理水平，树立依法守信、诚信经营的良好社会形象。① 安钢集团信阳钢铁有限责任公司则坚持"恪守诚信之道、打造百年信钢"的经营理念，并将"诚信经营"作为企业最高指导思想之一，强化各级管理人员和职工的诚信观念，培育诚信文化，塑造诚信形象，全面提升诚信理念和信用素质。公司先后获得了"国家免检产品"、冶金产品实物质量"金杯奖"、"冶金行业品质卓越产品"、"全国消费者质量信得过产品"和"全国产品质量售后服务用户满意企业"等荣誉；公司还被评为河南省质量诚信 AAA 级工业企业、河南省"重合同守信用企业"和"质量管理先进单位"、河南省名牌产品、全联冶金商会社会责任优秀企业。② 沙钢多年来坚持以"用户满意＋品牌"为质量目标，全员树立"质量第一、质量强企"的价值观和"PDCA＋认真"的工作理念，在企业文化、品牌战略建设领域不断探索实践，加快转型升级，加速结构调整，瞄准经济新常态下钢铁市场的需求，提升生产线的技术水平，形成了规模化经营、专业化生产、高附加值产品的竞争优势，为拓展市场提供了强有力的保障。企业先后获得"产品质量、服务质量"双十佳企业、冶金产品实物质量"金杯奖"、"中国出口质量安全示范企业"、"江苏省工业企业质量信用等级 AAA 级企业"、"工业强省六大行动重点项目单位"、"2018 年度十大卓越钢铁企业品牌及十大卓越建筑用钢生产品牌"等荣誉。③

三 中国钢铁行业信用存在的主要问题

虽然我国钢铁行业信用建设取得了较大成绩，但随着中国转变经济发展

---

① 《诚信经营、持续发展——首钢集团诚信建设》，http：//www. chinaisa. org. cn/gxportal/login. jsp。

② 《信钢荣登信用中国"钢铁企业信用'光荣榜'"》，http：//www. xyisco. com/view. asp？articleid＝252。

③ 沙钢公司网站，http：//www. sha－steel. com/doc/2018/05/11/7712. shtml。

方式、优化经济结构，钢铁行业前期粗放式发展所暴露出的信用问题日益凸显，直接影响到钢铁行业转型升级和高质量发展。

（一）行业杠杆率依然处于较高水平

由于钢铁行业属于固定资产投资规模大、建设周期长、资金回收慢的资本密集型行业，行业属性决定了钢铁企业对资金的高度依赖，尤其是在近年产能持续扩张背景下，企业杠杆率普遍较高。2008 年以来，钢铁行业企业债务规模快速扩大，行业平均负债率已经连续多年处于高位水平。据中国钢铁工业协会统计，2016 年中国钢铁工业协会会员企业资产负债率平均为69.6%，远高于全国规模以上工业企业平均资产负债率13.8 个百分点。其中，资产负债率超过90% 的钢铁会员企业 11 家，钢产量占比 3.7%；资产负债率为 80%~90% 的钢铁会员企业 14 家，钢产量占比 12.07%；资产负债率在 50% 以下的大部分是小规模企业。经过 2017 年以来的供给侧结构性调整、环保督查、专项大检查等，2018 年中国钢铁工业协会会员企业资产负债率下降到 65.02%，但依然高出规模以上工业企业平均水平十多个百分点。"高杠杆"造成了企业沉重的财务负担。据统计，2018 年中国钢铁工业协会会员企业新增 800 亿元财务费用。"高杠杆"也造成对银行信贷资金的过度依赖，其结果是压缩了未来的融资空间，这将影响到行业转型升级能力。"高杠杆"还使企业处于高风险境地，即一旦出现资金链的断裂将引起破产倒闭。钢铁企业的破产倒闭不仅导致金融机构产生大量坏账，还将导致大量人员失业，造成极大的经济损失和社会影响。

（二）行业企业信用水平出现持续分化

2015 年以来，受经济增速减缓、经济结构优化、生态环境约束等影响，汽车、造船和建筑等钢铁下游行业对钢材需求低迷，加上钢材价格持续下跌且钢材价格的下跌幅度大于原材料价格的下跌幅度等因素，导致钢铁行业盈利状况不佳，叠加违约事件频发，致使多家上市钢铁企业信用评级被调整。据统计，2016 年共有 18 家上市钢铁企业信用评级被下调。2017 年以来，受

益于供给侧结构性改革的实施，钢材价格大幅回升，整体行业景气度有所回暖，钢铁企业财务状况得到改善，钢铁行业的信用水平也得到提升。其中，2017年6家钢铁企业被上调主体信用等级，2家被下调主体信用等级，8家主体信用等级未发生变化但评级展望由"负面"调整为"稳定"①。与2017年相比，2018年以来企业主体信用等级以调升为主。其中，马鞍山钢铁股份有限公司等3家企业主体信用等级由AA+调整为AAA，安阳钢铁股份有限公司信用等级由AA-调整为AA。

随着去产能、去杠杆、兼并重组等政策措施的继续推进和实施，钢铁行业内信用品质将继续呈现较大分化，其中优质企业得以转型升级，信用质量得以维持，经营、财务状况持续恶化的企业信用质量将继续下降。这将影响到企业的融资能力，进而影响到钢铁企业的转型升级和行业可持续发展。

（三）企业债务违约频发，引起风险程度提高

2014年，山西最大的民营钢铁企业山西海鑫钢铁集团有限公司因债务危机被迫申请破产重整，涉及金融机构33家。2015年10月20日，中钢股份由于经营状况不佳，无力兑付到期本息，延期支付"10中钢债"的利息，此前，该公司已经多次延长回售登记期，这也是国内首例钢铁企业债券违约。2016年初，曾经的钢铁"巨无霸"——渤海钢铁集团有限公司爆发1920亿元债务风险，被迫进行资产重组，该债务违约事件导致105家金融机构深陷其中。2016年10月10日，大连市中级人民法院裁定受理阿拉善盟金圳冶炼有限责任公司对东北特钢集团破产重整的申请，东北特钢集团正式进入破产重整程序。在破产之前，东北特钢已经连续违约9次，应付本金累计达57.7亿元。伴随着供给侧结构性改革的持续推进，市场化去产能实质性落地，钢铁企业债务违约风险将会进一步增加。

---

① 唐岩：《从信用评级数据看钢铁行业供给侧结构性改革》，http：//bond. hexun. com/2017 - 10 - 27/191397273. html。

（四）违法违规生产不断，行业信用缺失严重

在国家深化供给侧结构性改革、落实"三去一降一补"的背景下，仍存在极少数钢铁企业顶风违规违法建设生产，严重干扰正常生产经营秩序的情况。这一方面显示出相关企业不讲诚信乃至信用完全缺乏的客观现实，另一方面也暴露出当地政府为了地方利益有法不依、执法不严而造成的政府信用缺失。

2019 年 4 月 3 日，11 家企业因存在违法违规行为被工信部列入拟撤销钢铁规范公告企业名单，17 家企业被列入需整改的钢铁行业规范企业名单。另据"信用中国"网站公布的国内钢铁企业信用"黑名单"，26 家企业共发生了 97 项失信行为（见表3）。根据工信部调研的情况，部分企业以铸造铁合金、资源综合利用等名义，试图寻求新增冶炼产能；部分企业建设异形高炉、转炉，存在"批小建大"的隐情；另外，部分企业在产能置换当中，搞"数字游戏"，企图变相增加钢铁产能；个别"地条钢"甚至有死灰复燃的迹象[1]。2017 年 7 月 29 日，工信部原材料工业司司长王伟在中国钢铁工业协会常务理事会上指出，目前违法违规新增产能、产量过快增长已成为行业突出问题。

上述现象表明钢铁行业中不讲信用、破坏信用的问题仍时有发生，值得高度重视。钢铁行业的信用缺失问题，既破坏了市场秩序，增加了交易风险和交易成本，降低了交易效率，也严重制约了钢铁行业健康发展。

表3　2019 年钢铁企业信用"黑名单"

名称	信用记录
唐山瑞丰钢铁(集团)金友钢铁有限公司	2 项失信记录，1 项异常名录
云南曲靖钢铁集团双友钢铁有限公司	5 项失信记录，5 项行政处罚记录
营口钢铁有限公司	2 项失信记录，1 项行政处罚记录

---

[1] 《警惕新一轮钢铁产能过剩　中钢协呼吁行业自律》，http://www.caixin.com/2019 - 07 - 29/10/445002.html。

141

续表

名称	信用记录
天津铁人钢铁有限公司	1 项失信记录
上海怡然钢铁有限公司	1 项失信记录,3 项异常名录
无锡勤力钢铁有限公司	1 项失信记录
陕西海龙钢铁有限公司	1 项失信记录
湖南株洲钢铁有限公司	1 项失信记录,1 项行政处罚记录
上海丰神钢铁有限公司	1 项失信记录
徐州北方钢铁有限公司	1 项失信记录
江苏红日钢铁有限公司	5 项失信记录
辽宁省辽东钢铁总厂	1 项失信记录
上海和煦钢铁有限公司	1 项失信记录,3 项异常名录
无锡天香钢铁有限公司	1 项异常名录,3 项异常名录
上海威赫钢铁有限公司	2 项失信记录,3 项异常名录
唐山中天钢铁有限公司	2 项失信记录,1 项异常名录
上海贝可钢铁有限公司	2 项失信记录
烟台华海钢铁公司	4 项失信记录
四川强力钢铁有限公司	1 项失信记录,2 项异常名录
天津兴盛钢铁有限公司	1 项失信记录,3 项异常名录
上海航向钢铁有限公司	4 项失信记录,1 项异常名录
莱芜长龙钢铁有限公司	1 项失信记录
哈尔滨小型钢铁有限公司	1 项失信记录
常州华夏钢铁有限公司	4 项失信记录
苏州求实钢铁有限公司	2 项失信记录,5 项异常名录
唐山安泰钢铁有限公司	17 项失信记录

资料来源:信用中国,https://www.creditchina.gov.cn/home/index.html。

(五)大量僵尸企业存在,信贷错配有碍市场出清

根据中国人民大学国家发展与战略研究院聂辉华教授等的研究,钢铁行业"僵尸企业"比例在所有行业中最高,占比 51.43%(见表 4),而且很多"僵尸企业"都是依靠银行贷款和政府财政补贴来存活。从 2015 年的情况看,我国接近 30% 的钢铁企业接受了财政救济,总体规模"一定不低于100 亿元"——除直接的资金注入外,还有贴息贷款、减免税费等多种救济

形式①。大量"僵尸企业"的存在，导致信贷资金错配，也阻碍生产要素优化配置，进而影响钢铁行业竞争力的进一步提升和行业转型升级。

表4　分行业"僵尸企业"比例

单位：家，%

行业	企业数量	僵尸企业数量	僵尸企业比例
银　行	16	0	0.00
传　媒	97	4	4.12
非银金融	43	2	4.65
计算机	153	8	5.23
休闲服务	34	2	5.88
电　子	158	11	6.96
纺织服装	78	6	7.69
通　信	65	5	7.69
农林牧渔	85	7	8.24
食品饮料	78	7	8.97
家用电器	60	6	10.00
电气设备	160	17	10.63
机械设备	270	29	10.74
化　工	259	28	10.81
建筑材料	72	8	11.11
医药生物	217	26	11.98
轻工制造	98	12	12.24
国防军工	34	5	14.71
汽　车	124	19	15.32
有色金属	106	18	16.98
采　掘	57	10	17.54
交通运输	91	16	17.58
公用事业	122	25	20.49
综　合	41	9	21.95
商业贸易	90	26	28.89
建筑装饰	85	27	31.76
房　地　产	137	61	44.53
钢　铁	35	18	51.43
总　　计	2865	412	14.38

资料来源：聂辉华等《中国僵尸企业研究报告——现状、原因和对策》，人大国发院系列报告（年度研究报告），2016年7月（总第9期）。

---

①　乔宠如：《钢铁去产能遇上最猛复产潮》，《经济》2016年第17期。

（六）无证不合规产品充斥，严重扰乱市场竞争环境

近年来，在国务院的主导下，各级政府及相关部门加大了对钢铁市场的整治力度，取得了积极成效，但违法违规现象依然存在。据相关媒体报道，配合国务院第三次大督查，四川省对省内 58 家钢铁企业进行内部督查，发现 33 家无证生产企业，涉及总产能达 905 万吨。实际上，早在 2002 年，原国家经贸委《关于地条钢有关问题的复函》（国经贸产业函〔2002〕156号）就指出，用中（工）频炉熔化废钢生产地条钢、普碳钢、不锈钢等钢坯（锭）及钢材，不仅保证不了质量，而且严重干扰公平竞争的市场秩序，必须坚决予以拆除。2004 年，国家发展改革委、建设部、商务部等 7 部门联合下发了《关于进一步打击地条钢建筑用材非法生产销售行为的紧急通知》（发改运行〔2004〕1003 号），要求各地坚决取缔"地条钢"非法生产企业，依法查处流通环节"地条钢"建筑用材。2005 年 7 月，国家发展改革委发布了《钢铁产业发展政策》，明确提出要加快淘汰并禁止新建中频感应炉等落后工艺技术装备，随后多次修订的《产业结构调整指导目录》也都明确规定要淘汰"地条钢"等落后产能。但十多年过去了，"地条钢"不仅未得到控制，反而经改头换面进入市场。四川省钢铁协会专项报告指出：四川省所有建筑钢材产能 4340 万吨，其中使用国家明令禁止的中频炉生产的建筑钢材有 1500 万吨，这 1500 万吨建筑钢材全部用在了省内的建筑中，并且每年有 400 万吨左右的"地条钢"建筑用材通过假冒、贴牌等手段，进入了国家的重点工程项目建设中，埋下巨大安全隐患。[①] 另据国家发展改革委和工信部报道，2017 年，国内共取缔"地条钢"企业 600 余家，涉及产能 1.2 亿吨。

此外，部分钢铁企业通过偷税漏税、降低用工标准等违法违规行为来降低经营成本。另有部分企业在普通钢品种中加入微量合金，冒充合金钢低价

---

① 《焦点访谈曝光攀西钢铁"地条钢"》，http：//www.cwestc.com/newshtml/2017 - 1 - 9/442281.shtml。

出口。这些无生产许可证和不符合标准的产品充斥市场，严重扰乱市场秩序，挤压合法合规企业生产经营的市场空间，导致劣币驱逐良币，严重影响钢铁行业供给侧结构性改革战略的推进。

四 影响中国钢铁行业及其信用发展的关键性因素分析

（一）法律法规不完善，监管制度缺位

为规范钢铁行业健康有序发展，全国人大、国务院和有关部门等制定了一系列法律法规、指导意见等，为钢铁行业市场化、法治化建设提供了基本依据。但总体而言，正式的法律法规较少，大多属于部门的规章、指导意见或通知，法律化程度不高。相比较而言，国外对钢铁行业的规制大多采用法律的形式。我国即使存在相关法律规定，但对违法行为的约束力有限。例如，按照法律授权，环保部门对违反《环保法》规定的行为有权责令停止建设，但实际上这些权力有限，对钢铁企业违规建设不具有硬约束，导致一些钢铁企业依然违规建设和生产。伴随着"互联网＋"战略的推进，钢铁电子商务迅猛发展，但相关法律法规的出台滞后。在钢铁电子商务交易中发生的纠纷、诈骗、消费者投诉与受理等，主要还是采用线下的操作方式，在实际执行过程中存在许多争议。此外，缺少一部完整的法律体系对钢铁行业进行规范，基本上是国务院及相关部门不断通过颁布部门规章、条例等规范性法律文件对钢铁行业进行规制。

同时，已有法律法规落实不严，执行不力。自2003年以来，国家颁布了多个规范性文件治理钢铁行业产能过剩，提升行业集中度，并且"十二五"时期就提出将行业集中度提高到60%的目标，但最终并未达到预期效果，反而出现了逆调控增长、逆集中化局面。由于监管缺位，一些地方政府不作为，政策法规执行力度不严，低效产能和僵尸企业难以市场化退出，导致竞争机制扭曲，不利于行业健康发展。

（二）行业标准建设滞后，标准供给不足

当前，钢铁行业标准建设为钢铁行业产品质量提升和结构升级发挥了积极作用，但是与我国钢铁行业发展现状以及国际钢铁行业标准相比较，标准建设依然滞后，标准有效供给不足。具体体现为以下方面。一是部分标准老化滞后。如自 2011 年 10 月 1 日起实施的《钢铁企业节能设计标准》（GB50632—2010），该标准部分内容已经不能满足当前节能降耗的要求，部分节能技术及装备已滞后于当前节能技术的发展水平。在美国、欧盟、日本等国家和地区制定的钢铁行业技术标准中，有些标准比国际标准还要高。只有制定高水平的技术标准，才能不断提升我国钢铁行业的技术水平，进而生产出高水平、高附加值的钢铁产品。[①] 二是标准不完善。智能制造是钢铁行业转型升级的现实需要，也是钢铁行业高质量发展的有力保障。但智能制造涉及大量的标准和规范，现有的标准和规范却无法完全满足智能制造发展的要求。三是部分行业标准缺失。如钢铁物流量位于全社会物流量之首，与之相匹配的现代物流标准体系未建立。四是参与国际标准化工作的能力不足，相关行业标准在国际上的影响力较弱。截至 2019 年 6 月，中国主导制定并发布的国际标准 583 项，与全世界国际标准数量相比，占比不足 2%，与发达国家相比差距显著[②]。五是政府对标准化工作干预过多，市场微观经济主体的活力缺乏。

（三）失信惩罚乏力，联合惩戒缺失

失信惩戒机制是一只"看不见的手"，能够对行业环境起到积极的调节作用，使失信者付出代价，而守信者则受益，并能够将良好的信用转化为潜

---

① 何辉利、杨永：《技术贸易壁垒下我国钢铁行业的破解之策》，《江苏经贸职业技术学院学报》2015 年第 2 期。
② 《我国标准化管理概述》，http：//www.cicn.com.cn/zggsb/2019 – 07/02/cms118833artide.shtml。

在的财富。① 钢铁行业违法违规等失信行为产生的重要原因就在于失信成本远远小于失信收益。以"地条钢"为例，由于其生产设备简单、原材料成本低、再加上偷税漏税等，其每吨的总成本比正规钢铁企业低几百元，投入几十万元成本一年就可轻松获利千万元；即使被查处，代价也只是关门停产或者加以罚金。此外，由于缺乏联合失信惩戒机制，无法形成"一次失信，处处受限"的效果。

（四）个别地方政府基于利益考虑，淘汰落后产能不力

钢铁行业属于高投资、高产出的行业，地方政府为了发展当地经济、增加税收，纷纷将钢铁行业作为地方支柱产业大力招商引资，并在信贷、税收等方面给予优惠政策或提供市场保护，大量中小型钢铁项目纷纷上马，导致钢铁行业在 2016 年以前非理性扩张和产能过剩。据统计，截至 2018 年 12 月末，钢铁行业规模以上企业达 5138 家。由于钢铁行业本身属于资金密集型行业，而支撑这些过剩产能的资金大部分来自银行信贷，于是形成了钢铁行业内产能过剩与负债经营的恶性循环，最终导致钢铁行业的高杠杆率。

个别地方政府基于地方利益的考虑，对于中央政府的淘汰落后产能、促进兼并重组等政策在执行方面行动缓慢或怠于执行，不仅导致"僵尸企业"仍然存在，也导致"地条钢"生产违规行为依然发生。

（五）研发投入偏低，自主创新能力不足

党的十九大报告指出：中国特色社会主义进入新时代，我国社会主要矛盾已经转化为人民日益增长的美好生活需要和不平衡不充分的发展之间的矛盾。站在新的历史起点上，钢铁工业面临的主要矛盾，已经转化为产业结构与市场竞争需求不适应、绿色发展水平与生态环境需求不适应的矛盾②。这反映了我国钢铁行业的自主创新能力有待提升。与发达国家钢铁企业重视自

---

① 章政、田侃主编《中国信用发展报告（2012～2013）》，社会科学文献出版社，2013。
② 干勇：《新时代钢铁工业的主要矛盾已经发生变化》，http://www.csteelnews.com。

主研发相比,我国钢铁企业倾向于采取技术引进的方式,通过消化吸收和模仿来实现技术改造升级。据统计,我国钢铁企业研发投入占主营业务收入比重仅有1%左右,不仅没有达到"十二五"规划"1.5%以上"的目标,而且远低于发达国家2.5%以上的水平。研发投入不足导致行业创新发展能力不强。自主创新能力弱对钢铁行业造成了以下几个方面的影响。第一,行业长期处于低水平重复建设,低端产能过剩,低端产品同质化竞争激烈。其结果是为了在市场竞争中取胜,企业只能采取低质策略,从而导致各种失信行为的产生。第二,高端产能不足,国际竞争力弱,抗风险能力不强。特别是当前宏观经济下行压力增大、行业发展步入低谷的背景下,企业盈利能力不强易引发高杠杆的企业资金链断裂,从而产生债务违约,引起社会风险和金融风险的激增。

五　促进钢铁行业信用发展的政策建议

(一)完善法律法规,优化行业信用环境

市场经济是法治经济,法制的健全对于减少政府不当干预、维护市场公平竞争环境和秩序具有重要意义。法律的完备性在很大程度上决定守信的可能性。一方面,继续制定和颁布相关法律法规,健全公平、开放、透明的市场规则。例如,钢铁电子商务发展迅猛,但相关法律存在空白,导致相关信用问题频出。此外,银监会、国家发展改革委、工信部虽然联合发布了《关于钢铁煤炭行业化解过剩产能金融债权债务问题的若干意见》,但该意见只规定了原则和路径,防范金融信用风险的配套措施尚未公布,具体细节有待完善。另一方面,通过提高法规等级和政策执行力,解决我国当前有关钢铁行业的法律规定大多体现在部门规章或规范性文件中导致执行效力较弱的问题,优化钢铁行业的信用环境。严格常态化执法,推进联合执法、交叉执法。严格执行环保、能耗、质量、安全、技术等行业标准,达不到标准要求的钢铁企业要坚决退出;对于涉嫌环境犯罪的,要依法追究刑事责任。

（二）强化守信奖励、失信惩戒约束机制

在钢铁行业执行"黑名单"制度，对于违法违规和达不到环保、质量、能耗、安全及技术要求而又不退出的钢铁企业，由相关部门将其信息纳入全国信用信息共享平台，并在"信用中国"网站等平台进行公布，同时在生产许可、安全许可、资金支持、投资融资、税收管理、政府采购和公共工程建设项目投标等方面限制准入，实施联合惩戒和信用约束，强化"一处违法、处处受限"的震慑作用，使失信的钢铁企业和个人付出代价。推广守信奖励制度，对守信的钢铁企业和个人实施奖励，使其真正受益，并能够将良好的信用转化为潜在的财富。同时，对于执行法规政策不力的部门和人员，依法问责，触犯法律的要依法予以严惩。

（三）推动行业去杠杆化，提升行业信用质量

结合钢铁行业实际，推进钢铁行业去杠杆化，一是继续推进和巩固行业去产能；二是创新金融工具，降低存量债务；三是深入推进行业兼并重组，通过兼并重组提升行业集中度，减少"囚徒困境"带来的产量恶性竞争，同时也有助于解决同质化竞争问题，推进市场良性机制发展；四是打破地方保护主义，清理取消地方违反相关规定而制定的优惠政策和保护性措施，消除市场分割；五是充分利用"一带一路"倡议带来的发展契机，积极实施"走出去"战略，加快"走出去"的步伐。国际经验表明，成功的去杠杆都伴随着产业结构升级换代。[①] 各个钢铁企业应高度重视"高杠杆"的潜在风险，根据企业具体情况选择恰当的去杠杆切入点，采取多种措施、多种渠道，积极寻求去杠杆的有效途径，优化企业的资本结构，提升行业信用质量。

（四）强化行业协会作用，推进行业信用建设

钢铁行业协会应充分发挥熟悉行业、贴近企业的优势，继续发挥好政府

---

① 王宇、杨娉：《我国高杠杆的成因及治理》，《南方金融》2016 年第 1 期。

与企业的桥梁和纽带作用，加强与企业的沟通，及时反映企业的诉求，引导和规范企业做好自律工作；加强行业调研，做好信息预警服务，引导企业理性组织生产经营；制定行业自律公约，加强行业内部管理，抑制无序低价竞争；加快建立钢铁行业信用体系，完善钢铁行业企业信息数据库，建设信用信息服务平台，实现信用数据的动态更新，及时向社会公布失信企业及失信行为；开展钢铁企业信用评价和信用分类监管，引入第三方机构对钢铁企业进行信用评价并对外发布，对失信企业实施信用约束，降低信用评级；引导企业建立产品和服务标准，推进企业诚信体系建设。

（五）发挥市场主体作用，提高企业信用意识

钢铁企业要把握当前我国经济已由高速增长阶段转向高质量发展阶段以及当前社会主要矛盾已转变为人民日益增长的美好生活需要和不平衡不充分的发展之间的矛盾的重大转变，提升自身适应市场需求的能力，转变"重产、轻需"和"重量、轻质"的观念，树立"重需、重质"的全新观念。坚持以国际上最具竞争力的钢铁企业作为标杆，高度重视自主创新，增加研发投入，加强研发队伍建设，增加对外研发合作交流的深度。强化协同创新，通过与上下游企业及其他产业企业合作，打造全球化产业链，解决制约行业发展的共性前沿技术。积极拥抱互联网，深化钢铁电子商务领域合作，通过电商平台积累沉淀的大数据，进行深入的分析，了解终端领域的需求结构和层次，获得精准的终端需求信息，从而合理安排研发方向及资源投入，规避重叠式经营带来的恶性竞争。树立"信用第一"的观念，遵循诚实守信、公平竞争的原则，依法开展生产经营活动，在各类经营活动中切实提高履约的自觉性，树立良好的企业信用形象。

参考文献

［1］工业和信息化部：《钢铁工业调整升级规划（2016—2020年）》（工信部规

〔2016〕358 号），http：//www. miit. gov. cn/index. html。

[2] 国务院发展研究中心"化解产能过剩长效机制"课题组：《改革与发展：钢铁供给侧结构调整的两个关键》，《国家治理》2016 年第 20 期。

[3] 刘旖旎：《上海电子商务发展现状与特点分析》，《统计科学与实践》2018 年第 12 期。

[4] 马国强：《认真做好化解过剩产能工作　促进钢铁行业转型升级脱困发展》，http：//www. chinaisa. org. cn/gxportal/login. jsp。

[5] 刘彪：《2015 年我国钢铁产业集中度进一步下滑》，《世界金属导报》2016 年 3 月 1 日第 A08 版。

[6] 《最新世界级钢企竞争力排名　前十无中国钢企》，https：//www. cnfeol. com/gangtie。

[7] 《2015 年全国钢标委业务研讨会在浙顺利召开》，http：//www. cmsi. org. cn/bzyw/2598. htm。

[8] 《诚信经营、持续发展——首钢集团诚信建设》，http：//www. chinaisa. org. cn/gxportal/login. jsp。

[9] 《信钢荣登"信用中国""钢铁企业信用'光荣榜'"》，http：//www. xyisco. com/view. asp？articleid = 252。

[10] 环保部：《关于通报钢铁行业环境保护专项执法检查情况的函（环办环监函〔2016〕1750 号）》，http：//www. zhb. gov. cn。

[11] 《70 年，中国钢铁哪些成就令你刻骨铭心》，http：//www. sohu. com。

[12] 乔宠如：《钢铁去产能遇上最猛复产潮》，《经济》2016 年第 17 期。

[13] 聂辉华等：《中国僵尸企业研究报告——现状、原因和对策》，人大国发院系列报告（年度研究报告），2016 年 7 月（总第 9 期）。

[14] 干勇：《新时代钢铁工业的主要矛盾已经发生变化》，http：//www. csteelnews. com。

[15] 何辉利、杨永：《技术贸易壁垒下我国钢铁行业的破解之策》，《江苏经贸职业技术学院学报》2015 年第 2 期。

[16] 《警惕新一轮钢铁产能过剩　中钢协呼吁行业自律》，http：//www. caixin. com/2019 - 07 - 29/101445002. html。

[17] 林红珍：《中国钢铁产业的法律规制研究》，中国法制出版社，2016。

[18] 章政、田侃主编《中国信用发展报告（2014～2015）》，社会科学文献出版社，2015。

[19] 王燕、贾凯杰等编著《两岸钢铁产业发展比较研究》，南开大学出版社，2015。

[20] 《国务院办公厅关于江苏华达钢铁有限公司和河北安丰钢铁有限公司违法违规行为调查处理情况的通报》（国办发〔2016〕101 号），http：//www. gov. cn/

zhengce/content/2016 – 12/30/content_ 5155015. htm。

[21] 王冰凝:《钢铁业 2015 年利用率不足 67%　过剩产能越来越庞大》,《华夏时报》2016 年 3 月 5 日。

[22] 杨萌:《东北特钢正式宣布破产重整　其它债务违约钢企难题待解》,《证券日报》2016 年 10 月 16 日。

[23] 吴红毓然、杨巧伶:《渤钢 2000 亿债务泥潭》,《财新周刊》2016 年第 13 期。

[24] 申琳:《六年违法生产　一朝灰飞烟灭》,《人民日报》2017 年 1 月 20 日。

[25] 《国务院通报安丰钢铁处理结果　拆小保大河北去产能推进》,http：//www. 21jingji. com/2016/12 – 29/wNMDEzNzlfMTQwMTEwNQ_ 2. html。

[26] 《钢铁行业 2016 年上半年度信用质量及市场表现分析报告》,http：//www. shxsj. com/show. php? id = 10744。

[27] 王海平:《江苏多举措弥补“生态短板”:前 11 月查处环境违法行为 9072 件》,《21 世纪经济报道》2016 年 12 月 15 日。

[28] 杨凯:《脱困升级当推质量品牌建设》,《中国冶金报》2016 年 3 月 24 日。

[29] 《2016 年钢材市场现状分析:钢铁产能分散比过剩更严重》,http：//www. askci. com/news/chanye/20160706/11474938472_ 4. shtml。

[30] 《焦点访谈曝光攀西钢铁“地条钢”》,http：//www. cwestc. com/newshtml/ 2017 – 1 – 9/442281. shtml。

[31] 唐岩:《从信用评级数据看钢铁行业供给侧结构性改革》,http：//bond. hexun. com/2017 – 10 – 27/191397273. html。

[32] 耿仁波:《地方政府竞争范式下的产业集中度困境研究》,《吉林工商学院学报》2010 年第 7 期。

[33] 文新雷:《我国钢铁行业集中度与经济发展的关系探析》,《现代经济信息》 2011 年第 9 期。

[34] 《2019 年钢铁行业信用风险展望》,http：//www. lianheratings. com. cn/。

[35] 巴曙松、余芽芳:《当前去产能背景下的市场化并购与政策配合》,《税务研究》2013 年第 11 期。

[36] 于勇:《深入推进供给侧结构性改革努力提高钢铁行业运行的质量和效益——在中国钢铁工业协会 2019 年理事(扩大)会议上的报告》,http：//www. chinaisa. org. cn/gxportal/login. jsp。

[37] 《2016 年钢铁企业信用评级调整以下调为主　仅 1 家上调》,http：//bond. hexun. com/2017 – 02 – 09/188052173. html。

[38] 刘振江:《去杠杆、防风险,提升行业运行效益——在钢铁行业“去杠杆、防风险、增效益”专题座谈培训会上的讲话》,http：//www. chinaisa. org. cn/ gxportal/login. jsp。

[39] 《吴溪淳谈改革开放 40 年钢铁的经验、教训及未来高质量发展路径》,

　　http：//www. sohu. com/a/260159625_ 754864。

［40］张冰：《"走出去"的一条快速路——新形势下企业参与国际标准化工作的现
　　　状及建议》，《中国质量技术监督》2015 年第 8 期。

［41］托马斯·赫尼、胡雪、倪凯：《杠杆——一把经济的双刃剑》，《银行家》
　　　2010 年第 7 期。

［42］范铁军：《金融创新破解钢铁行业供应侧改革难题》，《冶金经济与管理》
　　　2016 年第 2 期。

［43］王宇、杨娉：《我国高杠杆的成因及治理》，《南方金融》2016 年第 1 期。

［44］《中国钢铁电商发展报告》（2018），http：//www. sohu. com/a/2517 47121_
　　　678309。

［45］《宝钢董事长徐乐江：钢铁产能过剩互联网可化解》，http：//tech. 163. com/
　　　15/1022/02/B6GF5SKV000915BF. html。

［46］冶金工业规划研究院：《中国钢铁电子商务行业发展报告》（2016 年物流篇）。

［47］王哲：《中国钢企兼并重组"加速跑"》，《中国报道》2019 年第 8 期。

［48］郭丁源：《智能发展：赋能中国钢铁行业转型升级》，http：//www. ceh. com.
　　　cn/fgwxx/2019/07/1145716. shtml。

［49］两化融合服务联盟和国家工业信息安全发展研究中心：《中国两化融合发展数
　　　据地图（2018）》。

［50］国务院办公厅：《关于社会信用体系建设的若干意见》（国办发〔2007〕
　　　17 号）。

［51］章政、田侃主编《中国信用发展报告（2012～2013）》，社会科学文献出版社，
　　　2013。

B.9
中国资产管理行业信用状况与展望

段胜辉*

摘　要：　资产管理行业是以信用为基础的，资产管理机构要获得长远的发展就必须重视信用管理，塑造诚信的形象，以吸引更多的投资者来委托资产。中国资产管理规模快速扩大，资产管理领域的信用建设取得明显进展，但也存在诸多问题。制约我国资产管理行业信用建设的主要因素是分业监管体制、不重视投资者利益保护、投资文化缺失、信息披露程度低，资本市场风险较高。本报告建议构建统一协调的监管体系，加强投资者教育、强化信息披露，提高资管机构能力，净化资产管理市场环境。未来资产管理市场信用状况改善具有政策基础和市场参与者基础，但要注意防范和化解资本市场风险。

关键词：　资产管理　私募基金　信用风险　投资文化

资产管理业是金融业的重要组成部分，资产管理机构（以下简称资管机构）是资本市场中不可或缺的参与者。2012年的资产管理业监管新政打开了束缚资产管理业发展的枷锁，资产管理业随后进入野蛮生长时期。在较短的时间内，资产管理业实现了从小到大、从弱到强，从分业经营、各司其职到合作发展、交叉经营，资产管理市场发展日新月异，但也乱象丛生，发

* 段胜辉，北京大学经济学博士，高级经济师，现任北京大学中国信用研究中心研究员、泰康资产管理有限责任公司战略研究总监。

生了众多信用事件。2018 年 4 月 27 日，经党中央、国务院批准，中国人民银行会同中国银保监会、证监会、国家外汇管理局联合发布《关于规范金融机构资产管理业务的指导意见》（以下简称资管新规），开启了资产管理行业发展的新篇章。资管新规的核心在于补齐监管短板，整治市场乱象，规范业务发展，防范系统性金融风险，自此中国资产管理业从野蛮生产进入规范发展的新阶段。资产管理行业是"受人之托，代人理财"，信用在其中发挥着重要作用。本报告将分析我国资产管理行业信用建设的基本现状、存在的主要问题和制约其发展的关键因素，提出政策建议，对行业信用发展前景进行展望。

一 中国资产管理业发展情况

（一）资产管理业的内涵和外延

根据资管新规的规定，资产管理业务是指银行、信托、证券、基金、期货、保险资管机构、金融资产投资公司等金融机构接受投资者委托，对受托的投资者财产进行投资和管理的金融服务。资产管理业务是"受人之托，代人理财"，资管机构为委托人利益履行诚实信用、勤勉尽责义务并收取相应的管理费用，委托人自担投资风险并获得收益[1]。

资产管理市场的参与者包括委托人、受托人、托管人、中介机构等，最重要的是作为委托人的投资者和作为受托人的资管机构。委托人是各类投资者，包括个人客户和机构客户，前者又可以根据资产规模的不同划分为零售客户、高净值客户、超高净值客户等，后者包括养老金、主权财富基金、保险公司、捐赠基金等。受托人主要是各类具有专业投资能力的资管机构，包括银行、基金公司、投资信托公司、商业银行、保险公司和其他资管机构。

---

[1] 中国人民银行、中国银保监会、证监会、国家外汇管理局：《关于规范金融机构资产管理业务的指导意见》第二条，2018 年 4 月 27 日。

资管机构提供服务的形式主要包括资产管理产品和专户两种形式,产品又可以分为私募和公募两类。根据资管新规的列举,资产管理产品包括但不限于人民币或外币形式的银行非保本理财产品,资金信托,证券公司、证券公司子公司、基金管理公司、基金管理子公司、期货公司、期货公司子公司、保险资管机构、金融资产投资公司发行的资产管理产品等①,但不包括养老保障产品和养老金产品。

中国金融业实行的是按金融机构类别进行分类监管,由于资产管理业务具有多样性,涉及多类金融机构,导致目前的资产管理业务监管面临多头监管、分业监管,如表1所示。分业监管中存在的监管差异和监管漏洞容易被资管机构利用,导致规避金融监管和监管套利问题多发。资管新规提出,规范资管机构业务要坚持宏观审慎管理与微观审慎监管相结合、机构监管与功能监管相结合的监管理念,实现对各类机构开展资产管理业务的全面、统一覆盖,采取有效监管措施,加强金融消费者权益保护②。这为资产管理业向功能监管转变提供了指南,将有助于减少监管套利。

表1 中国资产管理业外延

机构类型	资产管理业务	监管机构
商业银行	银行理财产品、私人银行业务	银保监会
信托公司	单一资金信托、集合资金信托	银保监会
基金管理公司及子公司	公募基金、各类非公募资产管理计划、第三方专户	证监会
私募机构	私募证券投资基金、私募股权投资基金、创业投资基金等	证监会、证券投资基金业协会
证券公司及其资产管理子公司	集合资产管理计划、定向资产管理计划、专项资产管理计划、第三方专户	证监会

---

① 中国人民银行、中国银保监会、证监会、国家外汇管理局:《关于规范金融机构资产管理业务的指导意见》第三条,2018年4月27日。
② 中国人民银行、中国银保监会、证监会、国家外汇管理局:《关于规范金融机构资产管理业务的指导意见》第二条,2018年4月27日。

机构类型	资产管理业务	监管机构
期货公司及其资产管理子公司	期货资产管理业务	证监会
保险资产管理公司	投资计划、保险资产管理产品、第三方专户	银保监会

资料来源：根据公开资料整理。

（二）资产管理市场发展迅速，从严监管后增速分化

2012 年监管机构相继推出资管新政，国内资产管理业进入各领域快速发展阶段，国内资产管理市场规模迅速扩大。国内资管机构的资产管理规模从 2011 年的 18 万亿元增长到 2016 年的 114 万亿元，年复合增长率高达 45%，如图 1 所示。鉴于国内资产管理市场通道业务占比高，交叉持有严重，上述增速可能高估了资产管理市场增速。按照国际货币基金组织（IMF）较为保守的统计，2010 年、2012 年、2016 年末，中国资产管理业务的规模分别为 3 万亿元、7.5 万亿元、84.5 万亿元，6 年 27.2 倍、4 年 10.3

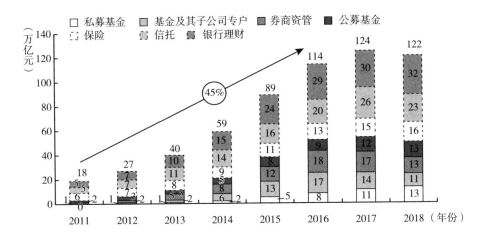

图1　中国资产管理市场规模（2011～2018）

资料来源：根据公开资料整理。

倍的增速绝对是全球资产管理史上"前无古人后无来者"的壮举①。

资产管理市场的发展受监管政策的影响较大，监管政策从严后不同机构的增速出现分化。2012～2016 年资产管理业野蛮生长的背后存在诸多乱象，资产管理机构之间交叉持有产品，导致资管规模虚高；利用监管差异，互借通道，导致主动资产管理业务发展停滞不前；盛行资金池业务，导致期限错配，酝酿流动性风险；多层嵌套层层加码，导致高杠杠和资金空转，放大风险，增强金融风险传染性；影子银行大行其道，导致表外融资游离于监管之外；普遍采用刚性兑付，导致风险收益的基本关系失调，推升社会融资成本，跨界竞争、监管套利、监管真空并存。从 2016 年二季度开始，原中国银监会先后下发《进一步加强信托公司风险监管工作的意见》《关于规范银行业金融机构信贷资产收益权转让业务的通知》等文件，中国证监会下发《证券公司风险控制指标计算标准规定》《证券期货经营机构私募资产管理业务运作管理暂行规定》，原中国保监会下发《关于加强组合类保险资产管理产品业务监管的通知》等，这些文件对各类资产管理产品的设计、杠杆要求、通道设置等提出严格限制，引导督促资产管理业务回归资产管理本质，标志着资产管理业监管政策转向，开始进入严监管周期。2017 年 7 月，全国金融工作会议召开，习近平总书记提出做好金融工作要以强化金融监管为重点，以防范系统性金融风险为底线，加强金融监管协调，补齐监管短板。这进一步明确了国内金融监管进入严监管周期。2017 年底资管新规征求意见稿发布后，资管行业的新一轮监管大局已定。2018 年资管新规正式稿发布，多份配套细则纷纷落地，进一步推动资管行业转型升级，压缩通道业务，起到了立竿见影的效果，2018 年资管市场规模首次出现下降。事实上，进入严监管周期以来，通道业务占比较高的券商资管、资金子公司和信托公司的资产管理规模持续下降，2016 年 9 月以来基金子公司资产管理规模触顶后开始下降，券商资管、信托则分别在 2017 年 3 月、2017 年末触顶

---

① 段国圣：《关于推进资产管理业供给侧结构性改革的思考》，《中国保险资产管理》2018 年第 1 期。

下行。主动投资管理能力较强、具有持续稳定资金来源的行业则保持平稳增长势头，公募基金和保险资管就是代表。

2018年国内资产管理市场规模总体保持平稳，资管新规的影响开始显现，各类机构业务依然保持分化态势。根据中国证券基金业协会、中国银行业协会和中国银行保险监督管理委员会发布的数据核算，2019年资产管理规模超过120万亿元。其中，公募基金13.7万亿元，同比增长5%；基金公司及其子公司专户业务规模8.7万亿元，同比减少23%；证券公司资管业务规模11万亿元，同比减少17.7%；期货公司资产管理规模0.14万亿元，同比增加10%；私募基金管理机构资产管理规模13.7万亿元，同比增长7.8%；保险资金运用余额18.5万亿元，同比增长12.8%；银行理财规模超过30万亿元（包括表内保本理财，其中表外非保本理财规模22.04万亿元），同比持平；信托资产规模约22万亿元，同比持平。2019年内资产管理规模下降较多的主要是券商资管、基金子公司。资产管理规模显著增加的子行业有公募基金、私募基金和保险资管。

（三）资产管理规模巨大，相对规模表现突出

中国资产管理业规模巨大，但由于缺少权威统计，且分散在各类金融机构中，导致社会对此缺少充分认识。由于采用的标准不同，不同机构对于资产管理规模的估测结果不同，但都显示中国资产管理业的规模巨大。图1显示，资产管理规模达到122万亿元，其中包含了近10万亿元的表内保本理财，剔除掉这一部分也高达112万亿元。据波士顿咨询（BCG）的资管市场模型测算，当前中国资产管理规模为117万亿元，即使剔除掉通道业务，资产管理规模也达到87万亿元，约合12.7万亿美元，相当于全北美市场（约35万亿美元）的1/3，全欧洲市场（约21万亿美元）的一半以上，或日本与澳洲市场（约6万亿美元）的两倍有余[①]。

从相对规模来看，中国资产管理规模占GDP比重不断提高，在国际可

[①] 波士顿咨询、中国光大银行：《中国资产管理市场（2018）》，2019年9月。

比市场中居于中游。中国资产管理规模增速多数年份远高于 GDP 增速，导致其在 GDP 中占比持续提升。按照 IMF 的数据，2010 年、2012 年、2016 年末，资产管理规模占 GDP 的比重分别为 7.4%、13.8% 和 112.5%。从国际比较来看，中国资产管理规模占 GDP 比重低于 2017 年末英国（371%）、法国（181%）、瑞士（314%）和欧洲整体（140%）的水平，但高于意大利（75%）、德国（66%）的水平，在世界主要经济体中居于中游。2007 年，欧洲的 AUM/GDP 为 102%，2008 年金融危机期间曾下降至 81%，之后开始缓慢回升，2014 年后增长到 130% 以上。从横向比较来看，中国资产管理业数年之内走完其他国家数十年甚至上百年的道路。

（四）国内资管机构持续发展，部分具有全球影响力

资产管理业中没有大而不强的机构，资产管理规模越大的公司，其实力和影响力也越大。韬睿惠悦（Willis Towers Watson）每年发布《全球 500 家最大的资管机构》报告，对全球领先的资产管理机构进行排名。近年来，中国公募基金公司的上榜数量不断增多，最佳排名也不断刷新。2017 年，20 家基金公司入围，华夏基金排名进入第 109 位，如表 2 所示。

表 2　2017 年进入世界 500 家最大资管机构排名的中国公募基金

排名	机构名称	排名	机构名称
109	华夏基金	263	广发基金
111	嘉实基金	280	富国基金
160	汇添富	296	天弘基金
171	中银基金	301	鹏华基金
176	易方达	331	中欧基金
181	建信基金	337	银华基金
207	创金合信	364	中邮基金
221	博时基金	365	交银施罗德基金
226	南方基金	371	中信建投基金
232	工银瑞信	372	融通基金

资料来源：Thinking Ahead Institute and Pensions & Investments, *The World's 500 Largest Asset Managers*（2018）.

该排行榜是以集团为口径来统计资产管理规模的，隶属于同一集团的多家资管机构的管理规模将累计到集团之下，但中国上榜企业无一是集团口径，且均为公募基金，这就严重低估了中国资管机构的实力。若考虑到该排名是按照集团口径测算的，以同样的标准来衡量中国资管机构，2018 年中国最大的三家资管机构资管规模为 4.5 万亿~5 万亿元人民币，在国际上排在 25~30 名。中国目前拥有多家全球规模领先的银行和保险机构，但没有全球领先的资管机构。中国的经济规模已经稳居全球第二，中国的社会财富总量和高净值人士数量及其财富均仅次于美国，这为中国资管机构的发展提供了宽广的市场空间，未来中国资管业将培育出全球领先的资管机构。

二　资产管理业的信用基础及其信用建设现状

（一）资产管理业以信用为基础

资产管理业是以信用为基础的。从本质上看，资产管理是"受人之托，代人理财"。委托人托付财产给投资管理人是基于信任，这里的信任包含可信性与胜任的能力两个方面的含义。前者是指受托人值得信赖，委托人相信其能够"受人之托，忠君之事"；后者是指受托人具有专业能力，能够通过专业的投资管理取得超越市场的投资回报，更好地实现客户的投资目标，为客户创造价值，让客户的资产管理费支出"物有所值"。这意味着资产管理人必须恪守"诚实信用，勤勉尽责"的原则，发挥投资管理专业优势，以实现委托人利益最大化为唯一目标，且在长期内大概率地为客户创造超额回报。从与其他金融服务业的主要区别来看，资产管理业是典型的轻资产行业，以信托关系为唯一基础，无强大的权益资产做信用支持，不形成债权债务关系，行业发展完全依赖自身信誉和专业能力。因此，投资者的信任和信心是资产管理业的生命线[1]。

---

[1]　洪磊：《加强私募自律管理　建设行业社会信用》，《中国证券报》2016 年 3 月 24 日。

资产管理业的信用无处不在。资产管理业的信用包括多个层次，不仅是投资者与资管机构之间的信用，也包括资管机构与监管机构、投资者与监管机构、资管机构之间、资管机构内部前中后台的信用。资产管理活动是以金融市场为中心的，金融市场依赖信用体系才能高效运行，资产管理活动中的信用是金融市场信用体系的重要组成部分。正是因为有较好的信用，资产管理活动才能有条不紊地运行；否则，委托人、受托人及其他参与人都会担忧另一方的行为，增加交易成本，降低金融市场效率，也影响投资人最终获取的投资收益。资产管理业的信用无处不在，要求参与人时时处处能够遵循诚信原则，设身处地为交易方着想。对于资管机构而言，这就要求其必须在产品设计、市场营销、投资管理的全程做到诚实守信，勤勉尽责，相应衍生出资产管理业的销售不能做误导陈述、产品设计必须充分揭示风险、投资管理人坚持"持有人利益至上，公平对待所有投资者"等业务原则。

资产管理业更容易发生失信行为。资产管理业存在大量的信息不对称，容易导致损害委托人利益的行为。其一是逆向选择。由于信息不对称，投资者选择资产管理人或资产管理产品时，过于重视投资回报，忽视风险管理。受此影响，资产管理人倾向于虚构投资业绩、夸大投资收益、回避潜在风险，这些行为误导投资者，导致逆向选择，投资人容易大量投资在所谓的高收益产品上，陷入"庞氏骗局"，遭受损失。其二是道德风险。资产管理人与委托人的利益并不完全一致，存在牺牲委托人利益的行为。资产管理人以赚取管理费和业绩报酬为目标，业绩报酬与投资收益率的高低挂钩，其存在承担过高风险追求更高投资收益的冲动，而一旦投机失败，投资者就会承担较大的损失。另外，投资管理人可能利用信息优势，从事内幕交易，损害委托人的利益。

资产管理业尤其要重视信用。资管机构要获得长远的发展就必须重视信用管理，塑造诚信的形象，以吸引更多的投资者来委托资产。《1940 年美国投资公司法案》所陈述的理念指出，共同基金的组织、经营与管理必须以投资人的利益为首要考量，而不是以基金经理人、基金销售通路的利益为考量。国外成功的资产管理公司无不把信用放在首位。全球最大的资管机构贝莱德认为，客户需求无比重要，这个信念是贝莱德经营的基础。贝莱德追求卓越投资的承诺，即不论面对个人投资者还是大型投资机构，永远以客户的利益为优先。作为客户托付的对象，贝莱德绝对不为一己私利进行任何交易。全球第二大资管机构领航集团（Vanguard Group）创始人约翰·博格曾经说过，如果企业拥有良好的商业道德，那么它距离成功也不会远。日本生命资产管理公司（NAM）认为，客户已经将他们的宝贵资产委托给自己，长期中只能努力证明和增加这种信任，使其高于一切，公司的理念是在互信的基础上寻求与客户建立持久的关系。韩国三星资产管理公司的理念是忠诚于客户利益、履行高质量的投资过程、完全遵守受托义务，公司认为客户利益和作为资产管理公司的受托义务一直是业务的核心。委托人在选择管理人时也将信用状况视为关键考量要素，对于曾发生过失信行为的资产管理人往往给予负面评价。

（二）国内资产管理业信用建设现状

1. 资产管理信用建设的法律法规和自律体系初步形成

由于实施分业监管，不同资管子行业的信用体系建设主要是以自身的监管机构和行业自律为基础开展的。总体上，监管机构均重视所管理资管子行业的信用体系建设，通过建立和完善法律法规，强调资管机构的受托义务，要求重视保护投资者利益，重视投资环节的合规管理，防范损害投资者利益行为，关注销售环节的投资者适当性制度，避免误导投资者。此外，各监管机构均构建了分类监管制度，其中都不同程度地参考了资管机构的信用状况。随着法律法规和自律规则的逐步完善，资产管理业诚信合规经营意识不断增强，行业诚信水平明显提升。

证券期货类机构的信用体系建设主要由中国证监会负责，由于其中涉及资产管理业中发展最早、透明程度最高、规范性最好的公募基金行业，该领域的信用体系建设起步早，进展大。目前，证券期货资管业已经建立了较为全面的信用法律法规框架和自律体系。早在2006年，中国证监会就制定了《中国证券期货市场诚信建设实施纲要》，2012年颁布实施、2014年修订的

《证券期货市场诚信监督管理暂行办法》（证监会令 106 号）是资本市场上首部专门的诚信监管规章，对证券期货类机构从事资产管理业务的行为同样进行规范。2018 年在修订上述暂行办法的基础上形成的《证券期货市场诚信监督管理办法》更是将私募基金管理人纳入信用信息采集范围。在法律法规基础上，中国证监会建立了全国统一的证券期货市场诚信档案数据库，对其监管的从事资产管理业务的机构的失信违法信息进行采集，并可以通过互联网进行查询和共享。同时，中国证监会注重推进信用信息共享、诚信联合奖惩机制建设，并在监管中根据信用状况进行分类监管。

证券期货行业资产管理机构的自律规则也不断完善，除了大量的关于职业行为、投资行为和销售行为的自律规则外，各行业协会均制定了信用建设管理的制度，推行行业的信用建设。2015 年 1 月，中国证券业协会发布《中国证券业协会诚信管理办法》，建立诚信信息管理系统、诚信状况评估和检查制度，对会员和从业人员的诚信建设进行日常管理。2018 年 1 月，中国证券投资基金业协会发布《基金从业人员职业行为自律准则》，倡导合法合规、客户利益至上、诚实守信的职业道德；制定《私募证券投资基金管理人会员信用信息报告工作规则（试行）》，引导私募基金管理人会员以信用立业，探索建立私募基金行业市场化信用积累机制。2018 年 10 月，中国期货协会发布了《期货行业诚信准则》，规范和指导期货公司的诚信自律具体工作，目标是到 2020 年，形成完善的期货经营机构和从业人员的自我诚信约束机制。

信托、保险资管和银行理财的资产管理活动目前受中国银保监会的监管，在相关的法规制度中均强调信用的重要性。例如，《商业银行理财子公司管理办法》规定，银行理财子公司开展理财业务，应当诚实守信、勤勉尽职地履行受人之托、代人理财职责，遵守成本可算、风险可控、信息充分披露的原则，严格遵守投资者适当性管理要求，保护投资者合法权益①。《保险资产管理公司管理暂行规定》第四条规定，保险资产管理机构受托管

---

① 中国银行保险监督管理委员会：《商业银行理财子公司管理办法》第三条，2018 年 12 月。

理资金时，遵循自愿、公平和诚实信用原则，要履行诚实信用、谨慎勤勉的义务。在信托业方面，中国信托业协会很早就出台了《中国信托业行业宣言》《信托公司社会责任公约》等自律规则，要求信托公司和从业人员严格遵守法律规则，遵照诚实信用的原则开展信托业务，做好诚信建设重要性的宣传工作，培育和宣传优良的信托文化，构建诚信体系。

2. 资管新规及其配套细则的出台明确了信用建设的方向

作为资产管理业务发展的纲领性文件，资管新规全面规范了金融机构资产管理业务，统一同类资产管理产品监管标准，加强金融消费者权益保护。资管新规体现了监管机构对资产管理业务规范发展的深刻认知，其中对资产管理市场的信用体系建设着墨颇多，毫无疑问将成为未来很长一段时间内资管市场信用建设的方向性文件。

资管新规将诚实信用作为资产管理服务提供者履职的基本要求。在对资产管理的概念进行界定时，资管新规指出"金融机构为委托人利益履行诚实信用、勤勉尽责义务并收取相应的管理费用，委托人自担投资风险并获得收益"。[①] 该规定直接指出了开展资产管理业务的金融机构在提供资产管理服务、为委托人利益行事时的基本义务，即诚实信用、勤勉尽责。同时规定"金融机构未按照诚实信用、勤勉尽责原则切实履行受托管理职责，造成投资者损失的，应当依法向投资者承担赔偿责任"。[②] 这些规定对资产管理服务的提供者进行了有利约束。

资管新规重视销售中对资产管理机构信用状况的查询和使用。资管新规对金融机构代理销售资产管理产品的行为进行了规范，要求其自身满足相关资质条件，明确设定内部审批和风险控制程序，要求代销机构对"发行或者管理机构的信用状况、经营管理能力、市场投资能力、风险处置能力等开展尽职调查"，以及"进行充分的信息验证和风险审查"，这在一定程度上

---

① 中国人民银行、中国银保监会、证监会、国家外汇管理局：《关于规范金融机构资产管理业务的指导意见》第二条，2018 年 4 月 27 日。

② 中国人民银行、中国银保监会、证监会、国家外汇管理局：《关于规范金融机构资产管理业务的指导意见》第八条，2018 年 4 月 27 日。

保护了投资者，避免从正规渠道获得不合规的资产管理产品，从源头上防控失信行为发生。

资管新规重视资产管理产品信息披露，为投资者及时了解相关信息、监督资管机构履职情况提供了机会。资管新规规定，金融机构应当向投资者主动、真实、准确、完整、及时披露资产管理产品募集信息、资金投向、杠杆水平、收益分配、托管安排、投资账户信息和主要投资风险等内容。这对信息披露的质量和内容给予了明确要求，方便投资者及时、准确地获取资产产品的相关信息，为做出理性决策提供了参考。同时，由于公募和私募资管产品在募集对象、投资范围和风险程度上存在差异，资管新规尊重这种既成事实，对公募产品的信息披露提出更高要求，对私募产品给予更灵活的空间，由产品合同来约定。

资管新规重视发挥资产管理市场中介机构的监督作用，打破刚性兑付，从源头减少失信行为。资管新规禁止刚性兑付行为，为了更有效地查处刚性兑付行为，新规要求，外部审计机构在对金融机构进行审计时，如果发现金融机构存在刚性兑付行为，应当及时报告金融管理部门。外部审计机构在审计过程中未能勤勉尽责，依法追究相应责任或依法依规给予行政处罚，并将相关信息纳入全国信用信息共享平台，建立联合惩戒机制①。

资管新规重视金融基础设施建设，推动资管市场相关信用信息的互通共享。建立资产管理产品统一报告制度，并将部分产品信息纳入金融信用信息基础数据库。资管新规要求建立资产管理产品统一报告制度，中国人民银行和金融监督管理部门加强资产管理产品的统计信息共享。金融机构应当将含债权投资的资产管理产品信息报送至金融信用信息基础数据库②。

2018年9月以来，在资管新规的总体框架下，银行理财、银行理财子公司、证券私募资管等行业细则发布实施，如表3所示，进一步明确各行业

---

① 中国人民银行、中国银保监会、证监会、国家外汇管理局：《关于规范金融机构资产管理业务的指导意见》第十九条，2018年4月27日。
② 中国人民银行、中国银保监会、证监会、国家外汇管理局：《关于规范金融机构资产管理业务的指导意见》第二十五条，2018年4月27日。

资管业务的监管要求，推动资管业务回归本源，这些监管要求都将资管机构的诚实信用放在重要位置，督促资管机构落实好受托义务。

表3　资管新规及其配置细则的出台情况

《关于规范金融机构资产管理业务的指导意见》	2018年4月27日
《关于进一步规范货币市场基金互联网销售、赎回相关服务的指导意见》	2018年6月1日
《关于进一步明确规范金融机构资产管理业务指导意见有关事项的通知》	2018年7月20日
《信托部关于加强管产管理业务过渡期内信托监管工作的通知》	2018年8月17日
《商业银行理财业务监督管理办法》	2018年9月26日
《证券期货经营机构私募资产管理业务管理办法》	2018年10月22日
《证券期货经营机构私募资产管理计划运作管理规定》	2018年10月22日
《证券公司大集合资产管理业务适用〈关于规范金融机构资产管理业务的指导意见〉操作指引》	2018年11月28日
《关于保险资产管理公司设立专项产品有关事项的通知》	2018年10月24日
《商业银行理财子公司管理办法》	2018年12月2日

3. 互联网资管业务规范取得明显进展

互联网极大地拓展了资产管理服务的边界，互联网资产管理业务的用户迅速增加。截至2019年6月，我国互联网理财用户规模达1.7亿人，占网民整体的19.9%，如图2所示。互联网资管业务发展对于推动普惠金融居功甚伟，但由于其并无实体网点等特征也导致监管困难，容易滋生违法违规

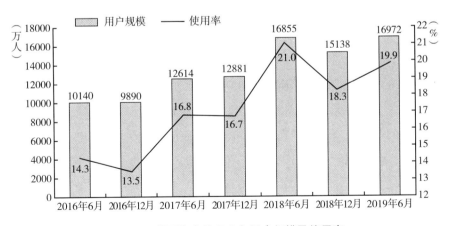

图2　互联网资产管理业务用户规模及使用率

资料来源：第44次《中国互联网发展状况统计调查》。

案件，大量不法分子游走于灰色地带，借助互联网金融创新的幌子，打着"资产管理""股权投资基金""财富管理"的旗号，堂而皇之地开展非法集资、庞氏骗局等非法金融活动，极大的侵害了投资人的利益。

2013 年底以来，互联网金融领域内的风险逐渐开始显露，违约事件频发，大规模出现互联网金融机构倒闭、"跑路"及资金周转困难等事件，其中隐藏的无照经营、违规投资、欺诈发行等问题也随之暴露。"e 租宝""阜兴系"等轰动一时的互联网资管违法违规案件，涉及的投资者众多，未能兑付金额达数百亿元，并导致了严重的社会群体事件，影响社会的安定繁荣。互联网资产管理作为新生业务，其发展之快、扩张之猛、问题之多，令监管机构猝不及防，产生监管真空。从 2015 年开始，互联网资管业开始进入清理整顿规范发展阶段，四年多来取得了明显的成效，该领域的失信违法行为增长势头得到遏制。

2015 年 7 月，中国人民银行、银监会、证监会等 10 部门联合印发《关于促进互联网金融健康发展的指导意见》，确立了互联网金融监管遵循"依法监管、适度监管、分类监管、协同监管、创新监管"的原则，明确了各类互联网金融活动对应的监管机构，制定了消费者权益保护和行业自律工作方案。此后，有关部门积极行动、及时出手，打击处置了一批违法经营金额大、涉及面广、社会危害大的互联网金融风险案件，得到社会各界的广泛好评。2016 年 4 月 12 日，国务院办公厅印发《互联网金融风险专项整治工作实施方案》，对互联网金融中存在的不当行为加大力度进行整治，对通过互联网开展资产管理及跨界从事金融业务提出严格准入要求，规定互联网企业未取得相关金融业务资质不得依托互联网开展相应业务，开展业务的实质应符合取得的业务资质，要求在 2016 年 11 月底前完成集中整治工作。

此后，《关于做好互联网开展资产管理及跨界从事金融业务风险专项整治清理整顿工作的通知》（整治办函〔2016〕96 号）、《通过互联网开展资产管理及跨界从事金融业务风险专项整治工作实施方案》（银发〔2016〕113 号）、《关于进一步做好互联网金融风险专项整治清理整顿工作的通知》（银发〔2017〕119 号）、《关于对互联网平台与各类交易场所合作从事违法违规业务开展清理整顿的通知》（整治办函〔2017〕64号）等制度相继出台，明确了互联网资管业务的合法合规标准和清理整顿要求。其间，大量的非法互联网资管机构被关闭或者进行业务整改。

2018年3月28日发布的《关于加大通过互联网开展资产管理业务整治力度及开展验收的通知》明确提出，通过互联网开展资管业务属于特许经营业务，未取得金融牌照不得从事互联网资管业务；未经许可，依托互联网以发行销售各类资产管理产品等方式公开募集资金的行为，应当明确为非法金融活动；未经许可，依托互联网发行销售资产管理产品的行为，须立即停止，存量业务应当最迟于2018年6月底前压缩至零[①]。各地互联网金融协会也纷纷发布配套规则，推动辖区内互联网资管业务的规范。2019年2月，中国证监会下发《公开募集证券投资基金销售机构监督管理办法（征求意见稿）》，明确基金销售业务边界和互联网信息技术服务机构的职责定位，禁止互联网流量导入、系统嵌套等变相涉足基金销售业务的行为。互联网理财市场从快速扩张转入提质升级的新发展阶段，信用环境显著改善。

4. 私募基金业的信用自律管理取得显著成效

与公募基金相比，私募基金的透明程度较低，信息披露有限，投资者也难以评价和监督私募管理人的投资业绩和合规行为。同时，私募基金的专业能力和信用水平参差不齐，监管法律法规和自律规则比较缺失，经常有私募机构虚构投资业绩，并频频发生失联问题，严重损害投资者利益。但私募基金发展迅猛，截至2019年底，中国证券投资基金业协会已登记私募基金管理人24471家，已备案私募基金81739只，资产规模13.7万亿元[②]。

根据私募基金不设行政许可、以自律管理为主的行业监管特点，中国证券投资基金业协会扎实推进私募基金登记备案和自律管理工作，不断完善行

---

① 互联网金融风险专项整治工作领导小组办公室：《关于加大通过互联网开展资产管理业务整治力度及开展验收的通知》，2018年3月28日。

② 中国证券投资基金业协会：《资产管理业务统计快报（2019年）》，2020年1月9日。

业自律规则，促进私募基金行业提升信用水平。2016 年起先后发布了《私募投资基金管理人内控指引》《私募投资基金信息披露管理办法》《进一步规范私募基金管理人登记若干事项的公告》《私募投资基金募集行为管理办法》《私募投资基金合同指引》等自律规则，全面覆盖登记备案、募集行为、投资顾问业务、信息披露、内部控制、合同指引、托管业务、外包业务、从业人员管理等方面。在此基础上，持续完善机构登记、产品备案、从业人员资格管理要求，建立异常报送公示、失联公示、投诉调解、自律检查执纪、信用信息报告等过程信用机制建设，初步形成了信用公示与社会监督、信用约束与自律处分、信用竞争与自主发展良性循环。

在现有自律规则之上，中国证券投资基金业协会逐步探索建立私募基金行业管理人会员信用信息管理体系，探索建立以私募基金管理人为核心的市场化信用约束机制，促进行业信用自我积累、管理和运用。2018 年 1 月，中国证券投资基金业协会发布《私募证券投资基金管理人会员信用信息报告工作规则（试行）》，启动私募基金管理人会员信用信息报告工作，从私募投资基金管理人的合规性、稳定度、专业度、透明度、投资风格等维度全面记录和展现会员信用水平（如表 4 所示），发挥信用记录和信用约束作用，为行业建立公允、透明的评价体系和评价机制提供便利条件，为相关金融机构建立白名单提供信用推荐和信用验证服务①。

表4　私募证券投资基金管理人会员信用信息报告指标

四大维度	序号	分项指标
合规性	1	近一年未按要求及时完成管理人及其私募基金信息更新的比例
	2	近一年管理人的事中监测情况
	3	近三年管理人及其从业人员受到自律处分的次数
	4	近三年管理人及其从业人员受到行政监管措施的次数
	5	近三年管理人及其从业人员受到行政处罚和市场禁入的次数

---

① 中国证券投资基金业协会：《关于发布〈私募证券投资基金管理人会员信用信息报告工作规则（试行）〉的通知》，2008 年 1 月 12 日。

四大维度	序号	分项指标
稳定度	6	管理人展业年限
	7	近一年平均管理基金规模
		近一年自主发行产品的平均规模
		近一年顾问管理产品的平均规模
		近一年管理的 FOF 产品平均规模
		近一年最大管理基金规模
		近一年自主发行产品的最大规模
		近一年顾问管理产品的最大规模
		近一年管理的 FOF 产品最大规模
		近一年最小管理基金规模
		近一年自主发行产品的最小规模
		近一年顾问管理产品的最小规模
		近一年管理的 FOF 产品最小规模
	8	近三年管理人实际控制人、控股股东及法定代表人/执行事务合伙人(委派代表)发生变更次数
	9	期内基金从业人员的离职率
专业度	10	有可追溯投资记录的基金经理总人数
	11	有可追溯投资记录的基金经理平均执业年限
	12	运行满三年及以上的私募基金规模
		运行满三年及以上的自主发行产品总规模
		运行满三年及以上的顾问管理产品总规模
		运行满三年及以上的 FOF 产品总规模
透明度	13	信息披露备份数据的完整性
	14	信息披露备份数据的及时性
	15	正在运作的私募基金托管比例

资料来源：中国证券投资基金业协会。

　　推进行业诚信建设，强化社会监督和市场机构间博弈，让信用记录良好的私募机构有机会脱颖而出，获得更大的发展空间，降低展业成本，以信用约束制度体系促进行业良性发展。截至 2019 年 6 月，中国证券投资基金业协会共计对外公示疑似失联机构 28 批 776 家，其中，303 家机构已被注销登记，208 家处于失联状态并对外公示。因信息披露问题被列入异常机构名

单并对外公示的私募基金管理人达 5829 家。对外公示 149 家不予登记机构所涉 120 家律师事务所、265 名律师；17 家律师事务所被列入不接受法律意见书名单，充分保护投资者权益①。

三 资管市场信用建设存在的主要问题

（一）违法违规现象屡禁不止，严重损害投资者利益

随着资产管理行业的蓬勃发展，违法违规案件也呈现多发态势，相关违法违规案件屡见不鲜，部分机构及从业人员合规意识缺失，诚信观念淡薄，背离受托责任，以牺牲投资者利益来谋求个人利益。投资行为是违法违规的重灾区，部分资产管理业务假借投资之名，行高息揽储、借新还旧、非法集资之实；部分名为股权投资，但通过强制回购、收益保证、兜底条款等抽屉协议安排成为"明股实债"；部分私募基金变相从事 P2P、股权众筹等类金融业务，沦为非法集资的主要通道；部分资产管理机构追求短期投机，更有甚者借助资管产品实施关联交易、股价操纵、内幕交易等违法行为，严重扰乱市场秩序。除了投资环节的问题外，部分机构在销售和资金托管中也失信违法，诸如将私募发行的资产管理产品层层分拆，通过线下集资或线上分拆向非特定公众销售；漠视投资者适当性管理制度的要求，向不具有风险识别能力的投资者推介产品；开展虚假宣传，夸大投资业绩，未充分揭示投资风险，误导投资者；未采取资金托管，随意提取转移资金，危害投资者资金安全。

以私募基金行业的情况，可以一窥资产管理机构的违法乱象。中国证券投资基金业协会 2018 年上半年对 453 家私募机构开展了专项检查，检查发现 139 家私募机构存在违法违规问题，占比达到 30.68%②，部分机构的违

① 中国证券投资基金业协会：《2019 年上半年工作总结及下半年工作计划》，2019 年 8 月 9 日。
② 《证监会通报 2018 年私募基金专项检查执法情况》，中国证监会网站，2018 年 10 月 12 日。

法情节相当严重。资管新规虽然已经实施，但是在巨大的利益面前，部分资管机构依然铤而走险，失信违规。

（二）通道业务处置任重道远，出现风险更难化解

在分业经营、分业监管的体制之下，不同资管机构之间通过相互借助牌照来完成原本不可能完成的业务，实现了监管套利。在通道业务中，通道机构作为名义上的资管机构仅收取微薄的通道管理费，而资金募集和投资管理均由借通道的机构来负责完成，其实质上对投资风险承担责任。资管新规禁止通道业务，但是一方面历史上有大量的通道业务需要时间化解；另一方面由于有利可图，资管机构发展通道业务的动力依然存在。2019 年 9 月，北京证监局处罚了中信信托违规为银行规避监管提供通道服务的行为。根据 BCG 测算，2018 年信托的通道业务规模占比超过 50%，券商资管的通道业务规模占比约 60%，基金子公司的通道业务规模占比仍接近约 80%，未来通道业务的处置压力依然巨大。

在通道业务没有发生风险的情况下，业务双方各得其所、相安无事；一旦通道业务发生风险，借通道的一方往往不愿意承当风险，通道机构被迫走上前台，二者的"抽屉协议"无法对抗第三人，导致双方反目，推诿扯皮，投资者利益受损。

（三）互联网资管风险持续暴露，后续处置压力巨大

互联网资产管理利用网络优势，通过所谓的高科技、高收益、金融创新等噱头吸引了众多投资者参与，领域内乱象丛生。部分 P2P 网络借贷打着高息的幌子，突破信息中介职能，违规开展资金池、发放贷款、自融自保等业务，虚构投资标的，夸大投资收益，其风险控制把关不严，产生了大量的不良资产，投资者亏损严重；股权众筹领域变相公开发行股票，非法经营证券业务屡见不鲜，明股实债、保本保息承诺误导投资者；部分互联网资管机构打着资产配置、高端理财的旗号无证开展资产管理业务；一些互联网资管机构通过广告提升影响，包装成"高大上"的形象，更容易误导普通投资者。

互联网资产管理领域的违法活动多样，且其缺少经营实体，经常虚构营业场所，业务又辐射全国，导致金融监管机构难以有效监管其活动。在平台数量较多的 P2P 领域，停业、跑路、提现困难和经侦介入的问题网贷平台数量仍在增长（见表 5），这意味着互联网资产管理领域的信用风险仍将保持高发态势。

表 5　问题网贷平台名单数量

时间	停业及问题平台数（个）	涉及出借人数（万人）	涉及贷款余额（亿元）
2014 年及之前	396	6.3	68.2
2015 年及之前	1686	27.1	167.5
2016 年及之前	3408	45.2	265.4
2017 年及之前	4133	57.4	331.9
2018 年及之前	5538	216	1771.8
2019 年 9 月及之前	5971	275.2	2143.1

注：涉及出借人数、涉及贷款余额数据统计仅包括跑路、提现困难、经侦介入、网站关闭、延期兑付 5 种类型。

资料来源：网贷之家，http://bbs.wdzj.com/thread-109128-180-1.html。

互联网资管平台的资金去向较为复杂，有的被平台控制人个人挥霍或者进行非法转移，有的被发放给数以万计信用不佳的个人或者企业。出现问题的平台数量多，处置难度大，通过清收、追缴等方式追回资金、完成兑付的压力不断累积，同时，投资者损失巨大，可能会加剧投资者的挤兑行为，导致部分规范的互联网资管平台遭遇挤兑问题。

（四）投资者不成熟，未能正确认识资产管理本质

国内资本市场的普通个人投资者金融知识比较缺乏，对于各类资产管理产品的风险收益特征认识不清，投资目标容易不切合实际。由于国内金融体系以银行为主导，存款又是普通居民财富管理的传统手段，投资者根深蒂固地认为投资至少要像存款一样保本和具有较高的流动性。例如，78.9% 的公募基金个人投资者将"获得比银行存款更高的收益"作为投资目的。由于资产管理产品合同相对复杂，在购买时，投资者对于合同的条款规定未必能

认真阅读，即使阅读也未必能够充分理解约定的真实含义。以公募基金为例，根据中国证券投资基金业协会完成的投资者调查，43.3%的投资者在购买基金前不会阅读招募说明书，其中15.2%的投资者因为看不懂而不读，28.1%因为内容太多、不知道看什么内容而不读；28.8%的投资者有时候会看，但不知道看什么内容（见图3）。

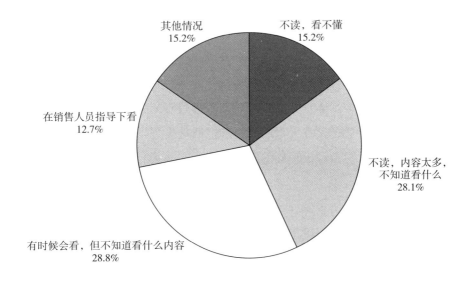

图3　个人基金投资者购买基金前阅读招募说明书情况

资料来源：中国证券投资基金业协会。

事前的不了解，导致事后的不理智、不接受。在投资发生亏损或者提前赎回面临本金损失时，投资者往往处于非理性状态，通过投诉、上访、网络评论的方式怒斥资管机构。另外，在银行作为资产管理产品销售主要渠道的情况下，投资者如果不能正确理解银行代销资产管理产品与存款业务的主要区别，则会误解银行为真正的受托人，将风险管理的任务转嫁到银行身上，希望获得较高的投资收益，却拒绝承担投资风险。在出现风险事件时，投资者将作为销售渠道的银行推上前台，试图通过施压银行来控制损失，从而造成不必要的社会问题。

（五）舆论宣传夸大其词，社会形象亟待提高

随着微博、微信、快手、抖音等新媒体/自媒体的兴起，传统新闻媒体的地位有所下降，大量的新闻信息被碎片化。在传播中为了吸引"眼球"，一些新媒体/自媒体会采用断章取义、夸大其词等方式编辑新闻，而在网络自动推送的机制下，以偏概全、错误理解的信息又会被进一步放大，从而误导社会公众的认知。比如，个别财经类自媒体，过度宣传明星投资经理的传奇经历，片面宣传投资业绩，忽视投资者风险，或者夸大投资优势，以个别资管产品的表现代替整体；又如在私募行业，一些私募股权、创业投资基金管理人乐于利用新闻媒体对其投资成功案例进行曝光，却很少提及少数高额回报投资项目的背后还存在大量的亏损和低回报投资项目。这就会导致投资者面临信息误导，很难做出正确的投资决策，在购买后出现亏损时，就容易做出极端行为。

由于市场准入门槛较低，各类打着财富管理、投资管理、资产管理、股权投资等幌子的资产管理机构众多，相当大一部分资管机构违法违规开展金融业务，由于市场上泥沙俱下，不良资管机构的行为会被无限放大，影响社会公众对遵纪守法资管机构的评价。同时，资管机构由于与资金打交道，以投资创造财富，容易被视为"野蛮人"，一些舆论也夸大了部分机构抱团取暖、纸醉金迷等形象，容易导致社会公众对行业的理解产生偏差，片面得出"暴利行业"的印象，影响资管行业的信用建设和发展。

四 制约资产管理业信用建设的主要因素

（一）分业监管增加复杂性，加剧信息不对称

监管体系不仅直接决定了资产管理业的发展脉络和竞争态势，也从根本上决定了资产管理业的信用建设水平和趋向。中国资产管理业目前依然处在以机构监管为主、向功能监管体制转型过程中，不同资产管理机构对应不同

的监管机构，监管机构除了承担市场准入、业务监管的职责外，还有培育市场和机构的强烈愿望，希望壮大监管机构的市场影响力和话语权。在这种监管格局下，不同机构开展相同或类似资产管理业务沿用不同的名称，适用不同的规则，监管真空与监管重叠并存，增加了监管的复杂性[①]。事实上，虽然银行、信托、证券、基金、期货、保险资管等机构的资产管理产品名称不同，但多数产品的投资收益风险特征和提供的资产管理服务雷同。面对纷繁复杂的产品现状，大多数个人投资者并不具备专业知识和投资经验，难以清晰分辨每一类资管产品的实质，更无法分辨其风险收益特征，增加了信息不对称程度。虽然资管新规提出"同一类型的资产管理产品适用同一监管标准"，但只要存在分业监管，各类机构之间存在监管差异，监管套利就会存在。同时，缺少统一的功能监管，也会导致资管市场信用体系建设顶层设计的割裂，导致"信息孤岛"的存在。

（二）资管机构受托履职不到位，不重视客户利益保护

资产管理机构的受托义务要求其将自身利益置于投资人利益之下，一切与基金财产相关的决策都要从维护投资人利益出发。但国内一些资管机构的受托履职不到位。一方面，投资能力较低，"受人之托"却不具备相应的能力，导致提供的资产管理服务并不合格，使得投资者虽付费收益却达不到预期，更不用说"物有所值"，也有受托人背离受托责任，大量发展通道业务，甚至将客户的资产视为"提款机"，为集团内融资业务"输血"；另一方面，资管机构将其利益置于客户利益之上，在管理费收取、产品推荐等环节，以销售为导向而非以客户利益为导向，使得资管机构赚钱而非投资者赚钱，导致资产管理业陷入"资管机构赚钱、投资者亏钱"的怪圈。例如，公募基金行业盛行的以前端收费加尾随佣金为代表的销售费率机制，以及通过发行新产品、打造爆款基金等方式扩大资产管理规模，却忽视存量基金的投资管理，导致基金公司普遍重视规模而轻视业绩，损害投资者的长期利益。

---

① 段国圣、段胜辉：《资产管理市场的基础和架构》，《中国金融》2018 年 8 月。

（三）投资文化缺失，不能形成正确的价值观

资产管理机构和委托人的投资文化缺失导致投资行为变形。资产管理机构是人力资本密集型服务行业，资产管理要求从业人员恪尽职守、诚实勤勉、为投资者负责，不仅要专业过硬，更要道德过硬。目前，资管行业的从业人员年轻化，平均年龄不足 35 岁，销售、研究等岗位的人员平均年龄更小，总体从业经验不足，大量从业人员没有经历过资本市场牛熊周期的转换，投资实践经验缺乏，风险控制意识薄弱。部分人员利己主义、拜金主义击溃专业道德要求，部分机构和从业人员为一己之私，敢与监管者虚与委蛇，敢与投资者言行不一，甚至弄虚作假，欺诈行骗，严重破坏资产管理业风气①。在投资中，部分机构和个人目光短浅，热衷于内幕交易、关联交易等，也有些管理机构偏离投资名称和资金募集说明书，导致投资策略名不副实，投资的随意性较强。同时，委托人的投资文化缺失，不能正确认识风险与收益之间的关系，在投资操作中短期主义盛行，操作频繁，追涨杀跌，助长助跌，出现投资亏损时不能正视投资结果，投资行为与投资的风险承受能力不符。

（四）信息披露程度较低，难以做出理性判断

除公募基金外，大量的资产管理产品是私募产品，其投资运作信息并不公开，信息披露程度较低，也影响到投资者对资产管理产品的投资风格、业绩归因、风险管理等特征的认识。在投资管理实践中，资管机构对于部分资产管理产品的管理并未单独建账，而是采用资金池的运作模式，资产管理产品的收益率并不能反映其投资的真实结果，对投资者的利益产生了损害，但投资者也难以判别。为了扩大规模，部分资管机构不惜通过选择性披露投资成功案例、回避投资亏损项目、选择有利于自身的排名统计等方式夸大投资

---

① 中国证券投资基金业协会：《2019 年上半年工作总结及下半年工作计划》，2019 年 8 月 9 日。

业绩，误导投资者；也有部分机构滥用优秀投资经理的名义，采用一拖多、冠名管理等方式扩大募集产品规模，但实际投资经理另有他人；等等。由于投资者处于信息劣势，其很难做出理性判断，被误导十分常见。

（五）资本市场风险巨大，难以持续创造价值

资产管理机构只有持续为委托人创造收益，才能得到投资者的信赖，不断提升资金的信用评价。但即使作为专业的投资者，资产管理机构创造收益的程度也取决于资本市场的运行状况。资本市场风险大、波动性强，导致难以持续创造价值。股票市场中，长期以来牛短熊长，个股的增长分化更是天壤之别；债券市场中，资管机构通过拉长资产久期，降低固收投资资产信用评级，加大杠杆额度以获得期限利差、信用利差和套息收益，追逐投资收益，而频频发生的信用风险则导致投资受损；资产管理市场上，大多是以固定收益类资产作为主要投资标的产品，银行理财、公募基金、信托计划等均是如此，信用风险事件发生让各类投资产品出现损失，殃及投资者。市场风险的短期快速集中爆发不仅让通道业务、债券代持等行业潜规则难以为继，也让投资者最终受损严重。

五 完善资管市场信用建设的政策建议

（一）构建统一协调的监管体系，加强投资者保护

尽管各类机构的资产管理业务领域和发展重点存在差异，但资产管理产品和服务实质存在较多相似之处，其替代性也较强。这就意味着资产管理业更适合功能导向为主的监管架构。从美欧发达资产管理市场的实践来看，资产管理业的监管体系无论是采用单一监管体系还是双峰模式、多头协调，本质上都是对资产管理业进行功能监管，对同类型的资产管理业务在产品结构、风险管理、业务行为、信息披露等方面适用同一标准，减少监管套利，鼓励公平竞争。监管体系普遍重视投资者利益保护，对资产管理机构的行为

实施强有力的监管，如强化信息披露、注重市场监督、防范利益冲突等，旨在引导资产管理机构切实履行受托责任，为投资者创造价值。因此，要落实全国金融工作会议精神，按照资管新规的监管原则，完善机构监管与功能监管相结合的监管体系，更加注重功能监管和行为监管，营造公平竞争环境，保护投资者利益[①]。同时，加强中央与地方金融监管协作，实现对各类资产管理活动的监管全覆盖。持续提升金融监管的技术水平，利用互联网、大数据提高金融监管效率。

（二）加强投资者教育，建立投资者适当性管理制度

资产管理市场信用体系建立的重要前提是拥有成熟的委托人，即投资者。资管机构作为受托人开展专业的投资管理，其投资结果由委托人直接承担，"卖者尽责，买者自负"。在这种情况下，投资者必须具有一定的金融知识，了解自身的风险偏好，知晓投资产品的风险收益特征，根据风险承受能力选择合适的产品。"市场有风险，投资需谨慎"，投资者在投资前就有心理准备，才有可能在事后避免过激行为。金融监管部门、资管机构、行业协会等要加强金融知识宣传教育，不断提高社会公众的投资理财知识素养，增进对资产管理产品的了解，通过"以案说法""现身说法"等方式，以"e租宝""泛亚事件"等给投资者造成重大损失的大案要案为例，提高投资者风险甄别能力和防范意识。要加快建立投资者适当性制度，通过调查问卷、深度访问等手段，了解消费者的风险偏好，评估其风险认知和风险承受能力，对不同的投资者实行分级动态管理，确定不同资产管理产品的销售对象要求，将合适的资产管理产品和服务提供给适当的金融消费者。

（三）加强信息披露，提升资产管理业透明度

资产管理活动具有高度的专业性，其信息披露程度的提高有助于监管机构和客户对管理人的了解。从客户的角度出发，加大投资管理、公司治理、

---

① 段国圣、段胜辉：《资产管理市场的基础和架构》，《中国金融》2018 年 8 月。

运营结算、风险控制等信息的披露，便于投资者增加对资管机构和资产管理产品的了解，有助于科学评价投资管理人，减少信息不对称产生的逆向选择，这对于培养理性的投资者也有重要意义。加强信息披露，打造统一信息公示系统、规范信息披露行为，提高信息披露的有效性和透明度，强化社会监督，提升行业信用监控水平。

（四）提升资管机构能力，落实受托基本义务

中国资产管理产品众多，优秀的资产管理机构和投资经理稀缺，能够持续创造优秀投资业绩的机构和投资经理更为稀缺。资产管理机构的投资能力建设是立足之基，必须重视主动投资能力建设，发掘优质资产，为客户创造超额收益。监管机构要引导资管机构提升主动投资能力、风险管控能力和资产负债管理能力，为投资者提供多元化、差异化的投资产品，满足不同投资目标。同时，资产管理机构要不忘初心，始终将客户利益放在首位，在投资、销售、客服等各个环节落实到位。督促资产管理机构及从业人员塑造成熟稳健的机构投资者文化，重视长期投资、价值投资、逆向投资。

（五）加大违法行为打击力度，净化资产管理市场环境

完善资产管理市场的法律法规体系，做到开展资产管理业务有法可依，有章可循；健全资产管理行业的自律规则，为资产管理机构合法合规开展业务提供指引，防范操作风险；加大对失信违法行为的打击力度，增加失信违法成本，约束资产管理机构的行为。对资产管理市场的各种乱象零容忍，通过严格执法、奖优惩劣来实现各类资管机构的分离发展。树立资产管理市场正确的价值观，公允客观地宣传投资业绩，塑造资产管理业勤勉尽责、诚实信用的市场形象。坚定不移推进从业人员管理和专业道德培养工作，营造风清气正服务文化。通过在行业内发布文化建设倡议书、研究制定行业道德准则、完善职业道德自律体系，加强从业人员职业道德培训，强化忠实于投资者利益的价值取向。

六　展望

中国资产管理业经历短期快速的发展之后，市场环境和监管环境已经出现了很大改变，资管机构之间的竞争已经从混沌期进入分化期，回归资产管理本质、为投资者创造价值成为各类资管机构的新任务和目标。资产管理业高度依赖信用，信用是资管机构成功的通行证。随着资管新规及其配套细则的实施，刚性兑付被打破，通道业务得以压缩，资金池业务被禁止，行业透明度得以提升，监管套利减少，投资者权益保护力度加大，中国资产管理市场的信用状况将持续改善。在经济下行压力加大的背景下，防范和化解资本市场的信用风险与市场风险，有助于提升资管机构的信用状况。伴随着机构投资者的发展壮大和资产管理国际化程度提升，中国资产管理机构和投资者的行为将日趋理性，为资产管理市场信用体系建设提供更好的基础。中国资产管理市场空间巨大，具有优秀投资能力、良好信用口碑的投资机构将脱颖而出，代表中国资管机构走上世界的舞台。

参考文献

［1］波士顿咨询、中国光大银行：《中国资产管理市场（2018）》，2019年9月。

［2］中国证券投资基金业协会：《中国证券投资基金业年报（2016）》，中国财政经济出版社，2017。

［3］中国证券投资基金业协会：《私募证券投资基金管理人会员信用信息报告工作规则（试行）》起草说明，2018年1月。

［4］洪磊：《优化私募基金治理，激发创新投资获利》，中国证券投资基金业协会网站，2019年9月25日。

［5］胡家夫：《发挥私募基金专业力量，推动创新资本形成》，中国证券投资基金业协会网站，2019年9月23日。

［6］陈春艳：《在2019年第二届中小投资者服务论坛上的讲话》，中国证券投资基金业协会网站，2019年9月7日。

［7］中国互联网络信息中心：《第44次中国互联网络发展状况统计报告》，2019年8月。

B.10
中国资本市场信用状况与展望

段胜辉[*]

摘　要：　资本市场是典型的信息市场、信用市场和信心市场。近年来，中国资本市场快速发展，股票市场、债券市场规模均已居全球第二位。资本市场信用体系建设取得显著进展，资本市场诚信法律制度体系初步建立，建设了资本市场诚信数据库，守信激励和失信惩戒机制已经形成，在科创板打造了信用建设样本。当前资本市场信用体系建设存在的问题主要是债券市场违约高发，股票市场股权质押风险突出，融资主体的行为不合规，投资者失信行为较为普遍，资本市场中介机构履职不到位。影响资本市场信用建设的主要因素涉及融资主体价值观、监管机构的执法力度及投资者保护机制不完善等。建议科学定位资本市场参与者角色，提升失信违法成本，加强信息披露机制建设，提高监管效率，健全投资利益保护机制，从而推动资本市场信用建设。

关键词：　资本市场　融资主体　中介机构　投资者保护

　　资本市场是国民经济的"晴雨表"，联通千行百业，牵系千家万户，资本市场的稳定健康发展对于金融风险防控和经济高质量发展具有十分重要的

　＊　段胜辉，北京大学经济学博士，高级经济师，现任北京大学中国信用研究中心研究员、泰康资产管理有限责任公司战略研究总监。

意义①。近30年来，中国资本市场实现了跨越式发展，市场的规范化、法治化、国际化程度持续提升，但发展时间相对较短，总体上发展还不成熟，一些深层次的结构性体制机制问题还没有得到有效解决，市场中的失信违法行为依然高发。因此，应科学评估中国资本市场信用建设状况，识别影响信用建设的关键因素，推动资本市场健康发展。需要指出的是，本报告中所指的资本市场主要是证券市场。

一　中国资本市场发展情况

（一）资本市场快速发展，规模全球居前

伴随着中国经济高歌猛进，中国资本市场快速发展，目前股票市场和债券市场规模均已居全球第二位，仅次于美国。

股票市场上市公司数量迅速增加，但总市值占国内生产总值的比例提升并不明显。根据中国证监会统计，截至2018年底，沪深两市上市公司3584家，较2010年增加1521家，增幅为73.7%；较2000年增加2496家，增幅为229.4%；沪深两市总市值43.5万亿元，流通市值35.38万亿元，流通市值占总市值的81.34%，由于股票市场的年度涨跌不一，总市值总体呈增长态势，但年度间的波动较大。2018年，沪深两市总市值居全球第二位，仅次于美国，总市值占2018年国内生产总值的48.32%，这一比例总体呈波动态势，除2007年达到131%外，其他年份均低于80%，2018年末该比例与2000年大致相当，但低于2010年的67%（见图1）。

债券市场规模持续扩大，债券市场余额占国内生产总值比例持续提升。截至2018年底，根据Wind资讯的数据，债券市场托管余额为85.75万亿元，其中，地方政府债4062只，余额18.07万亿元；国债282只，余额

---

① 易会满：《努力建设规范透明开放有活力有韧性的资本市场》，《人民日报》2019年9月11日，第16版。

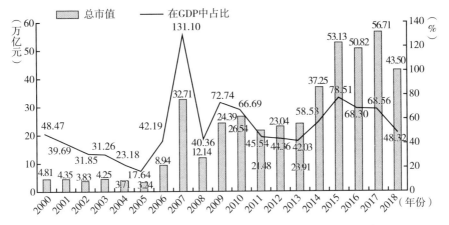

图1　中国股票市场总市值与 GDP 比值变化（2000～2018 年）

资料来源：国家统计局、中国证监会。

14.88 万亿元；政策性银行债 338 只，余额 14.38 万亿元；同业存单 14349 只，余额 9.88 万亿元。中国债券的总市值居全球第二位，仅次于美国。中国债券余额占国内生产总值的比例 2018 年为 95.25%，较 2000 年、2010 年的 26.43%、41.07% 有显著提升（见图2）。

（二）市场参与者众多，机构投资者规模扩张

资本市场的参与者众多，但主要是筹资者、投资者和券商及中介机构。在资本市场快速发展过程中，资本市场的参与主体不断增加。当前，资本市场的筹资者包括政府机构、金融企业和非金融企业等，投资者包括机构投资者和个人投资者，券商及中介机构包括证券公司、评级机构、会计师事务所、律师事务所等。截至 2018 年底，全国共有证券公司 131 家，期货公司 149 家，公募基金管理公司 120 家（其中 79 家设立专户子公司），在中国证券投资基金业协会已登记私募基金管理人 24448 家，共有 84 家证券投资咨询机构，具备证券资格会计师事务所 40 家（分所 657 家），69 家证券资格资产评估机构，全国共有 11 家证券评级机构①。

---

① 中国证监会编著《中国证券监督管理委员会年报（2018）》，中国财政经济出版社，2019。

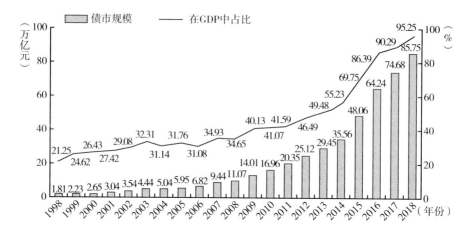

图2 中国债券市场余额与GDP比值变化（1998～2018年）

资料来源：Wind资讯。

资本市场是一个多元共生的生态系统，投资者是维系整个生态运行的基石，具有不可替代的地位和作用。成熟市场的经验表明，资本市场的持续健康发展与投资者的成长成熟紧密相关。投资者群体的理念、行为、结构，很大程度上决定着资本市场的整体发展水平①。与个人投资者相比，机构投资者在资本市场中发挥着重要作用。长期以来，中国资本市场深受个人投资者占比较高的困扰，但近年来机构投资者不断发展壮大，对资本市场的影响越来越大。公募、私募、保险、信托、理财、养老金等各类机构投资者管理的资金规模均有大幅提升，在资本市场的发展中起到了压舱石的作用。这一方面可以改变以个人为主的投资者结构，有利于形成长期投资、价值投资、逆向投资的市场氛围；另一方面可以提高市场内长期资金占比，提升储蓄向投资的转换效率。

（三）开放步伐不断加快，国际化程度日益提升

改革开放是新时代中国资本市场发展的必由之路。近年来，中国在新的

---

① 阎庆民：《强化责任担当　发挥各方合力努力构建资本市场投资者保护新格局》，中国证监会网站，2019年5月5日。

起点上全面加快资本市场改革步伐，推进高水平对外开放，将对外开放作为促改革、促发展、促风险防范的重要抓手。自国家主席习近平在博鳌亚洲论坛2018年年会上宣布一系列扩大对外开放政策以来，资本市场对外开放取得重要进展。

在金融机构准入方面，证券、基金、期货、人身险公司的外资持股比例上限由49%放宽至51%，2020年取消对上述金融领域的外资股比限制，业务范围实行国民待遇，外资金融机构从参股、控股到完全持股，外资加速布局中国金融市场；外资背景的信用评级公司通过在华设立子公司开展证券评级业务；放宽外资银行在华从事证券投资基金托管业务的准入限制；多家国际知名财富管理机构登记成为外商独资私募基金管理人。

在股票市场开放方面，沪深港通每日额度大幅提升，沪伦通于2019年6月17日正式启动，中日ETF互通产品正陆续落地，大幅提升QFII、RQFII总额度，A股相继加入MSCI、富时罗素和标普道琼斯指数并不断提高纳入比例，境外机构投资者持续增加对A股的配置。

在债券市场方面，银行间债券市场不断拓宽投资渠道、简化市场准入程序等，通过债券通等方式积极吸引境外机构投资者参与，取得非常明显的成效；中国证监会也正在研究扩大交易所债券市场对外开放，拓展境外机构投资者进入交易所债券市场的渠道；富时罗素WGBI、彭博巴克莱BBGA以及摩根大通GBI-EM GD三大全球债券指数相继纳入在岸人民币债券，为境外投资者配置中国债券资产提供了机会。

（四）资本市场重要性提升

长期以来，中国的融资体系是由以银行为核心的间接融资体系主导的，资本市场发挥的作用有限，时至今日，信贷在融资结构中占比80%以上，股权融资不超过10%。一方面导致多数企业缺少股权资本，企业的杠杆率居高不下；另一方面也导致融资链条长，融资难、融资贵的问题屡见不鲜。在这种情况下，大力发展资本市场，拓展直接融资体系成为大势所趋。

2017年7月召开的全国金融工作会议上，习近平总书记强调，要把发

展直接融资放在重要位置，形成融资功能完备、基础制度扎实、市场监管有效、投资者合法权益得到有效保护的多层次资本市场体系。2018 年中央经济工作会议指出，资本市场在金融运行中具有牵一发而动全身的作用，要通过深化改革，打造一个规范、透明、开放、有活力、有韧性的资本市场。这表明资本市场的作用受到高度重视，同时也指明了资本市场的发展方向。

大力发展直接融资体系对于宏观经济降杠杆、缓解小微企业融资难、融资贵具有重要意义。直接融资主要依靠资本市场来完成，发展资本市场，提高直接融资占比，已经成为共识。国务院副总理刘鹤在 2019 年 6 月 13 日出席第 11 届陆家嘴论坛时指出，中国进入高质量发展阶段，金融结构与金融能力要与之相适应，中国正在加快推进金融供给侧改革，大力发展直接金融，特别是提高直接融资比重，同时调整现存的间接金融结构，从而提高金融体系整体的适应性、竞争力、普惠性；要不断提升资本市场的广度、深度、流动性、稳定性，发挥好资本市场的价格发现、资源配置、风险管控、财务管理等基础性功能，使之真正成为国民经济运行的"晴雨表"①。中国银保监会主席郭树清指出，金融管理部门和行业企业形成高度共识，一定要齐心协力，大力发展资本市场，彻底改变直接融资与间接融资"一条腿短、一条腿长"的不平衡格局②。

二　资本市场信用体系建设取得的成绩

资本市场是典型的信息市场、信用市场和信心市场。信用在资本市场中具有核心作用，必须加强信用体系建设，坚决打击各种违背信用的行为，维护资本市场发展的基石③。资本市场信用体系是金融领域信用建设的重要内容。《社会信用体系建设规划纲要（2014—2020 年）》中，金融领域信用建设要加大对金融欺诈、内幕交易、虚假信息、非法集资等金融失信行为的惩

---

① 刘鹤：《在第十一届陆家嘴论坛上的讲话》，《21 世纪经济报道》2019 年 6 月 13 日。
② 郭树清：《第十一届陆家嘴论坛开幕致辞》，《21 世纪经济报道》2019 年 6 月 13 日。
③ 刘鹤：《在第十一届陆家嘴论坛上的讲话》，《21 世纪经济报道》2019 年 6 月 13 日。

戒力度，规范金融市场秩序。资本市场作为金融领域的重中之重，始终重视信用体系建设，在持之以恒的努力下取得了诸多进展。

（一）明确顶层设计框架，形成较为健全的法律法规体系

资本市场信用体系建设离不开顶层设计，监管机构通过制定路线图来明确资本市场信用体系建设路径。2006 年中国证监会就制定了《中国证券期货市场诚信建设实施纲要》，提出建立比较完备的诚信法规体系，形成以诚信行为准则、诚信监督、失信惩戒为核心的诚信管理制度体系。2016 年，中国证监会结合资本市场诚信建设工作总体安排印发了《资本市场诚信建设实施意见（2016—2020 年)》，对未来一段时期内资本市场诚信建设的重点工作任务做了安排部署，包括健全资本市场诚信法律制度体系、完善资本市场诚信数据库、健全资本市场守信激励和失信惩戒机制、加强资本市场诚信宣传教育和诚信文化建设以及推进资本市场监管政务诚信建设。

法律是诚信建设的基础和保障。近年来，中国证监会积极配合推动国家立法机关、司法机关，建立了以《证券法》、《证券投资基金法》、《刑法》及其修正案、《期货交易管理条例》等法律法规和相关司法解释为核心的证券期货法律体系，夯实市场诚信建设的法律基础。上述法律法规在确立诚实信用的法律原则的基础上，进一步完善市场准入的诚信条件，健全参与市场活动的诚信义务要求，完善违背诚信要求的法律责任。

监管机构重视制定和完善资本市场信用体系建设相关的法规。2012 年颁布实施、2014 年修订的《证券期货市场诚信监督管理暂行办法》（证监会令 106 号）是资本市场首部专门关于诚信监管的法规，通过构建诚信信息的界定与归集、诚信信息的公开与查询、失信约束和守信激励等一系列制度机制，强化了对市场主体及其行为的诚信约束，提升了全市场、全行业的诚信意识，为推进资本市场诚信建设发挥了重要作用，也为推动社会和市场信用体系建设做了有效探索。结合社会信用体系建设的新进展和资本市场新发展，中国证监会 2018 年在修订上述暂行办法的基础上形成了《证券期货市场诚信监督管理办法》，扩充诚信信息覆盖的主体范围，将投资者和场外市

场相关参与主体纳入；扩充诚信信息的内容覆盖面，将统一社会信用代码作为基础信息统筹基础，纳入行业组织的诚信评估结果和监管机构的处罚信息及其他违约失信信息；实施主要市场主体诚信积分管理制度，建立市场准入的诚信承诺制度，完善守信的激励引导机制，建立行政许可"绿色通道"制度，强化事后监管环节的诚信约束要求，加大对违法失信行为惩戒约束力度；强化市场交易活动中的诚信约束，建立重大违法失信信息公示制度。

（二）形成统一的诚信数据库，建设查询平台并进行专项公示

诚信信息系统建设是资本市场诚信建设的基础性工作，也是落实"健全社会成员信用记录是社会信用体系建设的基本要求"的重要举措。中国证监会建立全国统一的证券期货市场诚信档案数据库，记录证券期货市场诚信信息，对参与资本市场活动的主体实施诚信约束，激励与引导守信行为。2006年，中国证监会着手建立诚信档案制度，在此基础上建立证券期货市场诚信信息服务系统；2008年底建成了统一的"诚信档案"平台；2011年升级建设"诚信数据库"，2014年又升级建成并启动运行了内容更全面、标准更统一、功能更强大的"资本市场诚信数据库"。截至2018年底，"资本市场诚信数据库"累计收录市场主体信息99.6万余条，覆盖上市公司、非上市公众公司、证券期货经营机构、证券期货服务机构、境外证券类机构和交易所驻华代表处、私募基金管理人等相关机构和人员；累计收录诚信信息42.9万余条，包括执法类信息、行政许可审批信息、监管关注信息、公开承诺信息、正面诚信信息和其他信息①。

为加强社会公众对资本市场参与主体的诚信监督，进一步建立健全资本市场诚信体系和诚信激励约束机制，证监会建立了证券期货市场失信记录查询平台，并从2014年12月26日起正式启动运行。社会公众可通过登陆设在证监会互联网站的该平台，查询到市场参与主体在有效期内被行政处罚、市场禁入、纪律处分等失信信息。市场主体对诚信状况的关注大幅提升，

---

① 《证监会通报2018年证券期货市场诚信情况》，中国证监会官网，2019年5月10日。

2018 年，各类市场主体向各派出机构申请实地查询诚信报告 2687 次，较上年增长了 23.7%；社会公众通过证监会官网"市场诚信信息查询平台"栏目公开查询 435.7 万次，较上年增长 43.3%[①]。

2018 年 7 月 1 日，证监会修订后的《证券期货市场诚信监督管理办法》确立了证券期货市场严重违法失信主体专项公示制度，向社会公开行政处罚、市场禁入、证券期货犯罪、拒不配合监督检查或调查、拒不执行生效处罚决定及严重侵害投资者合法权益、市场反应强烈的其他违法失信信息。首批公示的严重失信主体共 629 个，其中人员 563 名、机构 66 家。在此基础上，以后公示主体信息将按月不断更新。开展证券期货市场严重违法失信主体专项公示有助于震慑违法失信主体，增加失信成本，使人们不敢失信、不能失信；有利于引导各类主体依法诚信经营，保持良好的信用记录，增进各类主体的诚信意识。

（三）推进信用信息共享，构建诚信联合奖惩机制

在证券期货市场诚信档案数据库的基础上，中国证监会通过与其他部委、地方政府、司法机关、行业组织、境外证券期货监管机构建立诚信监管合作机制，实施诚信信息共享，推动健全社会信用体系。在较早实现联网共享中国人民银行征信系统的基础上，2014 年实现与最高人民法院的被执行人信用信息共享，双方联合发布了《关于加强信用信息共享及司法协助机制建设的通知》，全国法院执行案件信息管理系统通过资本市场诚信数据库供证券期货监管系统共享使用。此外，与国家税务总局联合签署《重大税收违法案件当事人实施联合惩戒措施的合作备忘录》，将重大税收违法案件信息供证券期货监管系统共享使用。通过信息共享，"资本市场诚信数据库"收录了外部委交换信息 1285 万余条，涵盖司法、税务、海关、安监、市场监管等社会经济主要领域[②]。

---

① 《证监会通报 2018 年证券期货市场诚信情况》，中国证监会官网，2019 年 5 月 10 日。
② 《证监会通报 2018 年证券期货市场诚信情况》，中国证监会官网，2019 年 5 月 10 日。

开展跨部门信息共享与联合奖惩，充分运用诚信约束手段，让违法失信者处处受限，引导资本市场各类主体诚信守法。在国家部委层面，2015 年，中国证监会联合 21 家部委签署《关于对违法失信上市公司相关责任主体实施联合惩戒的合作备忘录》，针对违法失信的上市公司及相关机构和人员实施联合惩戒。截至 2018 年末，中国证监会累计已向全国信用信息共享平台推送违法失信信息 10530 条，包含行政处罚信息 4091 条、市场禁入信息 469 条、纪律处分信息 5970 条，供国家发展改革委、中国人民银行、财政部、海关总署、市场监管总局等近二十个部门，在行政许可、日常监管等工作中参考使用。2018 年，证监会参与签署针对政府采购、科研、公共资源交易、出入境检验检疫、知识产权、社会保险、文化、医疗、旅游等 21 个领域失信行为的部际联合惩戒备忘录及针对交通运输工程建设领域守信行为的联合激励备忘录，并与市场监管总局、民航局分别签署专项合作协议，对严重违法失信企业专门加强信息交流和联合惩戒。联合民航局、铁路总公司，限制逾期不履行公开承诺的上市公司相关责任主体、不缴纳证券期货行政罚没款的当事人乘坐民用航空器和火车高级别席位。截至 2018 年底，证监会累计参与签署诚信联合奖惩备忘录 50 份。在地方层面，2018 年，多个省区市发改委、国税、海关、人社、银行等部门，针对 13 家被采取行政处罚措施的上市公司，在政府采购、补贴性资金支持、银行授信、海关认证、评优评先等多个领域依法采取 54 项限制性措施，让违法者付出沉重代价，实现了违法失信高成本与社会治理高效率的有机统一①。

中国证监会建立主要市场主体的诚信积分制度，实行诚信分类监督管理，奖优惩劣。中国证监会及其派出机构审查行政许可申请时，查阅申请人以及申请事项所涉及的有关当事人的诚信档案，对其诚信状况进行审查，对于信用状况良好的机构可以暂缓或不予审查。2018 年证监会行政许可审核中，对存在不良记录要求核实说明的 123 起，责令更换不良记录人选的 11 起，做出不予许可决定的 2 起，许可申请人因此主动撤回申请的 5 起。对多

---

① 《资本市场诚信监管协同机制进一步强化》，中国证监会官网，2019 年 1 月 26 日。

家存在失信记录的企业做出差异化的现场检查安排，对多名存在违法失信记录的违法当事人加重处罚甚至顶格处罚①。证券期货市场行业组织在履行登记、备案、注册、会员批准等工作职责时，查阅申请人的诚信档案。以社会信用体系建设为重要依托，以失信联合惩戒与守信联合激励为核心内容，以重点领域精准奖惩为重要手段的资本市场诚信监管协同机制已基本建成，在提升监管有效性和市场诚信水平方面发挥了越来越重要的作用。

（四）打造科创板引领示范样板，推动资本市场制度变革

习近平总书记2018年11月5日在上海举行的首届中国进出口博览会上郑重宣布，在上海证券交易所设立科创板并试点注册制。科创板建设的关键是要有透明的法制环境、良好的信用基础、运作规范且发展前景良好的上市公司、合格的投资者。2019年6月13日科创板顺利开板，7月22日首批科创板公司上市。设立科创板并试点注册制肩负着引领经济发展向创新驱动转型的使命，也承载着资本市场基础制度改革的初心。监管机构希望充分借鉴国际最佳实践，发挥科创板的试验田作用，总结可复制可推广的经验，加快关键制度创新，推动资本市场全面深化改革和健康发展②。在科创板筹备及推出过程中，监管机构对相关的市场参与者均寄予了厚望：科创板公司要完善公司治理，真实、准确、完整地披露信息，严守"四条底线"；保荐机构、会计师事务所、律师事务所等中介机构切实提升执业质量，恪尽职守，勤勉尽责，当好资本市场的"守门人"；广大投资者遵守科创板各项制度规则。

从实践来看，在科创板推出的过程中，监管机构与司法机关等做了大量卓有成效的工作，不仅保障了科创板的顺利推出，也确实为资本市场的发展提供了诸多可供借鉴的经验。2019年1月，经党中央、国务院同意，中国证监会发布的《关于在上海证券交易所设立科创板并试点注册制的实施意

---

① 《资本市场诚信监管协同机制进一步强化》，中国证监会官网，2019年1月26日。
② 李超：《在科创板首批公司上市仪式上的致辞》，中国证监会官网，2019年7月22日。

见》指出，着眼于加快形成融资功能完备、基础制度扎实、市场监管有效、投资者合法权益得到有效保护的多层次资本市场体系，从设立上交所科创板入手，稳步试点注册制，统筹推进发行、上市、信息披露、交易、退市等基础制度改革，发挥资本市场对提升科技创新能力和实体经济竞争力的支持功能，更好地服务高质量发展。文件特别强调，完善注册制试点的配套改革措施，保护投资者合法权益，要将发行人和相关中介机构及责任人的信用记录纳入国家统一信用信息平台，加强监管信息共享，完善失信联合惩戒机制。2019 年 7 月，证监会、国家发展改革委等八家中央单位联合发布《关于在科创板注册制试点中对相关市场主体加强监管信息共享完善失信联合惩戒机制的意见》。作为首个专门聚焦特定金融领域信息共享与失信联合惩戒的信用监管文件，该文件对积极营造科创板良好市场生态与诚信环境做出重要安排，从社会信用体系建设顶层设计着手，主要从加强部际信息共享和失信联合惩戒两方面着手，强化对科创板注册制试点中相关市场主体的诚信核查，落实审核注册制度中的合规性要求，并通过部际失信联合惩戒，有效提高欺诈发行、信息披露违法重点责任人群的失信成本①。同时，最高人民法院为资本市场基础性制度改革安排而专门制定了系统性、综合性司法文件——《关于为设立科创板并试点注册制改革提供司法保障的若干意见》，把保护投资者合法权益、防范化解金融风险作为证券审判的根本任务，对保障发行上市信息披露文件的真实性、准确性、完整性，提高上市公司质量，规范发行上市交易和相关中介服务活动，提供了更加有力的法律支持。

三 资本市场信用体系建设存在的主要问题

中国资本市场发展的时间总体较短，诸多违法违规问题屡禁不止，相关的法律法规制度体系仍有较大的提升空间。就中短期来看，当前资本市场信

---

① 证监会、国家发展改革委等：《关于在科创板注册制试点中对相关市场主体加强监管信息共享完善失信联合惩戒机制的意见》，2019 年 7 月。

用体系建设存在的主要问题既有影响整个金融系统的重大金融风险，也有市场参与者的行为不合规，前者不仅关系到金融信用的演化，也关系到资本市场信用的基础，后者则主要为个体行为。

（一）债券市场违约事件高发，蕴含巨大信用风险

中国债券市场违约事件频频出现，违约主体和违约金额不断创出新高，违约主体从非上市公司向上市公司蔓延，从民营企业向城投公司蔓延。根据 Wind 资讯的统计，2018 年债券市场共有 125 只信用债违约，违约金额为 1209.61 亿元，约相当于此前 4 年的违约主体数量之和（见图 3）。2019 年，债券市场违约事件依然频发，前 9 个月违约债券的数量已经超过 2018 年全年，预计全年违约数量和金额均将超过 2018 年。2018 年共有 47 个发债主体违约，其中 44 个主体首次违约，3 个主体持续违约。从违约主体属性来看，37 家为民营企业，违约金额在总体违约金额中占比超过 70%。同时，上市公司违约数量增多，44 个违约主体中有 15 家上市公司，包括神雾环保、富贵鸟、＊ST 凯迪、ST 中安、永泰能源、乐视网、金鸿控股、印纪传媒、利源精制、盛运环保、华业资本、中弘退、雏鹰农牧、宏图高科、银亿股份。上市公司债券违约的数量也激增，2014～2018 年，有 57 只以上市公司为发行主体的债券违约，其中，52 只违约发生在 2018 年，2015 年和 2017 年各发生 2 只上市公司债券违约，2016 年未发生上市公司债券违约事件，而 2014 年只有一只上市公司债券违约，即 "11 超日债"[①]。

除上市公司涉足债券违约外，2018 年 8 月 13 日，"17 兵团六师 SCP001" 未能按期足额偿付，构成实质性违约，由于融资主体是新疆生产建设兵团第六师旗下的重要融资机构，此次违约被市场普遍认定为首例城投债违约。在中国信用债市场打破刚性兑付的过程中，各类投资主体对城投债保持着很高的政策信仰，首例城投债违约终结了这种历史。

---

① 《2018 年千亿债券违约 上市公司渐成违约主力之一》，《第一财经日报》2019 年 1 月 4 日。

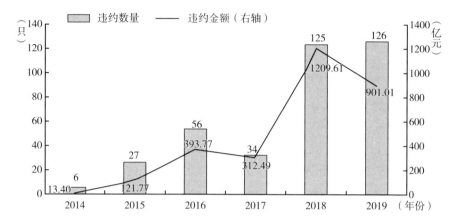

图3 债券违约数量与违约金额 (2014年至2019年9月)

资料来源：Wind资讯。

债券市场是融资主体进行直接债务融资的主要工具，也是信用融资的主要方式。在债券违约时，投资者承担了很大的信用风险，可能损失掉利息和本金。债券市场出现批量违约不仅会导致融资主体的信用下降，也会导致投资者的信心受到冲击，减少对信用债的投资或者要求更高的收益补偿，殃及其他融资主体的融资或再融资活动，诱发更大的信用风险。

（二）股票市场股权质押风险突出，可能引发连锁反应

2018年，股票市场大幅下跌，股权质押风险暴露。2019年股票市场上涨虽然局部化解了股权质押风险，但不能对此掉以轻心。在股票质押式回购业务中，质押的股票相当于信用担保，股票质押业务的信用风险与二级市场的行情有非常强的关联性，当二级市场股票出现大幅下跌时，质押品的价值出现大幅下降，无法满足履约保障比例要求。为了不被强制平仓，融入方不得不补充抵押品，一旦融入方没有足够的抵押品进行补充，便会面临信用风险，而质权人可能出于保护自身利益而卖出质押股票强制平仓，这样会出现大量抛盘，引起股票的单边下跌，给二级市场带来重大风险，也会导致质押品的价值进一步降低。

股票质押风险涉及的上市公司主体多，股份质押比例高，总市值规模大。截至 2018 年底，共有 3433 只股票被股票质押，A 股总数为 3595 只，占 A 股数量的 95.5%。从质押比例来看，共有 140 只股票质押比例超过总股本的 50%，625 只股票质押比例处于 30%～50% 区间，1068 只股票质押比例处于 10%～30% 区间，股票质押比例低于 10% 的有 1600 只。大股东股票质押比例能够衡量股票质押的风险水平，大股东股票质押比例越高，可补充的质押品越少，抵御风险的能力越差，股票质押风险越高。对 2018 年大股东股票质押比例进行区间分析，共有 146 家大股东已经把全部股票进行质押，大股东质押比例超过 90% 的有 472 家，存在非常大的股票质押风险；大股东质押比例处于 80%～90% 区间的有 161 家，存在较大的股票质押风险。大股东质押比例处于 70%～80% 区间的有 197 家，可能有股票质押风险。通过对 2017～2018 年 2264 家股票质押的数据进行整理得出，股票质押总市值为 5.03 万亿元，疑似平仓总市值为 2.04 万亿元，2387 个股东面临平仓风险。

股票下跌是引起股票质押风险的导火索，股票市场与债券市场的交叉感染加剧了信用风险。宏观经济基本面下行，信用环境恶化，融资紧张，上市公司的盈利能力、偿债能力下降，导致公司融资受限制，加剧了二级市场股票的下跌，又进一步引发了同一股票在不同金融机构的违约，引发整个行业的动荡，形成恶性循环。股权质押的质权人主要是证券公司、资产管理机构等，在股票质押风险批量出现的情况下，这些机构将出现大量的损失，资本金受到侵蚀，引起资本市场更大的恐慌。

（三）融资主体的行为不合规，相关人员法制意识淡薄

融资主体主要是上市公司和债券发行人。融资主体通过资本市场实现了信用融资，是资本市场最大的受益者，本应该成为诚实守信、遵规守纪的典型，但事实上并非如此。根据中国证监会的统计，2018 年存在违法失信记录的机构共 1251 家，其中上市公司相关责任主体 416 家，公司债券发行人 30 家。可见，融资主体已经成为失信的重灾区。

融资主体是资本市场的基石，没有好的融资主体，就不可能有好的资本市场。融资主体作为资本市场中信息的优势方，在资本市场信用体系建设中具有至关重要的作用，但部分融资主体的质量不高，在股票市场和债券市场的各个环节都有失信行为，其中欺诈发行、虚假披露信息、财务造假、关联交易等行为多发。在失信主体中，不乏部分影响力较大的上市公司，如康美药业、康得新等。在股票市场上，发行环节就有部分公司存在少计相关成本费用、相关资产减值准备计提不充分、内控基础工作存在缺陷、未如实披露关联方资金往来等问题，欺诈发行，企图含混过关；上市之后，信息披露成为上市公司责任主体违法失信行为的主要表现，占到违法失信行为的50.1%，存在的主要问题包括披露的信息不真实、不准确、不完整、不及时。在债券市场上，在发行环节，部分债券发行人粉饰业绩，制作虚假申报材料，骗取发行核准，欺诈发行；在发行后，部分债券发行人未按规定披露定期报告，隐瞒重大担保事项或者擅自改变募集资金用途。

部分融资主体的董事、监事、高级管理人员及大股东遵纪守法意识薄弱，规则意识不强，契约精神缺乏，在业绩承诺、财务会计、信息披露上弄虚作假，甚至通过违反短线交易禁令交易自家股票，从事内幕交易，通过非法关联交易输送利益，谋求不正当利益。中国证监会数据显示，2018年存在违法失信记录的个人共2333人，其中，上市公司相关人员1306人、公司债券发行人相关人员51人，合计占比过半。

（四）投资者不成熟，将失信行为作为谋取利益的手段

投资者是资本市场资金来源，各类投资者在资本市场中通过有效的博弈可以让资本市场的价格发现功能更好地发挥，促进资源有效配置，推动上市公司质量提升，加快实现优胜劣汰。但是，在国内资本市场中，投资者并不成熟，无论是机构投资者还是个人投资者都存在较多的短视行为，将失信违规行为作为谋取投资收益的手段，往往导致得不偿失。从违法失信行为的情况看，投资者的市场交易违法失信行为占到全部违法失信行为的13.8%。市场交易的违法失信行为涉及机构投资者中各类主体，如公募基金、私募基

金和保险公司等，也涉及个人投资者。

机构投资者市场交易违法失信行为主要表现为机构及从业人员合规意识缺失，诚信观念淡薄，背离价值投资，追求短期投机，通过内幕交易、利用未公开信息交易、实施"老鼠仓"交易等行为谋取利益，并在投资中存在操纵市场、操纵股价、未进行及时披露和报告、提供虚假信息和材料进行备案等。近年来，随着机构投资者的壮大，市场间博弈日趋激烈，部分机构投资者的行为屡屡突破法律底线，更有甚者借助管理的产品实施市场操纵，严重扰乱市场秩序。投资者的违法违规行为侵害了中小投资者的利益，妄图牟取不法利益，严重破坏了公平有序的资本市场环境。

（五）资本市场中介机构履职不到位，未能有效发挥作用

中介机构在资本市场中连接投资者和融资者，在保荐承销、清产核资、法律服务、会计审计、评级评估等方面发挥重要作用。作为资本市场"看门人"，中介机构勤勉审慎履行法定义务，保证融资主体的质量，对于保护投资者合法权益至关重要。但现实中，部分中介机构执业过程中未能勤勉尽责，甚至与上市公司等相关主体串通违规。中国证监会对证券公司、会计师事务所、律师事务所、评估机构、证券评级机构和投资咨询机构等都做出过行政处罚，中介机构的违法违规行为可见一斑。仅在 2018 年，就有 69 家证券公司、36 家会计师事务所、17 家资产评估机构、7 家律师事务所、56 家证券投资咨询机构、6 家资信评级机构及多个从业人员被列为违法失信主体。这些处罚意味着中介机构未能履行"看门人"职责，反而充当"放风者"，甚至是"帮凶"。

各类中介机构的失信表现虽有差异，但核心都是未能充分勤勉尽责。证券公司的失信违规行为主要是在证券发行和担任财务顾问中，未勤勉尽责履行核查义务，导致相关资料存在虚假记载或重大遗漏；内控制度不健全，承销业务不规范，保荐业务存在违规；尽职调查和信息披露工作不到位，未能充分把控项目风险。会计师事务所作为上市公司相关业务审计人，失信行为主要表现为内部管理水平低下，质量控制不到位，执业项目质量不高，导致

相关审计报告存在虚假记载，或者审计结果失真。评估机构的失信行为主要表现为现场调查流于形式，资料收集不充分、不全面，核查验证不认真、不完善，未能保持足够的职业谨慎，估算中关键参数的选取缺乏合理依据，导致评估结果被高估或低估，评估报告存在虚假记载或误导性陈述。

证券投资咨询机构的失信行为表现为未能遵循客观、公正和诚实信用的原则，对服务能力和过往业绩进行虚假、不实、夸大、误导性的营销宣传，不具备从业资格等。证券评级机构的失信行为主要体现为利益冲突防范机制缺失，评级质量控制不到位，级别上调缺乏客观依据，跟踪评级启动不及时，尽职调查不充分、现金流预测不审慎等问题。而证券评级机构的评级结果也存在评级虚高、评级泡沫、未能有效揭示信用风险等突出问题，恶意造假、严重不尽责等失信行为也时有发生。

中介机构的失信违规行为主体涉及面广，诸多知名的机构牵涉其中，其失信行为甚至达到了触目惊心的地步。例如，康得新财务造假案中的审计机构瑞华会计师事务所是国内排名第二的内资会计师事务所，在康得新的财务报表审计中未勤勉尽责，并曾遭到银行间市场公开谴责。康美药业财务造假案中涉及的广东正中珠江会计师事务所在资本市场也赫赫有名，是数十家企业首次发行（IPO）的审计机构。2018年8月，中国证监会和银行间交易商协会同日发布对大公国际资信评估有限公司评级的处罚决定，暂停大公国际证券评级业务及债务融资工具市场相关业务一年，进行限期整改。大公国际作为国内首屈一指的信用评估机构，其失信违规行为异常严重，在多家发行人开展评级服务的同时为发行人提供咨询服务，收取高额费用。2018年国内半数以上的信用评级机构遭到监管处罚，违法面之广令人震惊。

四 影响资本市场信用建设的主要因素

（一）融资主体整体素质不高，价值观存在扭曲

融资主体是资本市场的受益者，通过资本市场筹资可以满足发展需要，

实现自身更好更快扩张的同时，为投资者和其他相关利益者创造价值。但国内资本市场的融资主体整体素质不高，多数融资主体不能为投资者创造价值，甚至毁灭其价值。投资资本回报率（ROIC）和加权平均资本成本（WACC）是国际上比较看重的指标，可通过比较公司投资资本回报率与资本成本是否大于 1 来衡量公司的经营能否为股东创造价值。以此来衡量，我国具备投资价值的上市公司比例仍然不高，2012 年具有较高投资价值的上市公司的比例仅为 5%，2017 年则提高到 10%，占比依然较低。融资主体不能为投资者总体提供投资回报，而将"圈钱"作为目的，从根本上违背了企业设立的宗旨，是最大的失信行为。

融资主体须具备较高的素质，遵守相关的法律法规和自律规则，关注投资者和其他相关利益者的利益。目前部分融资主体及其股东和管理层不能做到敬畏市场、敬畏法治、敬畏专业、敬畏投资者，漠视市场规则，将个人利益、家族利益凌驾于投资者利益之上，这种价值观的扭曲产生了诸多的失信违法行为。以信息披露违法失信这一最常见的失信行为来看，信息披露制度是资本市场健康发展的制度基石，是维护投资者权益的重要保障，但上市公司信息披露违法行为形式多样，动机各异，相关主体对市场、对法律、对专业、对投资者缺乏敬畏之心，频频试探法治红线，丧失诚信底线。部分融资主体的管理层合规意识淡薄，不能正确认识上市公司作为公众公司的社会责任及法定义务和管理层对于全体股东的信义义务，这些都是价值观扭曲的典型。

（二）失信违法成本较低，失信威慑力严重不足

从法经济学的角度来看，任何违法犯罪行为频发必然是因为违法成本远低于违法所得，否则得不偿失自然会制止理性人的犯罪行为。资本市场中，违法所得的利益诱惑较大，部分市场主体可以获得大量的金钱利益，但是违法成本却可以接近忽略不计。例如，某药业公司长期、系统实施财务造假行为，累计虚增营业收入近 200 亿元，虚增营业利润约 20 亿元，恶意欺骗投资者，影响极为恶劣，但监管机构的处罚结果却显示，该公司承担的罚款只

有 60 万元。

资本市场的违法所得并不容易掌控，但是违法成本低却是实际情况。目前，与资本市场违法违规行为相关的法律责任畸轻，民事赔偿责任偏低、责任构成要件不明确，行政处罚、刑罚幅度偏低，如欺诈发行，对公司、个人最高罚款仅分别为 60 万元、30 万元，最高刑期只有 5 年。2016 年至 2018 年，中国证监会共处罚上市公司信息披露违法案件 170 件，罚款金额总计约 2 亿元，平均每件案件的罚款金额不及 120 万元，考虑到每件案件包括上市公司及相关责任人，每个主体承担的违规成本更低。这就导致惩治违法违规威慑力严重不足，违法违规行为的成本收益不匹配，大量不法之徒铤而走险。

（三）稽查执法力量不足，失信违法查处概率偏低

违法成本只是理论上的，如果违法行为并未被查处，违法行为也就难以被证实并受到惩戒。违法行为被查处的概率主要取决于执法力量的强弱、检查的覆盖面和社会监督的健全程度等因素。国内执法力量相对较弱，监管机构的布局只到省和计划单列市层次，截至 2018 年底，证监会体系的监管人员只有 3159 人，稽查执法人员占比不到 1/4，导致资本市场的执法人员数量有限，但覆盖面广，资本市场参与者被全面检查的概率较小，导致其对失信违规行为存在侥幸心理。

从监管机构的执法情况来看，抽查是主要形式，这就可能导致大量的漏网之鱼，这在中介机构和上市公司层面均存在。2018 年，证监会组织对 4 家审计机构、3 家评估机构实施全面检查，合计抽查 49 个审计项目、32 个评估项目；对 5 家审计机构、3 家评估机构的 9 个执业项目实施专项检查，接受全面检查和专项检查的机构不足行业机构的 1/3①。上市公司数量众多，对上市公司的全面检查比例更低，2018 年中国证监会的 38 个派出机构共对上市公司开展全面现场检查 219 家次、专项检查 950 家次，而上市公司的数量高达 3584 家。

---

① 《2018 年度审计与评估机构检查处理情况》，中国证监会官网，2019 年 3 月 29 日。

（四）资本市场存在分割，监管协调难度较大

资本市场存在多个交易市场和板块划分，导致监管规则存在较大的差异，市场参与者需要在不同的规则下频繁切换，增加了违规的可能性。债券市场是较为典型的分割市场，交易所市场是场内市场，主要由中国证监会来监管，而银行间市场是场外市场，主要接受中国人民银行监管，二者在行业自律等方面仍存在差异化的监管措施，导致市场参与者面临多头监管，既增加了合规成本，也导致合规问题高发。例如，在大公国际资信评估有限公司的违法违规案例中，中国证监会和银行间交易商协会同日发布处罚，处罚的依据各不相同，但是处罚结果相同。

多头监管就需要监管协调，监管协调所涉及环节众多，任一环节的工作不及时到位都可能导致监管效率降低。例如，为优化监管资源配置，健全债券市场监管体系，经国务院同意，中国人民银行、证监会、国家发展改革委联合发布了《关于进一步加强债券市场执法工作有关问题的意见》，该文件规定中国人民银行、证监会、国家发展改革委继续按现行职责分工做好债券市场行政监管，由证监会依法对银行间债券市场、交易所债券市场违法行为开展统一的执法工作。在上述执法协作机制中，链条较长，人员有限，协作机构容易产生惰性，扭曲监管行为。同时，监管机构和司法机构之间的协作中，监管机构欠缺刑事检控权、强制被调查对象到案权、搜查扣押权等权力，导致只能依赖司法机构开展大案要案。

（五）中小投资者自我保护意识不强，投资保护机制有待健全

资本市场失信违法行为主要侵害了投资者的利益，投资者保护机制虽然已经建立，但还有待健全。集团诉讼制度、公平基金制度等尚未建立，导致投资者投资，尤其是中小投资者利益受到侵害时维权成本高昂，降低了维权的积极性，助长了违法者的嚣张气焰。投资者的自我保护是保护其利益的重要手段，自我保护需要借助集团诉讼、司法救济等手段进行。单个投资者很难有时间、精力和金钱来进行持续维权，其他投资者可能出现"搭便车"行

为，这就意味着投资者的维权机制具有"公共品"的属性，必须通过社会性的公共安排来满足，否则投资者的维权意愿较低。事实上，截至2018年底，累计只有16起证券支持诉讼，累计获赔投资者110人次，获赔金额674万元。

中小投资者自我保护意识不强也导致了失信违法行为有机可乘。"买者自负、风险自担"的理念尚未被投资者深刻认知，部分投资者目光短浅，盲目跟风，对小道消息、内部信息等十分热衷；部分投资者投机心理严重，明知股票即将退市或债券可能违约，还存侥幸心理买入，希望能够博取短期收益。另外，部分投资者自身的素质较低，使得大量的非理性行为在市场蔓延，最终助长了失信违法的风气。

五 完善资本市场信用体系建设的建议

（一）科学定位参与者角色，净化整体生态环境

资本市场是一个复杂的生态系统，上市公司、中介机构、投资者、监管者等均参与其中，既相互影响，又相互反馈，但究竟是正循环、正反馈还是负循环、负反馈取决于每个参与者的角色如何扮演。净化资本市场生态环境，最大限度减少失信违规行为需要资本市场参与者明确自身定位，扮演好自身角色。融资者要提高自身质量，将提升企业价值、做好投资者利益保护放在首要位置。中介结构要恪守资本市场"看门人"初心，牢固树立合规意识，坚持诚信经营，切实履行法定义务，勤勉尽职，督导上市公司提升质量。投资者要强化风险意识和理性思维，加强自我保护，注重维护自身权益。监管机构坚持依法监管，加大稽查执法力度，严肃市场纪律。各类市场参与者明确定位，各司其职，各行其规，不越位，不缺位，才能齐心协力地推动市场健康发展。

（二）加强法治制度保障，提高失信违法成本

严刑峻法是确保资本市场有效运行的制度保障，大幅提高失信违法成本

才能逆转违规行为猖獗泛滥的局面。推动尽快修改完善《证券法》《刑法》等法律法规的有关规定，提高刑期上限和罚款、罚金数额标准，提高资本市场违法违规行为的成本，震慑违法者。同时，强化民事损害赔偿责任，鼓励投资者通过集体诉讼等方式索赔，维护自身利益，增加违法者赔偿的可能性。进一步加大执法力度，严厉打击资本市场各类违法违规行为，确保违法违规行为有违必查、有违必惩，确保违规成本处罚能够执行到位，降低违法所得。

（三）充实监管机构力量，提升监管有效性

监管机构要与时俱进，不断充实监管机构力量，壮大监管执法队伍，切实履行监管职责。严格落实习近平总书记在全国金融工作会议上的指示，"金融管理部门要努力培育恪尽职守、敢于监管、精于监管、严格问责的监管精神，形成有风险没有及时发现就是失职、发现风险没有及时提示和处置就是渎职的严肃监管氛围"①。要加强金融监管协调，补齐监管短板，完善统一高效协同的监管体系。在监管力量总体有限的情况下，加强监管科技建设，完善电子化、数据化、网络化监管基础设施，运用大数据、云计算、人工智能等科技，丰富监管工具和手段，提升服务监管水平，提高主动发现问题能力和监管智能化水平，提高监管效率和有效性。

（四）提高融资主体质量，加强信息披露机制建设

提高融资主体质量是完善资本市场信用体系的关键。确保进入资本市场的融资主体是高质量的公司，能从根本上减少欺诈发行、财务造假、信息披露失真、中介机构未能勤勉尽责等失信行为发生的可能性。严把融资审核质量关，畅通多元化退市渠道，促进融资主体优胜劣汰，优化增量、调整存量，提升上市公司质量。增强信息披露机制建设，提高透明度，减少信息不

---

① 《习近平：深化金融改革　促进经济和金融良性循环健康发展》，http://www.xinhuanet.com/fortune/2017-07/15/c_1121324747.htm，2017年7月15日。

对称，为社会公众监督融资主体的行为提供多决策信息，为社会信用体系的奖优惩劣功能发挥提供空间。

（五）健全投资者利益保护机制，提升投资者素质

投资者利益保护机制建设是重中之重。要不遗余力，补齐短板，加快建立具有中国特色的证券集体诉讼制度，完善证券侵权民事赔偿诉讼制度，探索建立行政罚没款优先用于投资者救济的制度机制，推动修改或制定虚假陈述和内幕交易、操纵市场相关民事赔偿司法解释，支持投资者通过民事诉讼维护自身权益。推动放宽各类中长期资金入市比例和范围，壮大机构投资者群体，鼓励机构投资者发挥维权先锋作用，倡导机构投资者带头践行理性投资、价值投资、长期投资，培育成熟理性的投资文化。提升投资者素质，增强非法投资行为的识别能力，自觉远离失信违法投资活动。

六　展望

中国金融体系在从间接融资为主向直接融资、间接融资并重的转型过程中，资本市场大有可为。资本市场作为资金汇聚、利益交织的中心，其失信违法行为将长期存在，随着监管加强，将有更多的失信行为曝光。在中国经济减速、企业降杠杆的过程中，债券市场的信用风险将加速释放，股权质押风险也将随着市场的波动而变化，但在专项危机化解机制的作用下这两大风险将得到有效控制。中国资本市场在转型升级的过程中，提高上市公司质量，狠抓中介机构能力建设，壮大机构投资者实力，加强投资者保护，提升监管执法效能，已经成为共识。在此过程中，中国资本市场的失信违法成本将大幅提升，资本市场的信用体系建设将更加完善。

参考文献

［1］易会满：《努力建设规范透明开放有活力有韧性的资本市场》，《人民日报》2019 年 9 月 11 日第 16 版。

［2］易会满：《聚焦提高上市公司质量，夯实有活力、有韧性资本市场的基础》，中国证监会官网，2019 年 5 月 11 日。

［3］阎庆民：《强化责任担当　发挥各方合力努力构建资本市场投资者保护新格局》，中国证监会网站，2019 年 5 月 15 日。

［4］刘青松：《当前资本市场实现高质量发展迫切需要处理好三大属性之间的关系》，《中证政研简报》2019 年 5 月 9 日。

［5］《2018 年证监会行政处罚情况综述》，中国证监会网站，2019 年 1 月 4 日。

［6］《2018 年证券期货市场诚信情况》，中国证监会网站，2019 年 5 月 10 日。

B.11
环保信用与绿色经济发展

李凯风*

摘　要： "环保与经济发展不对立"。绿色经济发展必须通过环保信用体系的建立，让污染企业退出市场才能给好的企业留出发展空间，环保信用体系的建立和完善是确保绿色经济发展的润滑剂。本报告通过对目前我国环境保护信用体系发展状况的评估，指出环保信用体系对于绿色经济发展的重要性，梳理我国环保信用的发展现状以及目前存在的主要问题，揭示环保信用促进绿色经济发展的途径，探究我国环保信用体系建设改进方向，为我国绿色经济发展保驾护航。

关键词： 环保信用　绿色经济发展　环保信用评级　环保信用报告

一　中国绿色经济发展与环保信用体系建设概述

（一）绿色经济的含义

"绿色经济"概念最早出现在英国学者大卫·皮尔斯等发表的《绿色经济蓝皮书》中，其被定义为"一种能够实现可持续发展的经济形式"。目前学术界以及相关组织未对绿色经济的内涵形成统一认识，但总体上都认为

＊ 李凯风，中国矿业大学金融工程与风险管理博士，应用经济学研究生导师，金融学系系主任，金融学专业建设负责人。

绿色经济是一种可持续发展经济。曾有学者指出，绿色经济学除囊括传统经济学中劳动、土地及人造资本三种生产基本要素之外，还应该包括社会组织资本；还有学者指出，绿色经济是以生态经济为基础、知识经济为主导的可持续发展的实现形态，是环境保护和社会全面进步的物质基础，是可持续发展的代名词。绿色经济的目标是追求经济发展的质量，在促进经济发展的同时减少对环境生态的破坏，增加社会福利，改善人类生存状况，最终改进人类福祉；其特征是在资源环境的约束下，一方面提高能源资源的利用效率；另一方面要从高污染向低污染方向转型，整体实现节能减排的目标。

传统的产业经济是一种损耗式经济，其特征是高污染、高消耗和高排放，经济增长以破坏生态平衡为代价；而绿色经济是一种可持续发展的经济，它不以经济高速增长为单一目标，其本质是实现经济发展与生态环境二者的综合平衡。2019年以来，绿色经济的理念在各个国家广泛传播，绿色经济的发展方式不断被各国采纳并逐步实施，这标志着以利润最大化为目标的传统经济发展方式逐步被基于绿色经济发展的福利最大化取代。

绿色经济是一个全新的概念，学术界对其内涵也持有不同意见。一般认为，绿色经济有狭义和广义之分。狭义的绿色经济特指环保产业，从投入产出角度来说，环保产业是以节能减排和污染控制为目标的行业，从整个产品生命周期来说，环保产业涉及产品生产过程的各个方面，如原材料的绿色化、节能技术的运用、生产要素的综合利用及生态设计等相关环境服务。广义的绿色经济，除了囊括上述微观层面，还包括一些宏观的绿色规章制度和社会公众行为，如绿色消费、绿色金融、绿色会计等。

（二）环保信用体系的含义及意义

既然绿色经济发展与环保产业息息相关，绿色经济发展在一定程度上就是国家环保事业的发展，为促进绿色经济发展，必须建立相应的绿色经济认证评价体系，督促企业按照绿色经济标准从事生产经营行为，这个标准就是环保信用体系。环保信用体系建设的核心是尊重、顺应和保护自然，它是社会信用体系的重要组成部分。2014年通过的《环境保护法》以及公布的

《社会信用体系建设规划纲要（2014—2020年）》都明确地向各个省区市提出相关要求和任务，加强企业环境信用体系建设，加快建立企业环境保护的"守信激励、失信惩戒"机制。通常来说，环保信用体系应该由评价指标体系、评价标准、企业环境信用报告、企业环境信用惩戒机制等部分构成。

加强环保信用体系建设，是发展绿色经济的内在要求；在环境管理中引入市场信用机制，将企业环保信用信息公开化和透明化，动员社会公众参与环境保护，有效运用激励与惩戒机制，是提升环境管理水平的重要创新，能够督促企业自觉遵守相关环保法规，履行环保义务，提高环境管理效率。同时，环保信用体系的建设对于整个社会信用体系的完善，以及推动信用市场发展有着积极促进作用。

（三）环保信用和绿色经济发展的关系

实现经济的可持续发展一直是国家的战略目标，解决发展经济与保护环境矛盾的根本出路在于科学的发展。环保信用体系的建立和完善就是协调解决经济发展和环境保护矛盾的必然选择，有助于两者互相促进、协同发展，环保信用体系可以成为绿色经济发展的重要护航力量和鉴定标准。

当今，以环保促进经济结构调整成为经济发展的必然趋势，正确协调环境与经济的关系，建设人与自然和谐相处的现代文明是坚持保护环境基本国策的关键。如果一味地以经济建设为中心，盲目追求经济增长而忽略环境问题，最终势必会造成经济的后退。因此，环保需要下大功夫去抓，环保信用的建立具有重要意义，将成为约束企业的重要指标和方法，对绿色经济的发展具有重要意义。

近年来，环保系统开展了建设环保信用体系的探索，逐步制定和完善信息公开环保法规标准，形成了环保信用体系建设的基础性制度，如《信息公开目录》《国家重点监控企业污染源监督性监测及信息公开办法（试行）》等文件。同时，环境保护部门也不断加强与中国人民银行、银监会、海关总署、国家发展改革委、财政部、商务部等的环保信用信息交流与共享，建立各部门互联互通的协调机制，发挥多部门的联合作用，共同推进环保信用体系的建设。自 2013 年 12 月《企业环境信用评价办法（试行）》发布后，全国各省区市全面开展了企业环保信用评价工作，这有利于社会公众参与环境监督，也有助于银行等金融主体了解企业的环保状况，进而有针对性地提供资金支持，逐步形成"守信激励"和"失信惩戒"的新格局。至 2017 年，原环境保护部已对 4.5 万余家企业开展了环保信用评价工作，并将评级结果向全社会公布。2019 年生态环境部提出了关于进一步深化生态环境监管服务推动经济高质量发展的意见，强调要推动出台关于全面实施环保信用评价的指导意见和环保信用报告结果的异地互认。

二 中国绿色经济发展现状及存在的突出问题

（一）中国绿色经济发展现状

绿色经济以绿色投资为核心、以绿色产业为新的增长点。根据国家统计局发布的数据计算可得，2010～2017 年我国环保投资占 GDP 的比例平均为 1.45%，距离发达国家 2% 以上的水平仍有较大差距，环保投资占全社会固定资产投资的比重则依次为 3.02%、2.28%、2.20%、2.02%、1.87%、1.57%、1.52% 和 1.49%。由此可见，我国绿色经济发展任重而道远，据原环境保护部规划院测算，"十三五"期间全社会环保投资将达到 17 万亿元，是"十二五"期间的 3 倍以上，将成为拉动经济增长的重要支柱。

2016 年 12 月 22 日，国家统计局、环境保护部、中共中央组织部制定了《绿色发展指标体系》和《生态文明建设考核目标体系》，作为生态文明建设评价考核的依据，为绿色经济发展和环保信用标准的建立提供了统一的权威性的依据，体系构建了 7 个一级指标和 56 个二级指标，采用综合指数法由除"公众满意度"以外的 55 个二级指标分别计算 6 个分类指数，再加权平均计算得出全国及分地区绿色发展综合指数。2018 年中国绿色经济发展报告显示，我国绿色发展不平衡，绿色发展综合得分呈现从东南沿海向西

向北逐渐递减的态势，其中浙江、广东、江苏等省份得分排名靠前，深圳、杭州、北京、广州、上海等城市得分排名靠前。

（二）中国绿色经济发展中存在的突出问题

1. 绿色项目融资难度大

目前，商业银行是我国绿色项目最主要的融资平台，尽管绿色信贷的开展在前期取得了一定的成绩，但目前对其支持力度明显不足，只有一小部分贷款被界定为绿色信贷。同时，在绿色产业项目上，除银行贷款外，与之相契合的金融产品较少，贴标绿色债券的市场占有率较低，仅为1%，绿色项目普遍融资渠道单一，这进一步加大了绿色项目的融资难度。

2. 绿色企业发展难度大

我国绿色企业发展主要面临以下三种困境。第一，成本高。作为绿色企业，需要高新技术的支持，而这些技术的研发具有投入成本高、风险大及资金回收期较长的特点，导致部分市场投资主体出现避险思想，资金投入不足，在高成本的财务压力下，企业市场化发展受到一定程度的影响。第二，企业绿色营销不到位。我国的绿色企业基本上都处于起步阶段，加之市场对绿色产品需求不明确，导致绿色企业对市场需求不了解，营销渠道不完善，营销效果不佳。第三，部分企业领导者思想守旧，缺乏绿色创新意识，习惯性地运用传统的经营管理方式和理念去发展绿色产品，开拓绿色市场，这势必会抑制绿色产品的发展，进而影响绿色企业的发展。

3. 缺乏先进的发展经验

当前，我国绿色经济的发展尚处于探索阶段，和西方发达国家的绿色经济发展程度相比还存在较大的差距。部分地区由于政绩压力，继续保持经济的高速增长态势，而忽略经济发展过程中的环境因素，导致绿色经济在实际发展过程中难以实行。尽管一些地区吸收了西方发达国家的经验，但是也难以根据各地区的实际情况，有针对性地执行下去，使得绿色经济的发展效果并不显著。

4. 绿色经济在各行业的渗透能力不足

我国各地区各行业的发展存在较大差异，各行业绿色经济的发展水平参差不齐。一方面，我国地区经济的发展遵循比较优势理论，在资源禀赋较为丰富的地区，通常形成以开采自然资源为主的产业，在寻求经济高速增长的同时也破坏了当地的生态环境，倘若在这些地区或行业中践行绿色经济，可能会降低经济增长速度，短期内难以带来经济效益；另一方面，由于我国绿色经济处于初步发展阶段，绿色产业链尚未形成，难以发挥规模效应和集聚效应。

5. 政府相关政策的支持不到位

绿色经济的有效实施，必须依靠完善的环境法规制度，这需要政府的大力支持。尽管中央政府已经出台了相关的法规政策，但是其在具体执行方面还要依赖于地方政府的实施力度，各地方政府迫于政绩压力，仍然选择传统的经济发展方式，一味地追求经济增长，这使得中央政府的政策难以有效实施，导致我国绿色经济发展进程缓慢且艰难。

6. 缺乏专业化的绿色经济发展人才

绿色经济的发展需要专业的人才支持作为保障，对人才的需求量较大，但目前我国在绿色经济发展方面的专业人才明显不足。一方面，在传统经济发展方式下培养的专业人才与当前绿色经济的发展理念存在差异；另一方面，培养绿色经济方面的人才也需要一个较长的时间过程，其人才培养的速度难以满足绿色经济的发展需要。

三　中国环保信用发展现状

（一）中国环保信用总体发展状况

根据国务院《社会信用体系建设规划纲要（2014—2020 年）》中对环保信用的相关部署，2015 年发布了《关于加强企业环境信用体系建设的指导意见》，明确了环保领域的信用建设在今后五年要完成的主要任务

以及具体行为措施，诸如，对信用记录的信息范围进行了明确规定；建立环保信用激励及惩戒机制；开展相关机构及人员信用建设等方面的工作。目前各地按照《关于加强企业环境信用体系建设的指导意见》的要求，扎实推进环保信用体系建设，江苏、上海、安徽、湖南、陕西、福建等省市做出了卓有成效的工作。国务院办公厅印发的《关于加强环境监管执法的通知》对环境信用评价制度的建立也提出了相关实施措施，要求加快建立环境信用评价制度，及时将企业环境信用的评价结果向全社会公开，接受社会公众的监督，把环境违法企业纳入"黑名单"，从而让环境失信企业一次违法、处处受限、步步难行。截至2018年，我国已有17个省区市开展环保信用评价，地方各级环保部门确定企业信用等级并向社会公布。

（二）中国环保信用建设相关法规制度不断完善

目前，我国针对环保信用问题，已经建立起了拥有若干规范性法律文件的制度体系（见表1）。对于已经颁布的法规文件，我们应该充分利用传统的杂志报纸以及新兴的网络媒体等各种宣传工具，更加深入广泛地宣传环保信用，使全体公民乃至全社会对于环保信用有更加深入的了解，使他们越来越意识到环保信用的重要性，最后实现全社会拥有环保信用意识的目标。如果全社会、全体公民都能把环保信用这一理念深深贯彻于日常行动生活之中，任何企业都能做到环保诚信，那么，环保信用制度必定会得到贯彻落实和实施。

表1 中国环保信用体系建设相关法规制度一览

名称	发布时间
《关于进一步深化生态环境监管服务推动经济高质量发展的意见》	2019年9月
《河南省企事业单位环保信用评价管理办法》	2018年10月
《安徽省企业环境信用评价实施方案》	2017年4月
《河北省社会信用体系建设规划(2014~2020年)》	2016年3月
《中华人民共和国环境保护法》	2014年4月

名称	发布时间
《企业环境信用评价办法（试行）》	2014 年 1 月
《企业环境信用评价指标及评分方法（试行）》	2013 年 12 月
《中国环境保护产业行业企业信用等级评价指标及标准》	2013 年 1 月
《国务院关于加强环境保护重点工作的意见》	2011 年
《关于行业信用评价工作有关事项的通知》（商秩字〔2009〕7 号）	2009 年
《国务院办公厅关于社会信用体系建设的若干意见》（国办发〔2007〕17 号）	2007 年
《山东省企业环境信用评价办法》及山东省企业环境信用评价信息管理系统	2017 年 3 月
《湖南省环境信用体系建设实施方案》及湖南省企业环境信用评价系统	2016 年 12 月
《河北省企业环境信用评价实施方案（试行）》及企业环境信用评价指标及评分方法	2015 年 1 月
广东省《2015 年企业环境信用评价操作指引》	2016 年 1 月
《福建省企业环境信用评价实施意见（试行）》	2017 年 1 月

（三）中国各地环保信用体系的发展现状

如果想知道企业环保信用制度是否运行良好，那么基本要求就是能够准确地知道企业对于环保信用信息的记录情况，并在此基础上对企业的信用做出准确且真实的评价。从全国层面看，依托由商务部信用工作办公室、国资委行业协会联系办公室主办的"全国行业信用公共服务平台"，各个行业协会广泛开展了行业企业信用评价工作，其中与环保相关的协会如中华环保联合会、中国循环经济学会、中国工业合作协会等。江苏、安徽、天津、上海、广东、浙江、重庆、山东、湖南等 17 省市已经研究制定了各自的企业环保信用评价标准并实施。

江苏省环保厅积极贯彻落实国务院和江苏省社会信用体系建设规划纲要，按照新《环保法》及省委省政府《江苏省生态环境保护制度综合改革方案》要求，紧扣江苏省实际推动"环保信用制度建设、环保信用信息归集、守信激励失信惩戒"三项工作，取得了行业信用建设的巨大成绩。

江苏省在全国率先发布《江苏省环保信用体系规划纲要》，省内 13 个设区市环保系统全面出台相关实施方案；出台《江苏省环境影响评价中介机构及其从业人员信用评价及管理暂行办法》《企业环保信用评价标准及评价方法（第三版）》等信用制度 15 项；全面推行信用审查、信用报告和信

用承诺制度，2016 年实行信用审查项目 400 多个，共涉及省级资金 17.83 亿元、中央财政资金 11 亿元；环保系统在建项目审批、危废经营许可证、排污许可证发放等 6 项行政管理事项中实行了信用承诺制度并公示信用承诺书 3439 份，2017 年江苏省公示的信用承诺书共 1500 多份；对重点污染源企业、环评机构及环保咨询专家、机动车尾气检验机构等 4 类行政相对人，进行行业信用评价并实行分类管理。在江苏省 2019 年上半年发布的环保信用评价结果中，有 52 家严重失信企业被定为黑色等级，90 家较重失信企业被定为红色等级，并将企业详细名单向社会公布。

在环保信用信息归集方面，江苏省建设企业动态信息管理系统，通过江苏省污染源"一企一档"动态信息管理系统全面归集污染性企业环保信用信息；规范信用信息和"双公示"数据报送，截至 2020 年 4 月底，根据信用中国网站公示的数据，江苏省行政许可和行政处罚"双公示"已达到 518 万次，在各省市排名中位居第三①。

江苏省生态环境厅还联合省信用办、省银监局建立企业环保信用信息共享，深化绿色信贷政策，建立守信激励失信惩戒机制。截至 2017 年末，江苏省主要银行业金融机构对江苏省环保部门环保信用评价企业贷款余额 7589 亿元，同比增加 673 亿元。其中，对环保信用评价结果为优秀和良好企业的贷款总额达 7137 亿元，占所有参评企业贷款余额的 94%，而对环保信用评价结果为较差和极差的企业贷款余额仅为 122 亿元，占比为 1.6%。

江苏省南通市是全国首批企业环境信用评级试点城市。近年来，南通市环保部门积极与金融部门合作，实现环保信息的互联互通，根据企业环境信用的评级结果有针对性地发放信贷资金，截至 2019 年 6 月末，南通市参加环境信用评价的企业 4000 多家，评价结果中有 8 家绿色（守信）企业、9 家红色（较重失信）企业、4 家黑色（严重失信）企业。被评价为黑色和红色等级的企业将在污水处理费和用电的价格上面临一定幅度的上调。此

---

① 根据信用中国网"信息双公示"中的数据整理而得，https://www.creditchina.gov.cn/xinxigongshi/xinxishuanggongshi/。

外,南通市生态环境局和银监局搭建检测平台,动态监控企业的环保状况和绿色信贷的使用情况,及时预警。

2017 年安徽省出台实施《安徽省企业环境信用评价实施方案》,对环境违法企业实行联合惩戒机制。安徽省企业的环境信用评价采取年度滚动记分制,每年评价一次,评分结果会分为 4 个等级,分别为环保诚信企业、环保良好企业、环保警示企业及环保不良企业。处于环保诚信和环保良好级别的企业将会得到更加优惠的信贷支持,同时还能够得到其他补助资金。而处于后两个级别的企业,将会被责令整改,也很难申请到各项补助资金。

中国环境保护产业协会自 2013 年起按照《中国环境保护产业行业企业信用等级评价指标及标准》从企业综合素质、财务状况、管理水平、竞争力和社会信用等五个方面对企业的信用状况进行综合评定。通过对指标体系中的各评价指标进行评分、加权计算得出被评估企业的总得分,依据总得分对应的信用级别(即 A、B、C 三等,AAA、AA、A、BBB、BB、B、CCC、CC、C 九级),确定各个企业的环保信用等级。截至 2019 年 5 月,中国环境保护产业协会累计开展了 11 批环保企业信用评价工作,共有 1200 余家企业参加评价,670 余家企业被授予 A 级以上信用等级,其中有 259 家企业获得 AAA 信用等级。

四 目前中国环保信用体系建设存在的主要问题

我国环保信用体系得到了长足发展,但是,由于与环保信用直接相关的制度体系建立时间不长,实施中还有很多问题和矛盾需要克服,行政考核机制中 GDP 发展指标的惯性作用,使得环保信用体系建立工作还存在若干现实缺陷,企业环保失信行为还未能从根本上得到遏制,这些现实背景严重制约着环保信用体系的贯彻与实施。

(一)我国环保信用立法层次不高、效力不足

首先,从法律体系的层面来看,我国环保信用制度在《环境保护法》《水污染防治法》《大气污染防治法》《清洁生产法》《中国人民银行法》《商

业银行法》《证券法》《银行业监督管理法》《保险法》《证券投资基金法》等环境保护法律和金融法律中的体现较少，很多上位法并没有随着《关于加强企业环境信用体系建设的指导意见》的颁布得到进一步修正，包括《公司法》也没有及时修正说明环保守信属于诚实守信的范畴、环境保护责任属于企业社会责任的范畴。我国尚未形成一个全面的环保信用的法律体系。其次，从法律的操作层面来看，现有法律文件的可操作性不强。相关法律文件对企业环保信息公开制度的法律地位的规定尚不够权威明确，目前纳入企业征信系统的环保信息的范围不够广泛。最后，从法律责任层面来看，缺乏事后法律责任追究机制，企业违法成本仍然很低，地方保护主义没有彻底根除。企业环保守信情况的使用和限制措施条款更多的属于义务性规范范畴，如应用于金融机构融资限制时虽然对企业和金融机构都设定了法定义务，但在不履行义务时对企业和银行业金融机构如何追究法律责任，却规定不甚明了。

（二）我国环保信用评价体系不完善，缺乏统一的信用评价标准

虽然我国环保部门积极推动企业环保信用信息公开，在建立企业环保信用评价制度方面取得了一定成效。但是，当前建立的企业环保信用评价体系主要侧重于防范企业排污、控制企业污染程度以及企业履行环保的法定责任等方面，很少真正涉及信用层面。环保信用评价体系中没有设置科学性和实用性的企业环境保护信用指标。此外，没有根据各行业发展的不同特点有针对性地设置评价标准，比如针对高耗能高污染行业，其评判重点在于企业的污染物控制，而针对环保产业，应该倾向于节能减排。

（三）环保信用信息共享机制不完善

我国环保信用信息公开共享机制缺乏相应的法律基础。因此，对那些不主动参评的企业不具有法律强制性，而企业环保评价主要通过环保部门进行，导致社会公众的参与度不高。前述因素直接导致了企业信用信息公开的不完善不全面，市场主体无法获取有效信息，信息不对称程度高，严重制约环保失信惩戒机制作用的发挥。

五　中国环保信用发展促进绿色经济
持续发展的政策建议

（一）加强环保信用立法，建立全面的环保信用法律体系

结合《环境保护法》规定和《关于加强企业环境信用体系建设的指导意见》，加快修订散见于《水污染防治法》《大气污染防治法》《清洁生产法》《中国人民银行法》《商业银行法》《证券法》《银行业监督管理法》《保险法》《证券投资基金法》等环境保护法律和金融法律中关于企业环保守信和限制措施等条款，建立全面的环保信用法律体系，加大对环境违法者的威慑力，倒逼企业实施环保改革、自觉遵守环保法规、履行环保法定义务。

（二）完善环保信用系统建设，实现信息共享

加强环保信用系统和信息平台建设，完善企业环境监督系统、行业环境监督系统、国家环境检测系统，为环保信用信息体系的落实提供强有力的技术支持。

提升环保信用数据收集和处理能力，明确提供环保信息的责任主体，保证及时准确地归集环境信用信息，实现信息的高效收集整理以及环保工作的信息共享，实现环保信息及时对外发布及网上查询等功能。

完善企业环境信用信息公示制度，实现环保信息的透明化。按照2013年环境保护部发布的《国家重点监控企业自行监测及信息公开办法（试行）》，建立完善的企业监督制度，促使企业自觉公开环境信息。对环保信息的来源方式、时间等进行加工筛选等处理，形成更深度化、具体化的规范要求；建立失信"黑名单"制度，将企业的违法行为公示于众，列入企业信用档案，实现"一处失信，处处受限"；加强对重点排污单位，高能耗、高产出单位的环境信息监管，推动企业的自律。

（三）建立企业环境信用评价制度，实施守信激励、失信惩戒机制

通过建立环保信用机制提升企业环保意识。推动环保部门管理方式从强制行政手段到综合利用法律、信用、经济手段相结合的模式转变，降低管理成本，提高效率。建立企业环境信用评价制度，实行统一的环保信用评价标准，根据企业环境信用的评价情况，给予企业有差别的支持或者惩戒措施。对节能创新型、低耗高产型、环境友好型企业给予重点信贷支持和税费方面的优惠；对环境信用评价得分较低的企业实行相应的惩戒机制，如限制市场准入、停止优惠政策及实行较高收费等，坚决限制高能耗、高污染、高排放企业的信贷渠道，迫使企业密切关注环保问题，推动环保建设的发展。

（四）加强环保评价机构与相关人员的信用建设

加大力度对环评机构及从业人员进行诚信建设，对技术评估、检测、验收、评审专家等相关人员建立诚信信息数据库，强化信用考核，实现分类监管，确保环评数据的真实性和准确性。记录环评工作人员的失信行为，对不负责任的人员给予相应惩罚，撤销从业资质，维护环境服务行业的秩序。

参考文献

［1］中国环境保护产业协会信用等级评价办公室：《400 余家（次）中国环境保护产业协会会员企业通过环保产业行业信用等级评价》，《中国环境产业》2017年第 3 期。

［2］缪梦羽：《环保信用将成为防范信贷风险的重要参考依据》，《成都日报》2017年 3 月 9 日。

［3］环保部、国家发展改革委发布《关于加强企业环境信用体系建设的指导意见》，《化工环保》2016 年第 36 卷。

［4］《江苏出台〈环保信用体系建设规划纲要〉纳入百分制信用考核》，《环境监控与预警》2016 年 2 月第 8 卷第 1 期。

［5］刘华军、赵建峰：《南通用环保信用评价体系助力绿色信贷》，《中国环境监察》2016 年第 8 期。

［6］任晓鸣、王向华、吴俊锋：《太湖流域企业环保信用评价研究》，《环境科技》2015 年 10 月第 28 卷第 5 期。

［7］李连甲：《上海市企业环境信用评价体系构建研究》，东华大学硕士学位论文，2014。

［8］江若琰：《企业与生态环境保护协调发展问题研究》，郑州大学硕士学位论文，2014。

［9］《江苏省企业环保信用评价标准及评价办法》，江苏省环境保护厅，2013。

［10］王兴文、高兴国：《国内外绿色经济发展理论和实践研究综述》，《生产力研究》2016 年第 9 期。

［11］李霞：《中国绿色经济发展路径研究》，《中国物价》2016 年第 4 期。

［12］张哲强：《绿色经济与绿色发展》，中国金融出版社，2012。

B.12
科研信用管理体系研究

张丽丽 *

摘　要： 科研活动的高技术、高智力、专业性、以人为本和小众性的特征决定了科研活动具有复杂性、主观性、难于评价等典型的非对称信息特点。科研信用体系建设是信息数字时代对科研管理工作的必然要求，本报告论述了科研信用管理体系建设的必要性、科研信用管理体系的基本内涵、科研信用管理体系构建的关键环节，通过分析当前我国科研信用体系建设的现状，提出我国科研信用体系建设的政策建议，包括：推进科研信用管理系统中数据的记录和保存工作，加强科研信用管理体系中各平台科研数据的流通共享，充分发挥科研信用体系对科研人员的激励作用，推进国家创新发展战略的深入实施。

关键词： 科研管理　信用管理　科研信用体系

一　科研信用管理体系建设的必要性

相比于现代社会中的一般经济社会活动，科学研究活动具有高智力、高技术、专业性、以人（而非资本）为核心、小众性等基本特征，这些因素导致科研活动过程具备了复杂性、主观性、信息非对称性和评价模糊性的特征。通常情况下，人们难以按照经济社会中的一般标准，对科学研究活动和科研人员的工作进行社会平均水平上的量化评价。对于社会大众甚至是科研

---

* 张丽丽，北京大学经济学院博士后，北京大学中国信用研究中心研究员。

管理人员和不同专业的其他科研人员来说，科研主体所从事的科研活动如同"黑箱子"，且作为所有社会活动中的基础性工作，科研活动的收益和效果通常具有不同时间长度的延迟性。因此，科研活动难以像其他领域的产品可以通过在市场中广泛深入的交易获得社会评价，进而使主体行为受到约束。这些特点加重了科研领域因信息不对称而产生的科研诚信问题。

管理的目的是使各类主体在社会活动过程中实现由他律向自律的转变。理想状态下，科研人员作为社会中高学历、高素质人群，应是社会各级主体中率先实现自律的群体。但在现实环境中，无论是发展中国家还是发达国家，科研领域均出现过严重的学术造假事件，对社会造成的影响极其恶劣。究其根源在于科研领域"交易"双方（大多数情况下为科研者和政府）存在严重的信息不对称，导致学术界难以实现必要的科学且合理的监督，缺少他律机制的自律制度难以起到应有效果，从而令科研领域的诚信危机时常出现。

现实条件下，科学从业者既需为"探索未知、追求科学精神"的神圣使命进行研究，又要为实际生活所需进行研究，科研活动的可持续发展除了受到推动社会向前进步的家国使命驱动外，还受到各种利益的综合驱动；随着科学研究产业规模的持续扩大和科研人员队伍的不断壮大，科研资源上的竞争难免出现。个别科研主体在对各类科研资源和学术荣誉竞争的过程中使用了各种手段，甚至包括违反科研规范获取科研资源、荣誉，对整个科研体系造成了不良的影响。

基于以上因素，我国科研领域亟待建立一套科学的管理体系，保证其健康发展。在科研领域构建有关科研活动和科研主体的信用管理体系是提高我国科研管理水平的重要途径，是信息时代对国家科研管理工作提出的新要求。通常情况下，科研信用体系包括基本的信息记录平台、信息数据存储系统、数据共享体系、信用监管体系、数据披露体系、信用奖惩体系和信用信息复议申诉系统等①。

---

① 张丽丽：《我国科研信用管理体系建设研究》，《中国高校科技》2018 年第 6 期，第 7～10 页。

二 科研信用管理体系的基本内涵

20世纪以来，世界各国对科学技术的重视程度与过去相比已不可同日而语，对科技产业的各类投入显著提高，拥有昂贵科研设施的专业性研究机构开始设立，科学体制化、科研职业化的趋势愈加明显，科学研究逐渐成为人类社会发展进程中的"发动机"，科学研究从业者成为社会生活当中影响广泛和受人崇敬的职业。

与传统的管理理念、模式和方法相比，科研信用管理体系应突破传统管理方式对科研人员的束缚，通过信用信息记录、公开、分析、共享、激励、奖惩等机制激发科研人员在自律基础上的创造力，实现科研信用管理服务于科学研究活动、推动国家整体科研水平提高的目标。

科研信用管理体系的基础是科研信息管理系统，该系统实现了对科研主体、科研过程、科研事项等科研相关活动进行全寿命周期信息管理，是科研信用管理体系的基础设施。

科研信用管理体系包括科研人员管理、科研活动管理、科研结果发表等系统。科研信用管理以信用信息数据记录为依据，以科研主体身份信息（或信用代码）为唯一标识，将同一主体分布于不同科研部门的信用数据统一归集（归集可通过有形的信用信息共享平台实现，或通过各平台接口共享在信用评价环节中间接实现），按照科学合理的规范和标准将信用结果进行公开，或在相关的科研活动中（例如，信用评价结果可用于科研项目的选评，科研工作者的应聘、考核，以及其他科研活动场景中）进行奖惩，形成对科研活动进行闭环管理的过程。应注意，与其他主体相比，科研活动有其独特性，以信用评价为主的某些具体方式、方法、措施在科研活动的信用管理中可能并不适用，相关理论仍需进一步研究，

就当前我国的实际情况而言，科技部、各级基金管理部门、各高校、科研期刊管理部门、市场中的科研企业（如各类论文文献数据库）等科研活动相关部门，是科研信用信息数据的生产（或记录）部门。目前我国的科

研信用服务市场基本空白，有待政策引导进行发展，将大量的科研数据进行加工、比对、分析，开发出多种类的科研信用产品应用于科研信用管理中。

具体的科研信用管理过程以科研工作者信用代码（身份证）为唯一识别码，将各科研相关部门的数据尽可能收集和互联，在科研信用联席会议部门之间实现信用信息的共享，通过信用服务行业（第三方信用评级机构）或科研管理部门内部（如科技部或国家基金委系统内部）进行信用分析加工，并将此评价结果作为依据对科研主体进行授信（或政府部门进行科研信用分级监管）[①]。

三 科研信用管理体系构建的关键环节

理解和构建科研信用管理体系应明确三个关键内容：（1）科研信用评价标准的确定，即科研诚信或科研失信行为的界定是科研信用管理体系建立的首要条件；（2）科学共同体内部评价制度（如通常所说的同行专家评审）是科研信用管理体系中的核心机制；（3）科研数据的记录、保存与公开共享是科研信用管理体系建立的基本保证。

（一）科研失信行为的界定

科研诚信行为自 20 世纪末以来成为国际科技界共同关心的焦点问题之一。科研活动既包括狭义理解的科学研究活动，也包括科研经费申请、同行评议、科研成果鉴定、科研论文的评审和发表等活动。在以上诸多环节都可能出现科研失信行为，科研信用管理体系关注的核心应是科学研究活动的全过程。因此，对科研失信行为的概念界定、行为认定、防范与惩戒应聚焦于科学研究活动本身。

科研失信行为主要指那些违背科研诚信原则、准则或规范的科研行为，

---

① 张丽丽：《我国科研信用管理体系建设研究》，《中国高校科技》2018 年第 6 期，第 7~10页。

大体包括违背科研人员不能造假、修改数据，不能有剽窃、欺诈行为，不能将别人的成果据为己有等准则。

科研失信行为的界定是确定科研信用评价标准的前置性工作，主要应考虑以下几个要素：（1）科研过程是否违反科学界通用的道德标准，或严重背离相关研究领域的常规做法；（2）具体的科研活动是否属于蓄意的、明知故犯的或是肆无忌惮的行为；（3）科研信用评价应注意将诚实的错误或者学术观点的分歧排除在科研失信范围之外①。

科研失信行为主要包括伪造、篡改和剽窃，我国科技界通常将此称作科学研究失信的"三大主罪"。现实情况中还存在大量的科研不当行为并不属于这三类，通常表现为不负责任的科研行为、学术不规范等，在严格意义上，也可将这些行为纳入科研信用评价体系中，但在科研信用评价体系和模型设计过程中，应将其与严重的科研失信行为相区分，可以按照一定标准列为科研不当行为。

在明确界定科研失信行为的条件下，科研信用评价指标、标准的设定，以及科研信用等级的确定应主要按照以下方面进行。

1. 科研信用评价指标和评价标准的确定

科研信用评价指标一般主要包括科研主体的基本职业信息，具体如身份认定（含受教育水平、工作经历、就职单位、职务等）、科研水平（含发表论文和著作的质量与数量、公开发表的论著在相关领域的影响力、学术论著获奖情况等）、所承担的各类科研项目情况（含不同等级的纵向项目、横向课题、项目完成情况、项目获奖情况等）。评价标准应根据不同学科、科研活动类别有所不同。

2. 科研信用评价等级的确定

企业信用等级的确定通常采用国际通行的"四等十级制"。个人信用分数是评级机构将借款人的个人信用情况进行量化的信用工具，通常个人信用

---

① 张丽丽：《我国科研信用管理体系建设研究》，《中国高校科技》2018 年第 6 期，第 7～10 页。

分数越高表示其信用越好，FICO 信用分的主要参考指标有还款历史、债务总额、信用历史及最近信用情况。科研信用评价等级可采用科研信用分的等级形式，设定主体信用基础分，在此基础上按照评价标准进行科研信用加分和减分计算。总体上，在评价等级的设计上应重点体现科研信用惩戒的原则，科研失信信息公开和部门间的联合惩戒应成为基本的信用应用机制①。

（二）科研信用管理体系中的"科学共同体"机制

与经济社会中的其他领域相比，科研活动本身与科研交易活动（指科研项目委托等活动）都具有小众特征。科研信用管理体系的根本目的是解决科研活动与外界之间的信息不对称问题。通常，科学共同体（又称学术共同体、同行评审等）在科研活动管理中发挥着重要作用，科学共同体内部评价机制本身符合信用理念。因此，科研信用管理体系应建立在科学共同体基础上。基于科学共同体的信用管理机制，不同的学科门类、专业和科研活动采用与之对应的同行进行评价，可以显著地降低信息不对称程度。

科学共同体包括有形的基于现实组织的科研团队和无形的领域内的研究团体。科学共同体对共同体内部、科研管理者、公众等承担责任，其关键是信息公开。科学共同体应公开与公众、社会、科学、监管、伦理等有关的研究信息，如实报告其研究进展与经费使用等，并不断改进信息公开和传播的方式以增进公众理解，不应以公众对专业理解有限为由使信息公开流于形式。由此，科学共同体成员有责任揭发研究机构或主体不负责的行为，并受到相关制度保护。

在理论上，科学共同体是协作的团体，科研人员具有"追求真理、探索未知"的共同的研究目标，每位研究成员均有义务进行信息共享。信息共享包括独立的验证或反驳研究结果，已出版研究成果的基础数据也应当对其他科研人员公开。能够接触一些特殊数据（如来自卫星的数据或考古数

---

① 张丽丽：《我国科研信用管理体系建设研究》，《中国高校科技》2018 年第 6 期，第 7 ~ 10页。

据）的人员应在合理时间间隔内向其他科研人员公开这些数据。

在实际操作中，同行专家评审是科研活动中常见的评价方法，同行专家评审过程和结果是科研信用管理体系运行的重要依据，为科研主体的信用评价和管理工作提供了基本数据信息，同时专家的评价行为本身也将作为科研信用信息记录入专家主体（也是科研主体）的科研活动中，体现为自身的科研信用信息。

需要注意的是，在科研活动管理者向科研主体授信的过程中（如科研项目的申请及评审），项目承担者的确定应以科研信用评价结果作为基础条件，以同行评审专家的评价作为最终确定的依据。由此可见，科研信用评价体系是科研管理的基本制度保障，这种隐形的制度约束如同科研管理系统的"无形防火墙"，项目评价仍以科学共同体内专家的评价机制作为决定性因素进行。与以往不同的是，包括专家评审在内的所有科研活动相关行为数据均被记录、保存，在一定时间、范围内将数据和评价结果共享。即使项目结束，科研主体一旦被发现存在科研失信行为，仍将被追责。

事实上，科研信用管理制度体现了管理工作的服务性要求，这种无形的信用约束机制将强化科研主体的自律意识，使科研主体在这一"防火墙"内遵照科学研究本身应具备的实事求是、探索、创新精神，专注于对自然和人类发展的客观规律进行不断探究的工作，实现管理的无为而治目标①。

（三）科研信用信息数据的记录、保存与公开共享

科研活动信息数据记录、保存和共享是科研信用管理实施的重要环节，对科研工作的管理和后续研究的开展具有重要意义。科研活动数据包括科研项目实验产生的研究数据以及科研活动本身和科研主体科研活动相关数据。随着信息技术的进步，在科研活动的管理中对有关科研数据进行全面记录和保存，尤其是将科研行为进行全程记录，是发现其中的科研不端行为（不

---

① 张丽丽：《我国科研信用管理体系建设研究》，《中国高校科技》2018 年第 6 期，第 7 ~ 10 页。

仅包括有意行为，也包括因不了解或忽视相关规定、诚信规范而无意发生的行为）的重要途径。科研活动数据一旦出现错误或缺失，将无法保证此后研究工作的真实性，并导致无从对科研活动进行评价。

同时，科研活动数据的记录、保存与公开共享本身也是科研信用管理的重要机制，数据记录、保存和公开共享规定对从事科研活动的主体产生了无形的约束力量，使科研主体潜在有意的科研不端行为未构成实际结果，增加了对科研失信行为的震慑力度。由于在一定条件下，所有这些数据将成为科研主体失信的证据，同时信息共享将使主体的科研不端行为信息在科研圈内共享，科研主体活动的失信成本大大提高，促使各类主体在主观层面遵循科研活动的客观性和威严性。

科学研究活动数据的记录和保存是较为复杂的过程，为了确保数据收集和保存过程真实可靠，数据收集和保存一般应受到实时监控，必要时，还需接受同行或资助方的审查。同等重要的是，科研人员应主动了解和遵守有关数据收集、记录和保存的诚信规范[1]。

四　当前我国科研信用管理体系的建设情况

（一）科研信用管理体系建设的顶层设计

2014 年以来，为落实并深入实施创新驱动发展战略，促进科技与经济紧密结合，推动"大众创业、万众创新"，改革和创新科研项目管理和科研经费使用方式，促进形成充满活力的科技运行机制，国家层面连续发布了关于科研管理制度改革的系列重要文件，为将信用理念融入科研项目管理制度的改革提供了方向和政策依据。

2014 年 3 月 12 日，国务院发布《关于改进加强中央财政科研项目和资

---

[1]　张丽丽：《我国科研信用管理体系建设研究》，《中国高校科技》2018 年第 6 期，第 7～10 页。

金管理的若干意见》（以下简称《意见》），提出强化科研项目和资金管理信息公开，加强科研诚信建设和信用管理，着力营造以人为本、公平竞争、充分激发科研人员创新热情的良好环境。《意见》提出，科技行政主管部门、财政部门会同有关部门2015年底前基本实现与地方科研项目数据资源的互联互通，建成统一的国家科技管理信息系统，向社会开放服务，统一的科研项目数据库成为对科研项目实行信用管理的基础平台。该文件按照信用管理机制的要求，对科研项目信用分类管理做出了具体规定，营造"鼓励探索、宽容失败"的实施环境；明确了对科研项目进行"可申诉、可查询、可追溯"的信用全流程管理；文件中还提出将按照信用评价结果确定承担单位的结转结余资金管理处理方式，为守信者提供便利①。

此外，该文件明确提出将完善科研信用管理，建立覆盖指南编制、项目申请、评估评审、立项、执行、验收全过程的科研信用记录制度，由项目主管部门委托专业机构对项目承担单位和科研人员、评估评审专家、中介机构等参与主体进行信用评级，并按照信用评级实行分类管理。各项目主管部门应共享信用评价信息。建立"黑名单"制度，将严重不良信用记录者列入"黑名单"，阶段性或永久性取消其申请中央财政资助项目或参与项目管理的资格②。

2015年9月24日，中共中央办公厅、国务院办公厅印发了《深化科技体制改革实施方案》（以下简称《方案》），提出了以科技创新为核心的全面创新，推进科技治理体系和治理能力现代化③。《方案》提出的符合科研规律、高效规范的各项管理制度涵盖了信用管理的理念和机制，具体包括：科研项目资金使用中的公务卡结算制度；建立覆盖项目决策、管理、实施主体的逐级考核问责机制和责任倒查制度；建立统一的国家科技计划管理信息系

---

① 《国务院关于改进加强中央财政科研项目和资金管理的若干意见》，中国政府网，2014年3月14日。

② 《国务院关于改进加强中央财政科研项目和资金管理的若干意见》，中国政府网，2014年3月14日。

③ 《中共中央办公厅、国务院办公厅印发〈深化科技体制改革实施方案〉》，中国政府网，2015年9月24日。

统和中央财政科研项目数据库，对科技计划实行全流程痕迹管理等①。

2016 年 7 月 31 日，中共中央办公厅、国务院办公厅印发《关于进一步完善中央财政科研项目资金管理等政策的若干意见》，文件提出将采用科研信用管理方式加强事中事后监管，严肃查处违法违纪问题，对监督机制提出建立全程公开、透明、可追溯的信用管理体系要求②。

2018 年 5 月 30 日，中共中央办公厅、国务院办公厅印发《关于进一步加强科研诚信建设的若干意见》，以正式文件明确了将科研诚信建设要求落实到项目指南、立项评审、过程管理、结题验收和监督评估等科技计划管理全过程。工作重点主要包括加强建立完善科研诚信信息系统、规范科研诚信信息管理和加强科研诚信信息共享应用等③。

（二）我国科研诚信建设联席会议制度

我国科研诚信建设联席会议制度由科技部、教育部、中国科学院、中国工程院、国家自然科学基金委员会、中国科协于 2007 年 3 月联合建立。目前成员单位已经达到 15 家，除 6 家发起单位外还包括国家发展改革委、工业和信息化部、农业部、人力资源和社会保障部、卫生计生委、新闻出版广电总局、中国社会科学院、中央军委装备发展部等。

2007 年联席会议单位召开第一次会议中明确了联席会议的主要职责包括：指导全国科技界科研诚信建设工作，研究制定科研诚信建设的重大政策，督促和协调有关政策和重点任务的落实④。2008 年科学技术部万钢部长主持召开了联席会议第二次会议，主要讨论了《关于加强科研诚信的意见（征求意见稿）》、《科研活动诚信指南（征求意见稿）》和《科研诚信知识读本（征求意见稿）》等文件，会议研究部署了下一阶段科研诚信建

---

① 《深化科技体制改革实施方案》，中国政府网，2015 年 9 月 24 日。
② 《中共中央办公厅、国务院办公厅印发〈关于进一步完善中央财政科研项目资金管理等政策的若干意见〉》，中国政府网，2016 年 7 月 31 日。
③ 《中共中央办公厅 国务院办公厅印发〈关于进一步加强科研诚信建设的若干意见〉》，中国政府网，2018 年 5 月 30 日。
④ 《科技部等六部门建立科研诚信建设联席会议制度》，中国政府网，2007 年 2 月 27 日。

设工作。

2009年8月，科学技术部、教育部、财政部等科研诚信建设联席会议成员单位联合印发了《关于加强我国科研诚信建设的意见》，明确提出将建立健全科技信用管理体系，为申请、执行、评估评审项目的单位和个人建立科技信用档案，将其作为审批申请项目、承担评估评审工作的依据①。同年10月科研诚信建设联席会议第三次工作会议召开，与会者一致认为，科研诚信建设工作存在科研诚信规范不健全、调查处理科研不端行为的机构与权限尚不明确，以及不同层面的政策和管理制度缺位等问题，今后要关注科研伦理、科研活动中的利益冲突问题，警惕科研活动中出现违反伦理规范和破坏自然环境的行为②。

2017年3月24日，科研诚信建设联席会议第五次会议召开，会议就推进科研诚信与信用体系建设工作进行了研究讨论，审议通过了修订后的《科研诚信建设联席会议章程》，科技部政策司贺德方司长代表联席会议办公室汇报了《科研诚信建设联席会议工作报告》。各成员单位表示将加强部际工作协调配合，着力推动相关信用信息共享，开展对科研不端行为和严重失信行为的联合惩戒③。

2017年6月5日，科研诚信建设联席会议第六次会议召开，专题研究处理论文造假问题。科学技术部部长万钢总结指出，全国科技创新大会召开以来，我国科技事业取得重要进展，但越是科技创新取得成绩时，越要高度重视和加强科研诚信建设。对近期发生的集中撤稿，要从行政和学术调查两条线进行彻查，严肃处理涉事责任主体。同时坚决打击学术"黑中介"和以"吸金"为目的的掠夺性期刊。万钢强调，应从体制机制上共同发力，深入推进科技人才评价、科研项目评审和科技机构评估改革，逐步树立以品

---

① 《科技部等十部门联合发布〈关于加强我国科研诚信建设的意见〉》，中国科学技术部网站，2009年11月11日。
② 《科研诚信建设联席会议第三次工作会在科技部举行》，中国政府网，2009年11月3日。
③ 《全国科研诚信建设联席会议第五次会议召开》，中国科学技术协会网站，2017年4月1日。

德、能力、贡献为核心的人才评价导向，为建设世界科技强国夯实重要的社会基础和人才支撑。

2019 年 8 月 23 日，科研诚信建设联席会议第七次会议召开。会议审议通过了《科研诚信建设联席会议章程》修订、《科研诚信案件调查处理规则（试行）》等文件①。会议指出，科技部以科研诚信严重失信行为数据库为基础，开发建设了覆盖全国的统一的科研诚信管理信息系统，覆盖了科技计划项目、基地建设、人才计划和科技奖励、评审专家库等的申报，以及组织实施、验收、监督和评估等环节，已对数十个专项、上千个项目和课题、近 20 万人次开展诚信审核，对存在严重失信行为的项目和课题负责人取消其承担资格。科研诚信联席会议各成员单位和各地方可在线查询失信记录信息、进行科研诚信审核，从而高效实现联合惩戒②。

（三）国家科技管理信息系统公共服务平台建设

2014 年 12 月，国务院发布《关于深化中央财政科技计划（专项、基金等）管理改革方案》，将通过统一的信息系统对中央财政科技计划（专项、基金等）的需求征集、指南发布、项目申报、立项和预算安排、监督检查、验收结果等进行全过程信息管理，并主动向社会公开非涉密信息，接受社会监督③。

国家科技管理信息系统公共服务平台由科学技术部信息中心建设运行并提供相关技术服务，是跨多部门、多地区运行的综合性信息服务系统，为科研信用管理系统的构建提供了基本运行平台④。该系统公共服务平台分为公开公示、项目申报、在线服务、成果报告、科研资源和科研资金等栏目。其中，公开公示内容包括信息公开、申报指南、计划专项公示、项目过程公示和信用警示信息等子系统。当前，计划专项公示和项目过程公示列项为国家

---

① 《重拳出击！二十家单位联合惩戒科研失信行为》，中国科技网，2019 年 8 月 26 日。
② 《重拳出击！二十家单位联合惩戒科研失信行为》，中国科技网，2019 年 8 月 26 日。
③ 《国家科技管理信息系统公共服务平台概述》，中国科学技术部网站，2015 年 7 月 29 日。
④ 《国家科技管理信息系统公共服务平台概述》，中国科学技术部网站，2015 年 7 月 29 日。

"十三五"规划中的国家科学自然基金、国家科技重大专项、国家重点研发计划、技术创新引导计划及基地和人才专项等项目计划，每项计划的项目过程公示覆盖从指南发布、项目申报、评审专家、立项和预算安排、监督检查到结题验收等全流程环节。信用警示信息子系统包括单位信用警示和人员信用警示模块，具体包括单位名称（人员姓名）、涉及事项、调查处理机构、行为类型、事项说明、警示起止时间等，相关数据和信息尚未录入其中。

五 科研信用管理体系建设的政策建议

（一）推进科研信用管理系统数据的记录和保存工作

当前我国科研信用数据的采集、记录和保存应注意以下三方面问题[1]。

第一，科研信用管理系统应尽可能确保被记录的科研活动过程数据是真实而非虚构的。这一机制督促科研人员所实施的科学实验数据，即研究数据不是凭空编造出来的，而是在实地调查、实际观测中真实记录下来的。

第二，该系统应确保实验数据收集和保存的完整性。即督促科研人员完整收集和保存研究全过程的所有原始数据，包括暂时的、阶段性成果的记录，以及实验的失误、误差等。数据收集的完整性一方面便于其他研究者据此进行重复实验；另一方面一旦发生投诉，完整的数据可以作为证据，保护科研人员的利益和荣誉。

第三，数据记录与数据获得应同步进行。即科研人员应诚实、清晰地记录数据，以回应其他人员日后可能对实验的日期、数据收集的顺序、获得结果等产生的疑问。用纸质或计算机文件方式记录的数据应当确保其在特定日期记录且日后未被更改。

---

[1] 参考"南开大学研究生学术规范学习测试系统"，网址：http://zixiuke.nankai.edu.cn/。

（二）发挥科研信用体系对科研人员的激励作用

信用评价产品在前期指标选取和评价机制的设计中，考虑了信用因素对科研行为的惩戒和激励作用。科研信用体系的建立基于全国范围内的科研信用信息共享平台，科研信用体系对科研人员的激励作用源于信用原理中的守信激励。科研信用管理体系包含了科研数据可记录、保存和共享的机制，即科研过程可追溯，使科研过程尽可能地被复制和验证，这种机制延长了科研行为的评价期限，对科研活动（尤其是项目）的评价由结果决定型转向过程决定型。

这在一定程度上对于科研创新、科研试错、包容科研实验的失败等行为具有显著的激励效应。科研信用管理制度设计中对科研失信行为零容忍，鼓励研究者按照实事求是、创新探索的科学精神进行科研技术的探求。未触及科研信用管理底线的，即未纳入黑名单（或者严重失信名单）的大多数科研主体和相关科研活动，应遵循科研活动本身规律，给予科研人员更多信任，尽可能降低短期行政干预对科研活动所带来的短视化影响。这是由科研信用管理体系背后的科研信用信息可追溯系统所支撑的，该系统保证了科学研究的延续性，在项目进程中或结束后的一定时间内，因科研数据（科学研究中的专业数据和科研活动本身的数据记录）供科学共同体在一定范围内共享，所以科研成果的评价和监测具有持续性，这种机制对于包容创新尤其重要[①]。

（三）借鉴相关经验做法，推进科研信用体系建设纵深向发展

目前其他领域社会信用体系建设工作有较多经验做法，可供科研信用体系建设借鉴，具体包括以下几点。

第一，在市场主体的事中和事后监管方面，可参考原工商系统商事制度

---

① 张丽丽：《我国科研信用管理体系建设研究》，《中国高校科技》2018 年第 6 期，第 7～10页。

改革多证合一的信用监管措施，包括事中、事后信用监管体系，对市场主体实施信用分类监管。

第二，在市场主体的分类监管、联合惩戒和信用产品的开发方面，税务系统的税收诚信管理体系经验较为成熟。在国家税务总局统一规划下，税收信用系统已实现对市场主体进行税收信用分类监管，根据不同的信用等级对主体进行不同程度的便利服务；同时，基于主体税务信用评价结果，该税收诚信系统与其他部门建立了市场主体的联合奖惩机制；此外，税务部门与各商业银行或其他授信部门联合，银行以税收信用评价为依据，推出"银税贷"等信用产品，"银税贷"这类信用创新产品平台为互联网金融、扶持小微企业、培养"以信养信"的信用良性循环模式提供了基础。

第三，在公众参与行业信用建设方面，交通运输、食品安全等行业在不同范围内不同程度地构建了信用监督管理体系。由于这些领域具有与民众基本生活息息相关的特点，这类公共部门的信用体系设计均考虑了"人人参与"的信用管理理念。在这一机制设计下，所有相关主体均可将自身获得的真实信息共享到统一平台参与到实际监管过程中，提高了信用管理效率。

在科研系统进行信用体系建设的工作中，可以将公众参与信用监管的理念范围缩小至科研共同体内部。根据前文分析，科研共同体中的所有相关主体均有权有责任对有关科研活动进行监督和验证，科研信用管理制度应探索设计信用机制，在项目管理中，将项目过程向相关学术团体进行信息公开，降低信息不对称程度，促进技术的发展①。

参考文献

［1］张明龙：《我国科技信用管理制度建设纵向考察》，《科学管理研究》2008 年第

---

① 张丽丽：《我国科研信用管理体系建设研究》，《中国高校科技》2018 年第 6 期，第 7 ~ 10 页。

4 期。

［2］袁尧清：《科研行为信用评价与管理研究》，《科学管理研究》2016 年第 5 期。

［3］许斌冯、高亮：《科研项目承担单位经费信用评价指标体系构建》，《中国高校科技》2015 年 Z1 期。

［4］张琼妮、张明龙：《构筑科研人员信用信息共享平台的研究》，《贵州社会科学》2014 年第 9 期。

专题篇

Special Topic

B.13
2018年义乌市场信用指数
运行情况分析报告*

摘　要：　本报告分析了 2018 年义乌市场信用发展状况。分析结果表
明，2018 年义乌市场信用综合指数呈现年初波动明显、之后
趋于平稳的基本特征。4 个分类指数和 8 个关键指标进一步
证实了上述结论。总体来看，义乌市场信用水平保持在历史
较高位置，这主要得益于义乌商人一贯重视诚信经商和市场
信用建设的基础良好，同时也是近年来义乌市政府加强市场
监管、引领市场主体注重信用建设的结果。此外，为了更好
地反映新时期义乌市场经济发展的新特征，课题组编制了新
版义乌市场信用指数。新指数试运行结果表明，该指数将更
有利于对义乌市场信用变动原因和结构特征进行深入分析，

＊　北京大学中国信用研究中心课题组。

故建议从2019年起，采用新的指标体系对义乌市场信用情况进行分析。

关键词： 义乌市场信用指数　信用建设　市场监管

《2018年义乌市场信用指数运行情况分析报告》（以下简称《2018年报告》），全面总结了2018年度义乌市场信用指数运行及其工作情况，并对2019年有关义乌信用指数（YMCI）工作做了前瞻性展望与合理化建议。《2018年报告》主要由五个方面内容构成。第一部分是2018年中国宏观经济运行情况；第二部分是2018年中国信用体系建设进展；第三部分是2018年义乌市场信用指数（YMCI）运行情况及特点；第四部分是新版义乌市场信用指数的构建与测算专题报告；第五部分是2018年度相关资料的附录。

一　2018年中国宏观经济运行情况[①]

国家统计局数据显示，2018年我国国内生产总值为90.0万亿元，同比增长6.6%，实现了6.5%左右的预期发展目标。

全国规模以上工业增加值同比增长6.2%。其中，采矿业增加值增长2.3%，制造业增加值增长6.5%，电力、热力、燃气及水生产和供应业增加值增长9.9%。装备制造业、高技术制造业和战略性新兴产业增加值分别同比增长8.1%、11.7%以及8.9%。

全国社会消费品零售总额为38.1万亿元，同比增长9%。其中，限额以上单位消费品零售额为14.5万亿元，增长5.7%。全国网上零售总额为9.0万亿元，同比增长23.9%。其中，实物商品网上零售额7.0万亿元，同

---

① 《2018年经济运行保持在合理区间　发展的主要预期目标较好完成》，http://www.stats. gov.cn/tjsj/zxfb/201901/t20190121_ 1645752.html,2019年1月21日。

比增长 25.4%；非实物商品网上零售额 2.0 万亿元，同比增长 18.7%。

全国货物进出口总额为 30.5 万亿元，同比增长 9.7%。其中，出口 16.4 万亿元，同比增长 7.1%；进口 14.1 万亿元，同比增长 12.9%。我国对欧盟、美国和东盟进出口总额分别增长 7.9%、5.7% 和 11.2%，我国对"一带一路"沿线国家进出口总量增长 13.3%。

二 2018 年中国信用体系建设进展[①]

2018 年，我国信用体系建设取得积极进展。截至 2018 年底，全国信用信息共享平台累计归集各类信用信息 300 亿余条，为各地和行业领域开展市场信用治理工作提供了有力支撑。新增失信黑名单主体信息 40.7 万余条，涉及失信主体约 34.1 万个，退出失信黑名单主体约 31.8 万个。

在重点领域信用专项治理方面，一是发布了慈善捐助领域第二批失信人员黑名单；二是发布了金融专项治理领域第 10 批严重失信行为人名单；三是破获呼伦贝尔特大网络赌博案等假彩票治理领域大案要案；四是依法查处各类非法社会组织约 6000 个，破获案件 7673 起[②]。

三 2018 年 YMCI 运行情况及特点

（一）综合指数概况

2018 年义乌市场信用综合指数波动幅度较大，呈现出年初波动明显、年中总体平稳、年末转为上扬的基本特征。YMCI 从年初的 194.09 辗转前进至年末的 229.99，增幅为 18.5%。2018 年义乌市场信用综合指数的走势如图 1 所示。

---

① 《发改委介绍社会信用体系建设情况：推进失信联合惩戒》，http://finance. people. com. cn/n1/2018/1115/c1004 - 30402699. html，2018 年 11 月 15 日。

② 《各领域信用事件不良率均呈明显下降趋势》，《中国改革报》2019 年 1 月 22 日，http://www. cfgw. net. cn/epaper/content/201901/23/content_ 8754. htm。

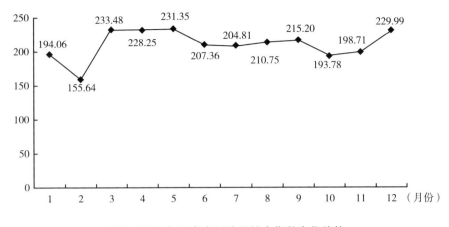

图1　2018 年义乌市场信用综合指数变化趋势

（二）综合指数预警监测状况

根据 YMCI 波动预警子系统的监测，2018 全年市场信用综合指数的变化特征总体呈现"升降持平"的格局。其中，变动幅度处于"正常"状态（即波动处于"−5%～5%"区间）的有 7 个月份；处于"变好"状态（即波动"≥5%"）的有 2 个月份；处于"变坏"状态（即波动"<−5%"）的有 3 个月份（详见表1）。

表1　2018 年 YMCI 全年波动预警状况

时间	YMCI 分值	YMCI 波动幅度（%）	YMCI 波动预警标识
2018 年 1 月	194.06	− 2.63	正常（N）
2018 年 2 月	155.64	− 19.80	变坏（W）
2018 年 3 月	233.48	50.02	变好（B）
2018 年 4 月	228.25	− 2.24	正常（N）
2018 年 5 月	231.35	1.36	正常（N）
2018 年 6 月	207.36	− 10.37	变坏（W）
2018 年 7 月	204.81	− 1.23	正常（N）
2018 年 8 月	210.75	2.90	正常（N）
2018 年 9 月	215.20	2.11	正常（N）
2018 年 10 月	193.78	− 9.96	变坏（W）

时间	YMCI 分值	YMCI 波动幅度(%)	YMCI 波动预警标识
2018 年 11 月	198.71	2.55	正常(N)
2018 年 12 月	229.99	15.74	变好(B)

注：YMCI 波动预警子系统（NBW 预警系统）具有提示性预警能力，通过环比指标对比分析，反映本期 YMCI 综合指数及分类指数较上期变化的相关信息，NBW = 本期指数/上期指数 ×100% − 1。其中，

$-5\% \leqslant$ NBW $<5\%$，NBW 为正常状态（Normal）；

NBW $\geqslant 5\%$，NBW 为变好状态（Better）；

NBW $< -5\%$，NBW 为变坏状态（Worse）。

根据 YMCI 五色灯预警子系统的监测，2018 年全年市场信用综合指数均为绿色灯标识，说明义乌市场信用状况一直保持在安全状态。这主要得益于义乌商人一贯重视诚信经商，市场信用建设的基础良好，同时也是近年来义乌市政府加强市场监管、引领市场主体注重信用建设的结果。2018 年各月的市场信用综合指数详见表 2。

表 2　2018 年 YMCI 五色灯预警系统

时间	YMCI 分值	YMCI 分值区域	五色灯标识
2018 年 1 月	194.06	≥110	●（绿灯）
2018 年 2 月	155.64	≥110	●（绿灯）
2018 年 3 月	233.48	≥110	●（绿灯）
2018 年 4 月	228.25	≥110	●（绿灯）
2018 年 5 月	231.35	≥110	●（绿灯）
2018 年 6 月	207.36	≥110	●（绿灯）
2018 年 7 月	204.81	≥110	●（绿灯）
2018 年 8 月	210.75	≥110	●（绿灯）
2018 年 9 月	215.20	≥110	●（绿灯）
2018 年 10 月	193.78	≥110	●（绿灯）
2018 年 11 月	198.71	≥110	●（绿灯）
2018 年 12 月	229.99	≥110	●（绿灯）

注：五色预警灯形象化地表现了 YMCI 综合指数及分类指数变化水平，方便指数使用者观测和了解相关情况。其中，

YMCI 指数 ≥110，绿灯（S，security，安全级）；

100 ≤YMCI 指数 <110，蓝灯（N，normality，正常级）；

90 ≤YMCI 指数 <100，黄灯（C，caution，关注级）；

80 ≤YMCI 指数 <90，橙灯（W，warning，警戒级）；

YMCI 指数 <80，红灯（D，danger，危险级）。

（三）综合指数月度特点综述

2018年第一季度，从季内各月的走势看，YMCI在2018年1月至3月呈现先下降后上升的态势。YMCI在2018年1月为194.06；2月降至155.64，降幅为19.8%；3月升至233.48，升幅为50.01%。季内月均值报收于194.39，绝对值远大于110，"五色灯预警子系统"显示为"绿色灯"安全状况；季内月均数较上季月均数上升2.42%，"波动预警子系统"显示为"正常"（N，Normal）状态。

2018年第二季度，从季内各月的走势看，YMCI在2018年4月至6月呈现下降的态势。YMCI在2018年4月为236.48，5月降至231.35，6月降至207.36。季内月均值报收于225.06，与上一季度相比有所上升，数值远大于110，"五色灯预警子系统"显示为"绿色灯"安全状况；季内月均数较上季月均数上升了15.78%，"波动预警子系统"显示为"变好（B，Better）"状态。

2018年第三季度，从季内各月的走势看，YMCI在2018年7月至9月呈现持续上升态势。季内月均值报收于210.25，与上一季度相比有所下降，数值远大于110，"五色灯预警子系统"显示为"绿色灯"安全状况；季内月均数较上季月均数下降了5.43%，"波动预警子系统"显示为"变坏（W，Worse）"状态。

2018年第四季度，从季内各月的走势看，YMCI在2018年10月至12月呈现持续上升态势。季内月均值报收于207.49，与上一季度相比有所下降，数值远大于110，"五色灯预警子系统"显示为"绿色灯"安全状况；季内月均数较上季月均数下降了1.31%，"波动预警子系统"显示为"正常（N，Normal）"状态。

（四）分类指数特点综述

YMCI总分指数通过各指标相对水平数量变动的相对数和在不同时间上对比的相对数，直观清晰地观察到义乌地区经济和信用发展的特征变量和参

数变化情况。现分述如下。

1. 商品质量指数

商品质量指数是 YMCI 的龙头分类指数。

2018 年 1 月商品质量指数从上月 166.78 下降至 154.46，降幅为 7.39%。产品质量监管处罚案件数和商品质量监管处罚案件数的增加是该分类指数下降的主要原因。本月产品质量监管处罚案件数从上月的 8 件上升至 18 件；本月商品质量监管处罚案件数从上月的 6 件上升至 11 件。

2018 年 2 月商品质量指数从上月 154.46 升至 175.59，升幅为 13.68%。产品质量监管处罚案件数减少是该分类指数上升的主要原因。本月产品质量监管处罚案件数从上月的 18 件降至 4 件，降幅为 77.78%。

2018 年 3 月商品质量指数从上月 175.59 升至 183.92，升幅为 4.74%。商品质量监管处罚案件数减少是该分类指数上升的主要原因。本月商品质量监管处罚案件数从上月的 11 件降至 6 件，降幅为 45.45%。

2018 年 4 月商品质量指数较上月提高 9%，当期有效注册商标数量的增加是该分类指数上升的主要原因。本月当期有效注册商标数量为 19.7 万个，与上月的 12.82 万个相比，增幅为 53.67%。

2018 年 5 月商品质量指数较上月提高 4.69%，商品质量监管处罚案件数减少是该分类指数上升的主要原因。本月商品质量监管处罚案件数为 5 件，较上月减少了 6 件，降幅为 54.55%。

2018 年 6 月商品质量指数较上月下降 7.75%，商品质量监管处罚案件数增加是该分类指数下降的主要原因。本月商品质量监管处罚案件数为 14 件，较上月升幅为 180%。

2018 年 7 月商品质量指数较上月下降 1.95%，产品质量监管处罚案件数增加是该分类指数下降的主要原因。本月产品质量监管处罚案件数为 14 件，与上月的 3 件相比，增幅为 366.67%。

2018 年 8 月商品质量指数较上月上升了 3.65%，食品定量检测合格率的提高是该分类指数上升的主要原因。本月食品定量检测合格率为 99.5%，与上月的 89.7% 相比，增幅为 9.8 个百分点。

2018 年 9 月商品质量指数较上月上升 3.20%，商品质量监管处罚案件数减少是该分类指数上升的主要原因。本月商品质量监管处罚案件数为 8 件，较上月减少了 12 件。

2018 年 10 月商品质量指数较上月下降 20.62%，商品质量监管处罚案件数增加是该分类指数下降的主要原因。本月商品质量监管处罚案件数为 50 件，较上月增加了 42 件。

2018 年 11 月商品质量指数较上月下降了 34.21%，商品质量监管处罚案件数增加是该分类指数下降的主要原因。本月商品质量监管处罚案件数为 81 件，较上月增加了 31 件。产品质量监管处罚案件数由上月的 16 件增至 26 件。食品定量检测合格率由上月的 96.6% 降至 68.06%。

2018 年 12 月商品质量指数较上月上升了 79.56%，商品质量和产品质量监管处罚案件减少是该分类指数显著上升的主要原因。本月商品质量监管处罚案件数为 24 件，较上月减少 57 件；产品质量监管处罚案件数为由上月的 26 件减至 0 件。此外，食品定量检测合格率由上月的 68.06% 升至 75%，升幅为 6.94 个百分点。

2018 年 YMCI 商品质量指数变化趋势见图 2。

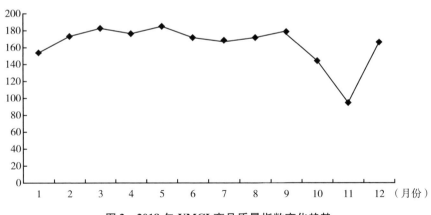

图 2　2018 年 YMCI 商品质量指数变化趋势

2. 交易活跃指数

交易活跃指数是反映市场活动状况的重要指标。

2018 年 1 月交易活跃指数从上月 205.43 降至 203.79，降幅为 0.8%。本月交易活跃指数下降的原因是多方面的。资金流入量从上月 472.76 亿元降至 442.82 亿元，降幅为 6.33%；资金流出量从上月 456.39 亿元降至 423.91 亿元，降幅为 7.12%。此外，外商数量也从上月的 4.47 万人降至 4.05 万人。

2018 年 2 月交易活跃指数从上月 203.79 降至 156.37，降幅为 23.27%。本月交易活跃指数下降的原因主要是外商人数和小商品成交额的减少。外商数量也从上月的 4.05 万人降至 1.18 万人，降幅为 70.86%；小商品成交额从上月的 155.82 亿元降至 50.87 亿元，降幅为 67.35%。

2018 年 3 月交易活跃指数从上月 156.37 升至 195.52，升幅为 25.04%，较上月有所提高。本月交易活跃指数上升的原因主要是外商人数和小商品成交额的增加。外商数量也从上月 1.18 万人升至 4.43 万人，升幅为 275.42%；小商品成交额从上月 50.87 亿元升至 140.22 亿元，升幅为 175.64%。

2018 年 4 月交易活跃指数较上月提高 7.12%，外商数量和资金流动量增加是本月交易活跃指数上升的主要原因。外商数量从上月 4.43 万人增至 6.31 万人，增幅为 42.44%；资金流入量从上月 368.37 亿元升至 465.57 亿元，升幅为 26.39%；资金流出量从上月 368.45 亿元升至 461.07 亿元，升幅为 25.14%。

2018 年 5 月交易活跃指数较上月下降 1.88%，外商数量和小商品成交额的减少是本月交易活跃指数下降的主要原因。外商数量从上月 6.31 万人降至 5.61 万人，降幅为 11.09%；小商品交易额从上月的 122.81 亿元降至 107.59 亿元，降幅为 12.39%。

2018 年 6 月交易活跃指数较上月下降 26.43%，资金流入流出量的减少是本月交易活跃指数下降的主要原因。资金流入量从上月 467.88 亿元降至 394.17 亿元；资金流出量从上月 478.77 亿元降至 394.17 亿元。

2018 年 7 月交易活跃指数较上月上升 1.41%，资金流入流出量的增加是本月交易活跃指数上升的主要原因。资金流入量从上月 394.17 亿元升至

416.79亿元；资金流出量从上月394.17亿元升至417.15亿元。

2018年8月交易活跃指数较上月上升1.37%，资金流入流出量的增大是本月交易活跃指数上升的主要原因。资金流入量从上月416.79亿元升至481.13亿元，增幅为15.44%；资金流出量从上月417.15亿元升至469.41亿元，增幅为12.53%。

2018年9月交易活跃指数较上月显著提高，升幅为30.14%，资金流入流出量的增大是本月交易活跃指数上升的主要原因。资金流入量从上月481.13亿元增至538.65亿元，增幅为11.96%；资金流出量从上月469.41亿元增至537.22亿元，增幅为14.45%。此外，本月外商数量也较上月增加13.77%，从上月的3.63万人增至4.13万人。

2018年10月交易活跃指数较上月上升3.7%，小商品成交额增加是本月交易活跃指数上升的主要原因。小商品成交额从上月的93.15亿元增加至112.58亿元，增幅为20.86%。此外，资金流入量从上月的538.65亿元增至566.82亿元，增幅为5.23%；资金流出量从上月的537.22亿元增至552.56亿元，增幅为2.86%。

2018年11月交易活跃指数较上月上升9.43%，小商品成交额增加是本月交易活跃指数上升的主要原因。小商品成交额从上月的112.58亿元增至137.2亿元，增幅为21.87%。此外，资金流入量从上月的566.82亿元增至581.31亿元，增幅为2.56%；资金流出量从上月的552.56亿元增至581.38亿元，增幅为5.22%。

2018年12月交易活跃指数较上月上升了2.5%，小商品成交额增加是本月交易活跃指数上升的主要原因。小商品成交额从上月的137.2亿元增至147.65亿元，增幅为7.62%。此外，资金流入量从上月的581.31亿元增至672.83亿元，增幅为15.74%；资金流出量从上月的581.38亿元增至654.36亿元，增幅为12.55%。

2018年YMCI交易活跃指数变化趋势见图3。

3. 客商满意指数

客商满意指数是反映市场信用水平的重要指标。

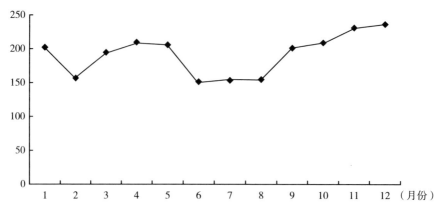

图3　2018年YMCI交易活跃指数变化趋势

2018年1月客商满意指数从上月99.03降至90.75，降幅为8.36%。该分类指数下降主要与消费者投诉案件和12315投诉案件数量的上升有关。消费者投诉案件从上月的1711起升至1925起，增幅为12.51%；12315投诉案件从上月的46起增至63起，增幅为36.96%。

2018年2月客商满意指数从上月的90.75升至122.01，升幅为34.45%。该分类指数的上升主要与消费者投诉案件和12315投诉案件数量的减少有关。消费者投诉案件从上月的1925起降至729起，降幅为62.13%；12315投诉案件从上月的63起降至18起，降幅为71.43%。

2018年3月客商满意指数从上月122.01降至117.27，降幅为3.88%。该分类指数的下降主要与消费者投诉案件数量的增加有关。消费者投诉案件从上月729起升至1491起，升幅为104.53%。

2018年4月客商满意指数较上月降低12.03%，该分类指数的下降主要与12315投诉案件的增加有关。12315投诉案件从上月20起升至60起，升幅为200%。这个现象表明，市场经营主体自身的产品和服务质量亟待改善。

2018年5月客商满意指数较上月提高了4.39%，该分类指数的上升主要与12315投诉案件的减少有关。12315投诉案件从上月60起降至41起，降幅为31.67%。这个现象表明，市场经营主体自身的产品和服务质量有所改善。

2018年6月客商满意指数较上月提高了0.82%，该分类指数的上升主要与工商局12315投诉案件的减少有关。工商局12315投诉案件从上月1648起降至1416起，降幅为14.08%。这个现象表明，市场经营主体自身的产品和服务质量有所改善。

2018年7月客商满意指数较上月降低了8.43%，该分类指数下降的主要原因包括企业平均存续年限的下降、质量投诉案件数量的增多以及部分调查问卷满意度的下降。这个现象表明，市场经营主体自身的产品和服务质量亟待改善。

2018年8月客商满意指数较上月上升了7.86%，该分类指数上升的主要原因是消费者投诉案件的减少以及调查问卷中外商满意度的提升。

2018年9月客商满意指数较上月下降1.86%，该分类指数下降的主要原因是调查问卷中经营户诚信度的下降。自2018年7月起，经营户诚信度连续3个月下降，需要引起重视。

2018年10月客商满意指数较上月下降0.27%，该分类指数下降的主要原因是调查问卷中经营户诚信度和外商满意度的下降。自2018年7月起，经营户诚信度连续4个月下降，应引起重视。

2018年11月客商满意指数较上月上升了1.53%，该分类指数上升的主要原因是12315投诉案件数量显著下降。

2018年12月客商满意指数较上月上升了0.12%，该分类指数上升的主要原因是经营户诚信度与上月相比有所上升。此外，12315投诉案件数量较上月也有所下降。

2018年YMCI客商满意指数变化趋势见图4。

4. 风险可控指数

风险可控指数是综合反映市场各类风险程度的关键指标。

2018年1月风险可控指数从上月322.23升至326.23，升幅为1.24%，该分类指数上升的主要原因是本月侵犯知识产权案件的下降。本月侵犯知识产权案件从上月69起降至55起，降幅为20.29%。

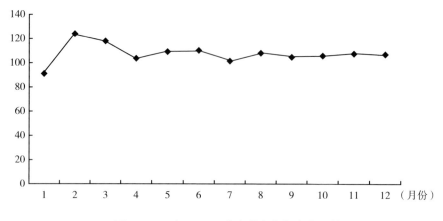

图 4　2018 年 YMCI 客商满意指数变化趋势

2018 年 2 月风险可控指数从上月 326.23 降至 144.85，降幅为 55.6%，该分类指数下降的主要原因是新增企业数量从上月的 2707 家骤减至 697 家。

2018 年 3 月风险可控指数从上月 144.85 升至 464.33，升幅为 220.56%，该分类指数上升的主要原因是不良贷款率的下降，与 2018 年 2 月相比，本月不良贷款率下降了 14.95%。

2018 年 4 月风险可控指数较上月下降了 5.23%，该分类指数下降的主要原因是不良贷款率的上升，与 2018 年 3 月相比，本月不良贷款率上升了 12.64%。此外，本月侵犯知识产权案件为 113 件，与上月的 67 件相比，增加了 68.66%。

2018 年 5 月风险可控指数较上月上升了 0.79%，该分类指数上升的主要原因是公安经济案件立案数的减少，从上月的 37 起下降至 21 起，降幅为 43.24%。

2018 年 6 月风险可控指数较上月下降了 3.17%，该分类指数下降的主要原因是公安经济案件立案数的增加，从上月的 21 起升至 41 起，升幅为 95.24%。

2018 年 7 月风险可控指数较上月上升了 2.34%，该分类指数上升的主要原因是公安经济案件的减少，降幅为 17.86%。

2018 年 8 月风险可控指数较上月下降了 0.75%，该分类指数下降的主要原因是不良贷款率的上升，升幅为7.91%。

2018年9月风险可控指数较上月下降12.89%，该分类指数上升的主要原因是公安机关经济犯罪案件的增多，从上月的23件增至32件，增幅为39.13%。

2018年10月风险可控指数较上月下降14.07%，该分类指数下降的主要原因是不良贷款率的上升。此外，资金保障力度的下降和经营成本的上升也是风险可控指数下降的原因。

2018年11月风险可控指数较上月上升了24.19%，该分类指数上升的主要原因是新设企业数量的增加。新设企业由上月的2672家增加至3530家，增幅为32.11%。

2018年12月风险可控指数较上月上升了4.28%，该分类指数上升的主要原因是不良贷款率较上月有所下降，降幅为8.85%。此外，新设企业由上月的3530家增至3755家，增幅为6.37%。

2018年YMCI风险可控指数变化趋势见图5。

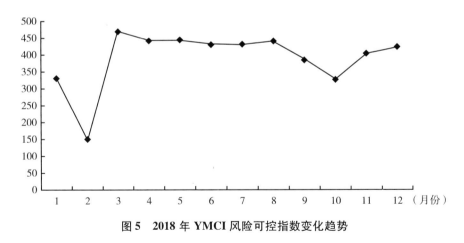

图5　2018年YMCI风险可控指数变化趋势

（五）关键指标分析

义乌市场信用综合指数受到四类分类指数的综合影响。为了更清晰明了地分析综合指数的变化动态和原因，我们遴选了8个具体指标进行具体分

析，即当期有效注册商标数量、产品质量监管处罚率、外商人数、小商品成交额、企业平均年限、消费者投诉率、新设企业数量、侵犯知识产权案件数。

1. 关于商品质量指数的关键指标

1.1　当期有效注册商标数量（含国内和马德里）

当期有效注册商标数量受到当期企业新增量以及产品新增量的直接影响，能较好地预示当前经济的冷热度与市场景气度。2018 年，当期有效注册商标数量（含国内和马德里）呈上升趋势，从年初的 9.61 万个上升至年末的 16.95 万个（详见图 6）。

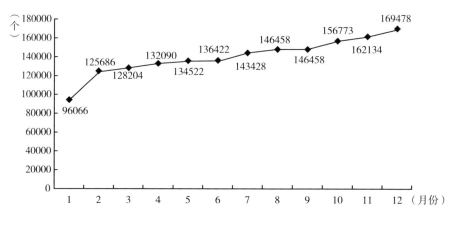

图 6　2018 年当期有效注册商标数量（含国内和马德里）

1.2　产品质量监管处罚率

产品质量监管处罚率是影响商品质量指数的关键指标，本年度产品质量监管处罚案件数的变化波动明显，从年初的 18 件变化为年末的 0 件；9 月份达到最高峰，为 33 件（见图 7）。

2. 关于交易活跃指数的关键指标

2.1　外商人数

外商人数直接反映当月的进出口贸易景气度。本年度外商人数有较大波动，外商人数的波动映衬了外贸形势的变化。具体变化趋势如图 8 所示。

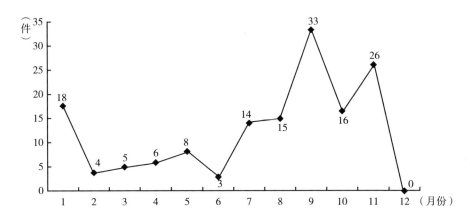

图7　2018年产品质量监管处罚案件数变化趋势

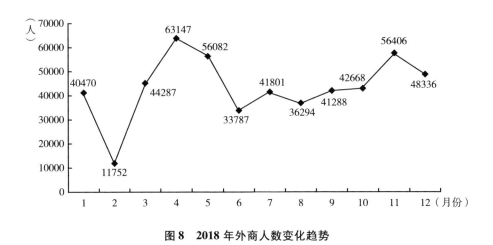

图8　2018年外商人数变化趋势

2.2　小商品成交额

小商品成交额是描述交易活跃指数的关键指标，本年度小商品成交额的波动幅度较大，12月份达到147.65亿元，成为拉动市场的主要因素，其走势如图9所示。

3. 关于客商满意指数的关键指标

3.1　企业平均年限

企业平均年限的趋势直接反映企业的生命周期，可以预期经济走势。

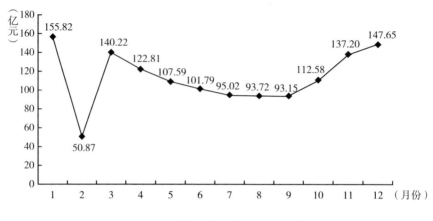

图9　2018 年小商品成交额变化趋势

企业平均年限变长，可以说明宏观经济环境的良好和经济回暖。从图9可以看出，与2017 年类似，2018 年全年企业平均年限总体呈现下降趋势（见图 10）。

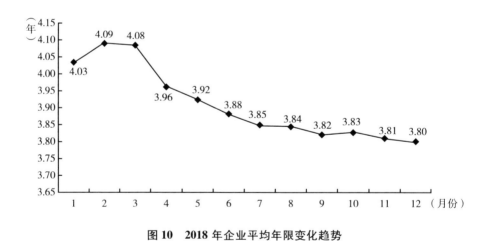

图 10　2018 年企业平均年限变化趋势

3.2　消费者投诉率

消费者投诉率是影响客商满意指数的关键指标。本年度 12315 投诉案件数量波动较大，总体呈现下降趋势（见图 11、图 12）。

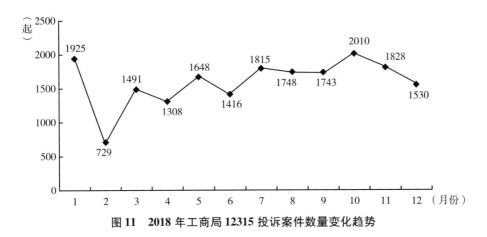

图11　2018年工商局12315投诉案件数量变化趋势

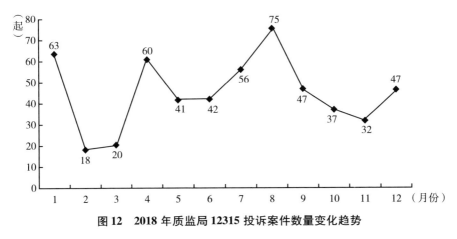

图12　2018年质监局12315投诉案件数量变化趋势

4. 关于风险可控指数的关键指标

4.1　新设企业数量

新设企业数量是影响风险可控指数的关键指标，2018年，新设企业数量在前3个月波动较大，之后趋于平稳（见图13）。

4.2 侵犯知识产权案件数

侵犯知识产权会严重影响市场的信誉指数，直接影响风险可控指数。2018年侵犯知识产权案件数波动较大，总体处于较高水平，值得关注（见图14）。

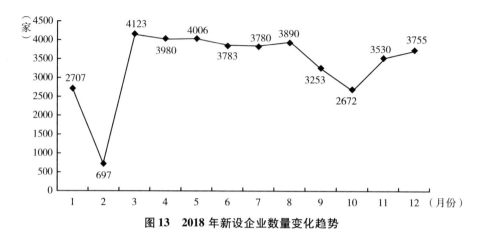

图 13　2018 年新设企业数量变化趋势

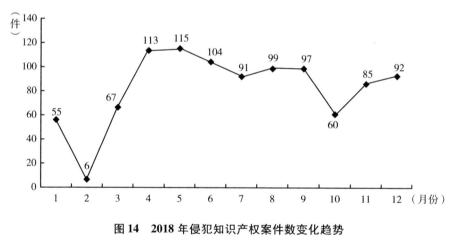

图 14　2018 年侵犯知识产权案件数变化趋势

四　新版义乌市场信用指数构建与测算专题报告

（一）新版义乌市场信用指数的指标结构

随着我国进入经济高质量发展的新时期，以新产业、新业态和新模式为核心的新动能不断增强。近年来，义乌在"三新"发展方面成绩斐然，为了更好地反映义乌市场经济发展的新特征，2018 年，YMCI 课题组经过多次访谈、调研与研讨，在原 YMCI 指标体系的基础上构建了新的 YMCI 指标结构和分析模型（见表3）。

表3　新版义乌市场信用指数的指标体系

一级指标	一级指标权重	二级指标权重	二级指标名称	指标解释	数据来源
商品质量	0.20	0.15	有效商标数量（件）	截至当月末义乌全市有效商标数量	知识产权科
		0.15	义乌企业信用评价得分	企业信用评价分数算术平均值	信用办
		0.35	产品质量监管处罚率	负向指标	原有指标
		0.35	商品质量监管处罚率	负向指标	原有指标
企业履责	0.15	0.20	小商品城市场信用评价得分	市场信用评价分数算术平均值	小商品城
		0.30	环保类案件行政处罚率（件/万）	负向指标	环保局（信用办）
		0.30	安全生产经营事故发生率	负向指标	安监局（信用办）
		0.20	异常名录企业整改率	上月列入经营异常名录的企业数在本月的移除比率	当月计算统计
市场活跃	0.15	0.10	市场客流量（人）	移动、联通短信发送数量	信息公司
		0.30	小商品成交额（亿元）	小商品成交额	市管科
		0.10	阿里系活跃店铺数（个）	当月有交易的义乌阿里系店铺数量	电商办
		0.30	快递日均发货量（万件）	每交易日快递发货平均数量	电商办
		0.20	银行贷款余额（亿元）	截至本月末的贷款余额	原有指标
市场开放	0.15	0.20	进口总额（亿元）	上月进口总额	电商办
		0.20	出口总额（亿元）	上月出口总额	电商办
		0.20	国际快递收件数（万件）	上月国际快递收件数量	电商办
		0.20	国际快递发件数（万件）	上月国际快递发件数量	电商办
		0.20	实际利用外资额（万美元）	本月实际利用外资数量	电商办
客商满意	0.20	0.10	企业平均存续年限（年）	企业平均存续年限	修改计算方式，已注销企业的平均存续年限
		0.60	消费者投诉率（件/亿元）	投诉数量除以经济主体数量	消保分局
		0.30	天猫系店铺总体满意度	天猫系店铺平均信用分	电商办

续表

一级指标	一级指标权重	二级指标权重	二级指标名称	指标解释	数据来源
风险可控	0.15	0.10	新设企业增长率	新增市场主体同比增长率,正向指标,反映投资者的市场预期	当月计算统计
		0.10	新增异常经营名录企业同比增长率	当月纳入名录数与去年同期相比的增长率,负向指标	当月计算统计
		0.30	不良贷款率	当月不良贷款率,负向指标	原有指标
		0.25	行政处罚案件发生率	行政处罚所涉经济主体占所有经济主体的比重,负向指标	信用办
		0.25	公安经济案件立案率	经济类刑事案件涉经济主体占所有经济主体的比重,负向指标	原有指标

（二）新版义乌市场信用指数的主要特征

与原 YMCI 指数相比，优化后的新指标体系在指标内涵、指标属性、计算方法等方面，具有了以下新的特点。

第一，指标体系更加完善。新的指标体系由 6 个一级指标构成。在原有的"商品质量指数""交易活跃指数""客商满意指数""风险可控指数"四个一级指标的基础上，新增了"企业履责指数"和"市场开放指数"两个一级指标，分别加强了对义乌企业的信用状况和义乌市场"买全球、卖全球"特色的反映。同时，对部分原有指标的名称进行了调整，以反映更加丰富的市场活动内涵。比如，"交易活跃指数"更名为"市场活跃指数"，既反映传统的线下交易的活跃度，也反映义乌市场近年来线上交易迅速发展的新特征。

第二，更多采用了客观指标。新的指标体系由 26 个二级指标构成，这些指标全部为客观性指标。原有指标体系由 27 个二级指标构成，包括 20 个客观性指标和 7 个调查指标。新的体系保留了 65% 的原有客观二级指标（含合并）。最终，在新的指标体系中，保留指标和新增指标的占比分别为 46.2% 和 53.8%，既保持了指标体系的稳定性，又增强了指标体系的客观性。

第三，算法和权重确定更加合理。新的指标体系由 18 个正向指标和 8 个负向指标构成，基本维持了原有体系中正负向指标的结构。在指数计算过程中，先对负向指标进行正向化，再赋予一个正数权重。每一个指标的权重赋值更加细化和科学化，准确地反映了各个指标的重要程度（见图15）。

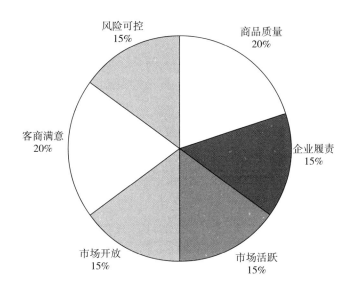

图15　新版义乌市场信用指标的分类指数权重情况

（三）测算结果和应用建议

在新的 YMCI 指标体系和计算模型确立后，课题组以 2018 年 6 月作为基期（义乌市场信用指数为 100），进行了数据采集、模拟运行和输出结果比对。结果发现，按照新版指标和统计数据进行监测，得到 2018 年 7 月的新综合指数为 136.31，8 月的新综合指数为 138.78，9 月的新综合指数为 164.03（见图16）。测算确认了新旧版本指数体系在变动趋势上保持一致。同时，新版指数体系具有更高的灵敏度和敏感性，反映出环比变化更加明显（见表4）；新版指数体系指标之间的差异性和独立性特征更加突出，各分类指数的贡献度区分更加有效（见图17、表5）。据此，课题组认为，新版指标体系将更有利于对义乌市场信用变动原因和结构特征进行深入分析和运用，故建议从 2019 年度开始，实现对 YMCI 在新指标体系下的运用分析工作。

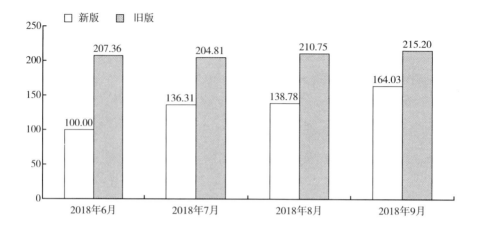

图 16 新旧版义乌市场信用指数对比

表 4 新旧版综合指数环比增长率对比

时间	新版综合指数	环比增长率 （%）	旧版综合指数	环比增长率 （%）
2018 年 6 月	100.00	—	207.36	—
2018 年 7 月	136.31	36.31	204.81	−1.23
2018 年 8 月	138.78	1.81	210.75	2.90
2018 年 9 月	164.03	18.19	215.20	2.11

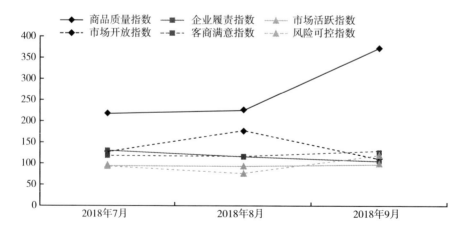

图 17 新版各分类指数变化趋势

表5　2018年7～9月新版各分类指数贡献度一览

指数名称	指数权重	2018年7月（%）	2018年8月（%）	2018年9月（%）
综合指数	1	36.31	1.81	18.19
商品质量指数	0.20	17.71	1.02	17.44
企业履责指数	0.15	3.70	− 1.54	− 1.05
市场活跃指数	0.15	0.02	− 0.52	0.60
市场开放指数	0.15	3.18	4.97	− 5.81
客商满意指数	0.20	2.75	− 0.12	0.24
风险可控指数	0.15	8.96	− 1.99	6.78

五　附录

附录一：2018年YMCI综合指数和分类指数一览

月份	综合指数	商品质量指数	交易活跃指数	客商满意指数	风险可控指数
1月	194.06	154.46	203.79	90.75	326.23
2月	155.64	175.59	156.37	122.01	144.85
3月	233.48	183.92	195.52	117.27	464.33
4月	228.25	176.95	209.45	103.16	440.05
5月	231.35	185.25	205.51	107.69	443.53
6月	207.36	170.90	151.19	108.57	429.49
7月	204.81	167.56	153.32	99.42	426.28
8月	210.75	173.68	155.42	107.23	436.25
9月	215.20	179.24	202.27	105.24	380.01
10月	193.78	142.28	209.75	104.96	326.53
11月	198.71	93.61	229.53	106.57	405.51
12月	229.99	168.09	235.27	106.70	422.88

附录二：**2018 年 YMCI 走向趋势图**

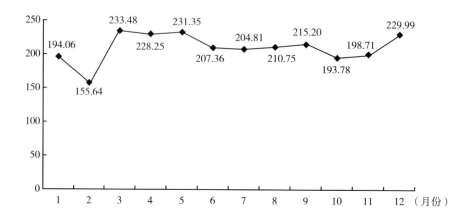

案例篇

Case Studies

B.14
城市信用体系建设创建概览

摘　要： 城市信用程度如何，反映出一座城市的发展活力、人文魅力和综合竞争力，城市是我国信用体系建设的主体。城市信用体系是城市社会和经济发展的基石，是一座城市不容忽视的软实力；城市信用体系建设更是国家信用体系建设的关键，每个城市信用环境的良好与否直接影响到国家社会信用体系的建设，直接影响着我国社会主义市场经济的发展。本报告以深圳、杭州、潍坊、惠州、德州五个典型城市为案例，分析了其信用建设的成就。总体来看，五个城市都有制度设计的基础保障、互联网的技术支持、监管的有力保障、诚信教育的社会宣传，为全国城市的信用体系建设与发展提供了成功经验的借鉴，为全国社会信用体系的建设奠定了良好的基础。

关键词： 城市信用　制度基础　互联网＋信用　信用监管

263

深圳市：社会信用建设的实践和开展①

深圳市的社会信用建设起步较早，21世纪伊始，深圳市就全面开启了社会信用体系的建设，至今已经建成了全国领先的征信体系。在制度层面，深圳市构建起一套完善的规章制度，形成了坚实的法治基础；在技术层面，打造了"信用一张网"，通过"深圳信用网"及各种平台实现各类市场主体的信用数据全覆盖；运用大数据技术，推进企业信用、个人信用信息的开放共享，成功打造"信用＋"生态圈。深信APP，信用联合奖戒等措施为商事活动保驾护航；在宣传方面，深圳市通过线上线下等教育宣传方式对市民进行信用教育，致力于打造"深圳信用"。

作为国内较早开展社会信用体系建设的城市，深圳市委市政府高度重视社会信用体系建设，自2001年开始即全面启动社会信用体系建设。2002年11月5日，由原深圳市工商（物价）局发起建设的深圳信用网（www. szcredit. org. cn）上线运行，2003年深圳市企业信用信息中心（2015年更名为深圳市公共信用中心）成立。深圳信用网历经十多年建设，起步早、基础好，助力深圳市成功建成全国领先的社会征信体系：率先出台政府信用规章，率先建成企业信用信息管理系统并上线信用网站"深圳信用网（www. szcredit. org. cn）"，率先在政府层面成立信用机构，率先构建信用信息应用体系。

（一）立法先行、建章立制，构建信用建设法治基础

2001年出台《深圳市个人信用征信及信用评级管理办法》，2002年出台《深圳市企业信用征信和评估管理办法》，2012年出台《深圳经济特区商事登记若干规定》，2017年深圳市首部综合性信用法规《深圳市公共信用信息管理办法》正式实施。该办法制定过程中，召开了全国首例现场和网络

---

① 深圳市公共信用中心。

同步举行的立法听证会，并提交市政协进行了首例"政协立法协商"，充分听取了各方建议。2018 年，深圳市发改委牵头汇总全市各部门信用信息应用清单，梳理出 948 项应用清单，其中 481 项应用清单已经实施，剩下的 467 项应用清单即将实施。同时研究制定了公共信用信息查询、信用报告格式、异议处理数据管理、信用档案、安全管理、绩效考核等 10 个配套制度。在 2019 年 3·15 之际，深圳发布《深圳市电子商务经营者第三方信用评价与应用暂行办法》，这是在信用评价方面的最新探索和实践。

（二）一以贯之，持续升级，打造"信用一张网"

1. 数据归集全覆盖

"深圳信用网"早在 2002 年 11 月 5 日上线，是全国较早建设且稳定运行至今的信用网站。目前，日均访问 63 万次，查询 40.6 万次，百度搜索多年排名第一。2017 年，深圳信用网纳入全市"市场监管体系和信用体系建设"平台全新改造升级，建成信用深圳 2.0 版，已把全市市直机关、驻深机构、公用企业及其他组织共 74 家纳为数源单位，覆盖企业、个人、事业单位、社会组织四大主体，归集全市市直机关、驻深机构、法院及公用事业单位的登记、监管、资质认证、表彰与处罚、纳税、信贷、诉讼立结案和执行等信息，涵盖 513 万家各类市场主体（含吊销、注销）1.02 亿条数据、1859 万名个人 14 亿条信用信息数据、2514 家事业单位 22 万条数据、10485 家社会组织 28.6 万条数据。

2. 打造"互联网＋信用"新体系，实现指尖信用，触手可及

结合广大用户移动端的使用习惯，深圳市公共信用中心加快打造"互联网＋信用"新体系，打通线上线下窗口，建立全生态全渠道查询披露体系，实现窗口打印书面公共信用信息查询报告与深圳信用网 PC 端、微信公众号、微信小程序、手机 APP、微信城市服务、支付宝城市服务、银联云闪付、企信惠、执照二维码共 10 种途径查询信用信息。日查询量 7 万次。

3. 深圳信用网：成果丰硕，屡创佳绩

2017 年，深圳市公共信用系统及深圳信用网凭借"启用早、数据多、

技术新、功能全、查询易、应用广"等建设亮点，荣获全国"示范性平台网站"荣誉称号。2018年，广东省首届公共信用信息平台和信用门户网站建设观摩会在广州召开，深圳信用网荣获第一名。2018年，深圳市公共信用中心根据深圳信用网近十五年来的工作情况，总结报送的"信用深圳智慧管理平台"荣膺首届"互联网＋文明"深圳优秀创新案例奖。2018年2月，深圳信用网入围深圳十大法治事件20强，获提名奖。

（三）国际一流、国内领先，建设商事综合信用信息系统

1. 深信APP——"有价值、负责任、受尊重"

深信APP作为全国首个将商事信用、产品质量信用和政务服务相结合的手机应用，为商事企业、社会公众和监管部门提供更权威、更精准、更全面的信用服务。深信APP于2019年4月获全国信用APP观摩第三名（海选320个，预赛40个，决赛8个，其中预赛第一），纳入全国政府类示范推广项目，充分展现了广东省信用建设成果。深信于2018年12月在华为应用市场、应用宝、360及苹果应用商店上线，实现云端自动化兼容性测试；深信APP已应用在深圳党政干部2018年个人事项申报中，党政干部可通过深信查询有无被冒用身份注册企业。目前，深信APP累计用户14428个，实名用户4394个，日活跃用户1056个，月用信量12597次。

2. 可视化大屏：入选"大潮起珠江"展览（展期三年）

商事信用信息全视通具有信用信息与地理信息集成的功能，能够直观展示商事登记与GDP增长的正相关关系、可视化呈现信用监管成果、服务领导决策，入选"大潮起珠江"改革开放展览，是入选的唯一一块信息化和信用类大屏，奠定了深圳信用在全省乃至全国的领先地位。2018年10月布展，连续3年展出，口碑良好。

3. 联合奖惩、协同监管：推进"守信畅行，失信难行"大格局

实施信用联合奖惩，将红黑名单和奖惩规则自动嵌入各政府部门的审批、监管、服务等业务工作流程。实现失信/守信对象在系统中的自动对应、自动识别、自动推送、自动反馈。目前在全市首批83项重点事项中试点应

用，共对列入红名单的企业实施了 737 次试点激励事项。在人才引进"秒批"等加快审批举措中，自动拦截失信主体。累计对"老赖"限制任职登记 1.3 万次，对经营异常名录商事主体限制登记或备案 25.5 万次，对严重失信企业名单上的企业限制登记或备案 29 万次。

（四）与时偕行、积极创新，深化信用大数据研究应用

1. 企信惠：消费者查商家信用的"神器"

利用手机微信"摇一摇"功能，将商家真实主体信息、商品质量信息、信用记录、消费评价等数据，经过整合后推送给消费者，实现消费者、商家、市场监管部门三方信息互通、互评，解决相互信息不对称问题以及由此带来的诚信问题。消费者可以搜索周边商家，查询商家信用信息，对商家经营服务进行评价，向消委会投诉等；商家借此平台实现"电子亮照"，推广产品、优化服务；市场监管部门进行移动监管，现场执法，提高深圳市商务诚信水平，让失信商家无处遁形，推动深圳市经济发展，最终实现社会共治、互利互惠。

企信惠已在前海蛇口自贸片区、宝安区海雅缤纷城、新湖美食街、南山欧洲城、坪地六合城等区域落地实施，后续将增加 RFID、NB-lot 的技术应用，减少后期维护成本，提高技术可靠性。

2. 企业信用画像

自 2015 年以来，积极开展"企业信用画像"商事主体信用评价研究，依托深圳信用网数据资源，集中分析了 104 项信息指标，按照经营、风险、关联、贡献、鼓励五个指数维度，完成对全市 2046065 家商事主体（不包含个体工商户）数据清洗以及关联法人股东高管和纳税报表，建立数学模型对数据进行逻辑抽取并完成评级工作，自 2015 年开始对在前海注册登记的 3 万多家企业进行画像评价，该评价已试点应用于全市企业年报抽查中，已与多家银行研究探讨，开发面向中小微企业的纯信用"深信贷"，解决中小微企业融资难融资贵问题。

3. 文明诚信积分：发放"信用红利"，共建信用社会

对照社会主义核心价值观以及《深圳市民文明素养提升行动纲要（2017—2020 年）》的要求，结合深圳文明城市创建、社会信用体系建设示范城市创建需要，构建五大维度 68 个指标，覆盖面较广，代表性强。评价对象包括四大类：先进模范（各类先进模范、志愿者）、企业高管（董监事、高管、法人代表、股东）、专业人士（目前已掌握律师、会计师、医师三类数据）、普通市民（18 岁以上、户籍及居住证、自愿参与）。主要应用于政府公共服务领域，现阶段"只激励、不惩戒"，给守信好人发放"信用红利"，提高全社会信用体系建设获得感，将命名为"鹏程分"（寓意鹏程万里，谐音"鹏城"代指深圳）。

（五）开放共享，加大应用，打造"信用＋"生态圈

1. 构建市区信用体系联建联用新机制

以宝安区为试点，在体制、系统建设、信用数据共享应用和信用监管方面提供全方位指导，支持宝安区打造"大诚信"体系。在宝安区信息中心加挂"市公共信用中心宝安分中心"，支持宝安区建立区企业信用信息基础库，打造区信用平台。"企信惠"、商事综合信用信息系统等项目在宝安区率先试点应用，打造了第一个诚信商圈、第一个信用可视化街区，开展区部门间联合奖惩和协同监管。复制推广宝安试点经验，目前前海、宝安、龙岗、坪山、盐田等区均已建立区级信用信息系统，市区共建初见成效。与此同时，积极推动信用跨区域合作。首倡和推动 3＋2 区域信用合作，深莞惠三市已实现跨市信用信息共享与互查，促进信用信息跨区域的流动和传播。

2. 推进数据共建共享，构建"信用＋"生态圈

支持质量强市促进会、汽车经销商协会、注册会计师协会、房地产中介协会、供应链金融协会推进行业诚信建设。积极推进数据开放，对接深圳市金融办金融风险监测系统和双创金融系统，以及前海金控、深圳湾、建行等用信机构。同时，扩大数据归集来源，从第三方征信机构等获取大数据支撑，支

持消委会消费信用信息推送及披露，加大消费失信惩戒力度。

3. 加强信用宣传教育，营造良好社会风气

深圳市公共信用中心通过微信公众号、信用读本、诚信建设万里行、倡导信用承诺、信用修复培训等方式，积极开展信用宣传教育，普及信用相关知识，引导广大市民和企业诚实守信，共建和谐社会。同时与北京大学中国信用研究中心合作，编订深圳社会信用建设报告，统筹梳理深圳信用工作发展现状、存在的主要问题，等等。

深圳市正在根据《中共中央　国务院关于支持深圳建设中国特色社会主义示范区的意见》中"加强社会信用体系建设，率先构建统一的社会信用平台"的要求，紧紧围绕建设"中国特色社会主义先行示范区、社会主义现代化强国的城市范例"战略路径，加强信用数据的归集管理，加强信用数据的社会应用，加强全市公共信用系统建设，加强信用服务产业发展扶持，加强新技术应用和大数据挖掘分析，加强信用政策知识宣传教育，打造统一社会信用平台，集成信用建设社会统一合力，构建统一"信用＋"应用生态圈，努力建立贯穿信用主体全生命周期的信用监管体系，先行示范打造"深圳信用"。

杭州市：努力打造"最讲信用的城市"①

杭州是全国首批社会信用体系建设示范城市和首批守信激励创新试点城市。2018 年荣获全国守信激励创新奖；2019 年"新华信用杯"全国信用案例评选中，杭州共获 9 个奖项，获奖数量居副省级城市第一。近年来，杭州坚持以信用惠民为理念，以奖惩联动为核心，以信用监管为抓手，以平台开放为支撑，着力推动社会信用体系建设，让"诚信"这一传统美德与现代文明有机融合，努力使杭州建设成为"最讲信用的城市"。

---

① 杭州市发展和改革委员会。

（一）夯实基础建设，凝聚信用建设合力

1. 机制健全

早在 2002 年杭州就成立了以常务副市长为组长的"信用杭州"建设领导小组，其办公室设在发展改革部门，2019 年 1 月成员单位已达 72 家。13 个区、县（市）和钱塘新区管委会均成立了信用建设领导小组及其办公室。从 2016 年起信用建设工作纳入全市综合考评。

2. 制度保障

杭州市是最早编制信用规划的副省级城市，已相继编制出台了信用"十一五""十二五""十三五"规划。在此期间，围绕联合奖惩、政务诚信、个人诚信等方面，杭州先后出台了以《杭州市公共信用信息管理办法》为核心的多部信用制度，信用制度及行业信用管理办法达 100 多部。

3. 平台优化

2008 年杭州就启动了信用平台建设，按照城市治理、城市服务、信息惠民三个维度，平台已归集所有市级机关、区（县、市）和主要公用事业单位，共 338 类 2947 项 3.66 亿条有效信用信息，形成 2900 余万份自然人信用记录和 186 余万份法人信用记录，完全覆盖了全市常住人口、流动人口及各类注册法人。2017 年 11 月，在首届全国信用信息共享平台和信用门户网站建设观摩培训班上，杭州荣获了最高荣誉——示范性平台网站。

（二）推进信用监管，提升政府服务能力

1. 信用前置，实现行政审批流程"再造"

一是信用核查前置。将平台的信用核查等功能融入政府采购、公共资源交易、房产管理、人力社保、项目审批、交通运输等业务平台，形成面向政务领域的大数据信用监管服务，实现流程再造，切实提高行政管理效率。截至 2019 年 12 月，全市已有 24 个系统 1974 个事项与浙江省信用平台实现互联互通，全年累计核查近 7 万余次。二是信用承诺前置。在商事登记制度改革方面，杭州通过在桐庐县的探索创新，将"信用承诺"前置，建立了

"现场领证，事后检查"的工作机制，缩减了办事环节，提高了办事效率，探索出了一条解决"准入准营不同步"的有效路径。

2. 联合奖惩，营造良好诚实守信环境

一是规范联合奖惩体制机制。对照国家联合奖惩系列备忘录，结合行政权力事项清单和责任清单，杭州市出台了《2019 年杭州市联合奖惩措施清单》，梳理奖惩措施 302 个，涉及部门 31 个。在 2016 年，杭州还出台了全国首个交通领域的联合惩戒备忘录——《杭州市关于对严重交通违章当事人实施失信联合惩戒的合作备忘录》，由市中级人民法院、公安局、人力社保局、发改委等 11 个部门共同签署，对毒驾等 29 种严重交通违法行为当事人提出了联合惩戒。二是实现评优评先和财政专项资金核查全覆盖。早在 2016 年，杭州就已经建立了在评优评先和财政专项资金拨付过程中核查信用记录的工作机制，对于存在严重失信行为或多条失信记录的主体，进行限制或"一票否决"。三是探索守信激励试点示范。探索在青年诚信、交通文明、医疗卫生等多个重点领域实现联合激励多措并举。由市发改委、团市委牵头，推动政府部门和社会资源加快对青年守信联合激励措施的落实，在积分入学管理指标体系中，将志愿者服务折算为公益信用积分。

3. 平台融合，实现信用监管"最多跑一次"

为提升信用平台的服务能力，杭州市以"统分结合、共建共享、应用联动、互惠互利"为原则，推进信用应用与部门行政管理业务的深度融合。房管部门在公租房、廉租房资格核查过程中，在房管业务平台上通过接口调用，自动进行信用核查；人社部门的就业服务平台与信用平台无缝对接，在就业保险业务、失业保险金等业务办理过程中直接调用信用记录；与网约车监管平台进行融合对接，建立网约车经营者和驾驶员信用记录，促进网约车监管平台对网约车经营者和驾驶员的有效监管。搭建"互联网＋信用"中介超市，实现中介机构评价数据和奖惩信息的实时交换，建立季度评价机制。

（三）深化惠民便企，增强群众获得感

杭州依托"互联网经济"和"移动支付之城"的先发优势，积极推进

"信易+"系列应用，应用范围和应用成效均在全国前列。截至2019年11月，杭州共有20多个信用惠民便企应用场景。

1. 推出杭州城市信用分

2018年11月16日，杭州城市个人诚信分——钱江分正式发布，覆盖基本信息、遵纪守法、社会用信、商业用信、亲社会行为五大维度。截至2019年11月30日，已有140余万人主动授权开通钱江分，查询及使用人次高达1038万，已上线信用应用场景18项。一是数据多维融合。钱江分以"引导市民诚信向善、弘扬社会主义核心价值观"为设计初衷，依托杭州市公共信用信息平台、杭州政务数据资源共享平台及杭州市民卡运营十余年积累的用户数据，采集政务、经济、司法、生活、公益等各领域城市信用变量特征。2019年6月28日，在浙江省发改委和省信用中心的大力支持下，结合浙江省"531X"评价数据，形成了钱江分2.0版。二是诚信勋章体系。钱江分还推出了诚信勋章体系，激励社会正能量行为。市民通过义务献血、志愿者服务、校园健身、乘坐公交地铁低碳出行等社会正能量行为，均可获得钱江分对应的"爱心使者"、"文体达人"及"低碳行者"勋章，总申领人数近万人。三是推动跨区域互认互通。2019年8月9日，杭州、南京、武汉、苏州、郑州签署了个人守信联合激励城市合作框架协议，实现跨区域信用分互认和应用场景互通，杭州市民可以通过钱江分在以上城市享受免押金办图书借阅证，信易行预约专车享受折扣，购买苏州通转转卡，享受合作景点免排队、免预约服务等便利服务。

2. 打造"信用免押之城"

2018年6月6日，杭州市进一步提出打造"信用免押金城市"的战略部署，逐步完善杭州市社会信用体系建设格局，推动城市信用分（钱江分）与市场信用分（芝麻分）融合发展的创新模式，让信用"红利"能够惠及全市市民。截至2019年11月，已有免押金场景15个，先享后付场景5个。一是公租房押金减半优惠。为落实杭州市住房保障领域信用结合应用，2019年3月14日推出凭钱江分减免公租房押金业务。新配租或续租的公租房保障家庭可在杭州市各公共租赁房租赁服务窗口查询钱江分，家庭中任意一位成员的钱江分达到 700 分，即可申请押金减免优惠，鼓励市民诚实守信，信用受益。二是办公用品租赁免押金。为积极拓展信易租服务，在杭州市多个创业园区实施了"信易租"服务，对于园区的创业公司尤其是中小微企业，依据其法定代表人的信用分，提供办公设备租赁免押金服务，实现轻资产"拎包创业"。三是免押办理图书馆借阅。在杭州全面实施市民免费借阅图书；同时，在此基础上，为进一步让外地人员享受同城待遇，实现了"凭信用免押金"的图书借阅服务，对于钱江分达到基础分的用户，图书电子借阅证办理时可免去 100 元押金。

3. 创新"信易 +"系列应用场景

进一步落实国家"信易 +"，杭州市推出信易批、信易贷、信易行、信易健等方面的特色应用。一是舒心就医，创新信用就医杭州模式。从 2019 年 7 月起，全市 245 家公立医疗机构全部提供舒心就医服务。患者整个就诊过程中不需要支付费用，可在就诊结束后 48 小时之内，或者离院前通过自助机或手机等进行支付，甚至可以对在不同医院、不同科室看病产生的所有应付费项目进行合并支付，真正做到了"最多付一次"。有数据显示，舒心就医在市属医院实施以来，已有 174 万人次享受"最多付一次"的舒心就医服务。患者在医院就诊时间平均缩短了 1 个小时。二是信用互认，创新信用养老保障机制。为给广大老年人提供方便、快捷、优质、精准、可持续的志愿服务，杭州在市民卡 APP 钱江分板块推出"时间银行"信用养老志愿服务，志愿者通过累积服务时间，可兑换实物、社会捐赠、项目推广、公益合作、养老服务等，同时按累计服务时长提升钱江分分值。同时，老年人在预约养老服务时，可查看助老机构服务人员的钱江分，自主选择信赖的服务人员，为老人提供安全放心的上门服务。三是线上线下，创新"信用 + 健身"模式。为助力全民健身，钱江分达到 580 分，即可免去线下社区服务中心登记 3～5 个工作日审核周期，线上申请登记后次日即可刷市民卡或扫码进校健身。2018 年上线校园健身信用免审登记功能以来，信用免审登记人数达 14.48 万人，线下刷卡进校健身已经达到 161.30 万人次。

杭州市正围绕社会信用体系建设示范城市工作要求，以打造"最讲信

用的城市"为目标，进一步拓展信用惠民便企应用场景，提升"信易贷"综合能力和服务水平，积极推动信用地方立法和信用行业监管，以信用杭州建设助力经济社会高质量发展。

潍坊市：全面推进信用建设　营造良好营商环境①

潍坊市在全国城市信用检测排名中名列前茅，信用建设中以政务诚信的推进最具特色。近年来，潍坊市坚持把社会信用体系建设作为优化营商环境，提高政府"放管服"水平，提升城市核心竞争力的重要抓手，以政务诚信推进示范引领，以平台建设和联合惩戒为核心，打基础、促应用，持续加大信用惠民力度，城市信用水平有了明显提升，2018年成功创建为国家首批社会信用体系建设示范城市，寿光、诸城两市分别被确定为省级试点示范城市，青州被确定为全国首批"守信激励创新试点城市"。

（一）强化工作保障，创新工作体制机制

1. 建立协同联动推进机制

建立由市政府领导挂帅、多部门协同配合、市县乡（镇）村四级联动推进的工作机制。人大、政协积极参与推动信用工作，如市人大组织"守信激励失信惩戒"专题询问；市政协开展"公共信用信息平台建设与信用产品创新应用"专题协商，多方促进全社会了解并参与信用建设。

2. 建立考核督导机制

创新设立了县市区信用综合评价指数，每半年对县市区评价一次，从2016年开始，在全省率先把信用体系建设纳入科学发展考核。

3. 建立营商环境信用评价机制

出台《潍坊市营商环境评价实施方案》，把信用环境建设作为营商环境核心要素指标，与营商环境评价互为推动。

① 潍坊市发展和改革委员会。

4. 不断完善规章制度

潍坊市先后出台了社会信用体系建设工作规划、方案、联合奖惩工作规范等一系列规章制度，明确推进社会信用体系建设的阶段任务和基本路径，做到力量保证、财力支撑、载体到位、机制完善，夯实了信用建设工作基础。

5. 建立信用市场培育机制

出台《关于积极培育发展信用服务机构加快推进社会信用体系建设的意见》，将信用服务产业纳入市级重点扶持产业目录，积极引进培育信用服务机构，积极推动在行政管理中使用第三方信用服务，推动行业协会与第三方服务机构合作开展行业信用评价工作。诸城市成立信用协会，并制定在招投标等领域使用信用报告制度，培育信用服务市场。

6. 创新信用增信融资机制

潍坊市政府与中国人民银行济南分行签署备忘录，合力打造中小微企业信用体系试验区，建立金融机构信用融资增信机制，缓解中小微企业融资难融资贵问题。创新研发"科技企业助力贷"，累计发放科技企业助力贷45.9亿元。建立"Ｖ贷"系统，实现多渠道、7×24小时移动申贷。截至2019年底，全市企业信用贷款余额477亿元，个人各类"信易贷"类型的信用贷款累计发放291亿元。

（二）加快共建共享，提升公共信用信息平台功能

1. 优化提升市级公共信用信息平台

对市级公共信用信息平台功能进行完善提升，实现联合奖惩、食品药品、重点人群、信用预警等专项应用，目前已归集53个部门、1.8亿余条信用信息，形成950余万自然人和78万余户企业法人、2000户非企业法人信用档案，实现对全市常住人口、流动人口和各类注册法人信息全覆盖，实现部门、单位间信用信息的互联共享。已建成县级公共信用信息平台8个，全部实现与市级公共信用信息数据的自动传输。"信用潍坊"网站完善了专项治理、诚信建设万里行、信用服务等新功能，总浏览量突破600万人次，发布"红黑名单"6万余个。目前已启动平台二期建设，全面提升平台信息

归集、管理、安全和应用功能。

2. 积极做好"双公示"工作

按照国家、山东省要求，与县市区、市直部门沟通协调，按照新格式要求，对行政许可和行政处罚及时、全量进行公示。在2018年的"双公示"评估中取得了较好成绩。目前，已公示行政许可88.8万条，行政处罚1.63万条。

3. 实现查询使用、信用预警等功能

在信用信息服务方面，向政府部门、社会公众和第三方机构分级开放信用信息，全市50多个部门可登录市公共信用信息平台，查询使用信用记录、信用预警的相关功能。潍坊市发改委、财政、住建、交通等13个部门在争取财政扶持资金、公共资源交易、行政监管、省重点项目、企业债券申报等工作中查询信用记录，使用信用记录和报告1.3万余份，涉及资金近百亿元。

4. 鼓励各类市场主体开展信用承诺工作

潍坊市印发《关于在全市开展信用承诺活动的通知》《关于在全市行政管理中实行信用承诺制度的通知》，实现了主动承诺型承诺、失信修复型承诺、审批替代性承诺和容缺受理型承诺全覆盖，目前在信用潍坊网站上公示承诺书达5万余份，以信用承诺筑牢维护市场经济秩序的第一道防线。

（三）健全奖惩机制，构建联合奖惩大格局

1. 强化联合惩戒工作

把握失信联合惩戒这一关键环节，精准发力，对严重失信的市场主体，在项目立项、获得生产要素、争取中央省级预算内资金等方面进行限制，努力构建政府和社会共同参与的跨部门、跨领域的失信联合惩戒机制。2017年以来共对2.5万多个严重失信主体进行了联合惩戒，实施联合惩戒6万余人次。其中，给予135余名失信党员取消"两代表一委员"资格以及党纪政纪处分，限制393余家企业参评"守合同、重信用""潍坊市市长质量奖""山东名牌"评选以及参与招投标等，限制3.2万多人次乘坐高铁、飞机以及高消费等，限制贷款涉及金额约6亿元。新华社、《潍坊日报》等多家主流媒体对潍坊市的联合惩戒工作进行了宣传报道。

2. 开展重点领域失信专项治理行动

潍坊市文明办和发改委联合印发《关于集中治理诚信缺失突出问题提升全社会诚信水平的工作方案》，召开了专项治理工作部署会，明确失信治理责任分工和重点任务，各部门协同联动，使一大批重点领域失信主体得到惩治，维护了人民群众的合法权益。先后开展了涉金融、电信网络诈骗、电子商务等 20 多个领域失信专项治理行动，212 家涉金融、2 家电子商务失信机构、51 家政府失信机构、40 项政府承诺未兑现事项整改全部完成。2018 年 9 月，潍坊市信用办与市中级人民法院联合开展了涉金融案件集中抓"老赖"行动，为期一个月，成效显著，共执行到位金额 6.3 亿元，在全市引起强烈反响。

3. 开展市场主体信用信息修复工作

组织开展信用修复培训班 24 场，对失信市场主体信用信息修复工作进行培训，鼓励失信主体主动整改失信行为、消除不良影响、修复自身信用。开展了对信用网站上的行政处罚信息修复工作，加强保障失信主体权益。目前，已有 800 余家企业进行信用修复。聚焦失信黑名单和重点关注名单主体治理，多措并举、多管齐下、攻坚克难，通过承诺、惩戒、培训、修复等各种有效手段，让失信主体主动纠错，加快化解失信存量，推进修复整改，提升全社会诚信水平。

4. 开展守信联合激励

搭建"信易游""信易租""信易行"等守信激励场景试点。出台了对海关高级认证企业、对 A 级纳税人等守信行为实施联合激励的方案，对守信者依法提供优先办理、简化程序、提供公共服务便利和绿色通道等激励政策。为 17 家企业优先办理进出口货物通关手续，对 2390 户 A 级纳税人授信金额 35.5 亿元，发放贷款 1139 户金额共计 29.17 亿元。滨海区推出"税融贷"项目，将企业出口退税情况与企业融资直接挂钩，综合衡量企业融资等级和授信额度，拓展企业的融资渠道。

5. 搭建潍坊市个人信用"V 积分"

以全市信用平台和政务信息资源共享平台数据为支撑，设计个人信用"V 积分"评分模型，主要包括常住人口、机动车、公积金、纳税、社保、

治安及违法处罚、社会公益、参军入伍、社会公德等7类20余个方面数据。目前，注册用户总量180万、日均在线用户数量20万。通过个人信用"V积分"，搭建信用贷款、信用借阅、信用乘车、信用购物等应用场景，累计通过信用"V积分"发放贷款约80亿元，为创业者提供贷款1.8万人次，共计11.1亿元，提供扶贫类贷款8.1亿元。在全国信用APP大赛中，潍坊市信用"V积分"APP在200多个政府类项目中脱颖而出，入围全国政府信用APP 30强。

（四）加强政务诚信建设，提升信用水平

1. 不断提升政府公信力

潍坊市出台《关于加强政务诚信建设的实施意见》，将建立政务领域失信记录、推进行政管理事项中使用信用记录、实施失信惩戒措施作为推进政务诚信建设的主要方面，将危害群众利益、损害市场公平交易等政务失信行为作为治理重点，不断提升公务员诚信履职意识和各地各部门诚信施政水平。

2. 建立公务员诚信档案

在潍坊市公共信用信息平台中，将公务员作为重点人群，专门建立公务员诚信档案，将公务员基本信息、考核信息、获得荣誉称号、违纪违规失信信息等全部纳入。下一步，还将采纳公务员在金融方面的征信信息。目前，潍坊市登记公务员（含试用期公务员）的总人数为31966人，建档人数为31966人，实现公务员群体100%全覆盖。

3. 坚决清理政府失信行为

坚决贯彻落实党中央、国务院关于切实解决"新官不理旧账"问题的要求，加大对政府失信行为清理整治力度，特别是对被列入黑名单的政府机构和政府承诺不兑现等事项，采取有力措施，实行对账销号，51家政府失信机构全部整改完成。对涉及潍坊市的政企纠纷事件印发清理整治工作实施方案，全面梳理排查，压实工作责任，定期调度推进。目前，涉及潍坊市的114件案件和纠纷，除法院未判决事项外已全部办结。建立"政府承诺＋社

会监督＋失信问责"的长效机制,形成高压态势,确保政府失信行为不反弹。

4. 信用监测实现全域覆盖

开发建设潍坊市"城市信用状况监测平台",利用互联网监测和大数据分析等技术手段,以国家监测指标为依据,从信用基础建设、联合奖惩、信用便民惠企、失信专项治理、诚信文化等五方面进行综合评价,按期形成各县市区的社会信用状况分析评价报告并进行监测排名,对失信事件频发和信用状况差的县市区予以警示通报。城市信用监测分析工作的全面开展,为信用建设的督导考核提供了有力支撑,为各县市区有针对性地做好工作提供科学指导,推动整个城市信用环境水平不断提升。

(五)创新实施"信易＋",加大信用惠民惠企力度

1. 推行信易批,以诚信承诺简化审批

出台《潍坊市建设项目模拟审批实施办法》《潍坊市非制造业建设工程项目告知承诺制实施办法》,对150多个项目按告知承诺制办理了立项审批,总计节省审批时间1972个工作日,平均每个项目节省时间54.8个工作日,为企业带来实实在在的便利。

2. 探索信易管,建立新型事中事后监管体制

潍坊市编办、人社等部门,连续多年在事业单位、劳动保障、房地产业、建筑业等32个领域,探索使用"信用＋监管"的新型监管模式,对信用等级优良的市场主体予以政策激励,对信用等级差的予以相应惩戒并发出预警警示,取得了很好的成效,增强了事中事后监管措施的系统性、整体性、协同性。例如,市食药局制定《潍坊市食品药品安全信用分级分类管理实施细则(试行)》《潍坊市食品药品监督管理局关于开展食品药品安全信用建设试点工作的实施方案》,在食品生产环节实施分级分类监管,在餐饮服务食品环节推进量化分级管理;在医疗器械环节全面实施分类分级监管,在药品生产经营使用环节推行药品安全风险因素分级管理。市住建局在全省率先对房地产开发企业、物业企业、建筑工程等全建设领域开展信用监

管，制定《潍坊市房地产开发企业信用评价管理办法》《潍坊市物业企业信用评价办法》等 8 个信用评价文件，连续三年对房地产开发企业进行评级。目前，这项工作已获得房地产商和广大市民的高度认可。潍坊市人社系统开展用人单位信用等级评价，制定《潍坊市用人单位劳动保障守法诚信等级评价实施办法》，对劳动保障监察管辖范围内的用人单位实行分类监管，成效明显。税务系统开展纳税信用等级评定，全市共评价出 A 级纳税人 7087户，B 级 33077 户，C 级 1085 户，D 级 1100 户。大力推动"银税互动""税易贷"项目，加强与银监、金融部门的联系协调，不断拓展信用评价结果应用的广度和深度，与 32 家金融机构联合推进"征信互认银税互动"守信激励服务。2016 年以来，全市 1020 多家纳税信用良好的企业获得融资支持，授信贷款额度达 67.5 亿元。

3. 推出信易阅，开展信用借阅服务

潍坊市图书馆向读者提供"信用免押金扫码借阅、信用智能借阅柜、e点到家"三位一体的信用借还服务体系，青州市图书馆制定《"信易阅"读者信用积分管理办法》。自信用借还服务上线以来，信用借阅读者已达 3 万人，借阅图书 30 万余册。

4. 实施信易贷，开展"信用评定 + 信用互助"农村合作金融试点

成立由管理人员和社员代表组成的信用评价小组，把农户的资产、经营、邻里关系等情况纳入信用评价，改善农村诚信守法社会氛围，为全省乃至全国开展农村信用体系建设开辟了新路径。目前，共评定信用农户147 万户，授信余额 715 亿元。79 家农民专业合作社完成信用互助业务资格认定，参与社员 6749 人，信用互助业务额累计 3831 万元，均居山东省首位。

5. 组建信易盟，以诚信联盟公约推动企业诚信守法

在食品行业组建 1.8 万余家食品行业诚信联盟，从源头上提高全市食品安全水平。如肉制品行业诚信联盟，在全省率先出台肉制品行业诚信标准，产品合格率达到 99.9%，比组建联盟、设立标准前提高 4 个百分点。成立网络电商平台经营企业诚信联盟，签订联盟成员自律公约，加强内部监督管

理，取得良好成效，潍坊市先后获批为省级跨境电子商务综合试验区、国家电子商务示范城市，2019 年潍坊市有 18 家企业首批加入省电子商务企业诚信联盟。

6. 开展信易执，以信用＋司法强化金融案件执行

在全市 12 个县市区设立了金融审判庭，加大对金融案件审判执行力度，有效解决金融纠纷案件审判周期长、执行结案率不高等问题，有力打击恶意逃废银行债务行为。

7. 探索信易购，以诚信经营推动放心消费

开展"放心消费　诚信潍坊"创建工作，强化协同监管、信用监管和大数据监管，切实解决消费领域在诚信经营、消费品和服务质量、消费纠纷中存在的突出问题，提升消费环境安全度、经营者诚信度和消费者满意度。

（六）加强诚信宣传，发挥诚信引领示范作用

1. 营造诚实守信的浓厚氛围

充分发挥报纸、广播、电视、网络等传播媒介作用，加强社会诚信宣传和舆论引导，举行"诚行天下，信用潍坊"主题晚会。出台《关于深入推进"诚信潍坊"建设助推品质城市发展的实施意见》，组织开展信用宣传月、诚信潍坊主题活动，推动诚信教育进机关、进企业、进学校、进社区、进村庄、进家庭，让信用走进千家万户，在每个领域开花结果。

2. 积极参加国家、山东省组织的微视频大赛

积极发动组织社会各界参与国家、省组织的微视频大赛，潍坊市在首届"信用山东"微视频大赛中有 4 件作品获奖，并获得优秀组织奖，在社会上大力营造"知信、用信、守信"的良好氛围，推动全社会共同参与，为经济社会发展提供有力道德支撑和信用体系保障。

3. 积极开展"诚信建设万里行"活动

印发《潍坊市关于开展"诚信建设万里行"主题活动的方案》，举办"诚信万里行"城市接力活动潍坊站启动仪式，启动潍坊市十大守信和信用

应用案例评选活动。在"信用中国（山东潍坊）"网站和主要媒体开设"诚信建设万里行"专栏。通过网络投票、专家评审等环节，评选出十大守信和信用应用案例以及二十个提名奖。2019 年 7 月，在青州市举办全市社会信用体系建设工作会议，对十大守信和信用应用案例进行颁奖，并通过新华社和"诚信建设万里行"专栏先后发布，形成诚信文化的新高潮。举办"诚信建设万里行"暨城市信用建设大讲堂，开展"千企亮信 万企示承诺""诚信建设万里行 增强守信获得感"等系列主题活动，鼓励企业主动补充信用信息并接受社会监督。目前，共有 10000 余家企业主动亮信，在信用网站上予以公示。充分利用"国际消费者权益保护日""诚信兴商宣传月""全国质量月""食品安全宣传周""信用记录关爱日"等重要时间节点，利用举办大型经贸活动、商品博览会等有利时机，让信用走进千家万户，在每个领域开花结果。

惠州市：信用赋能营商环境建设①

惠州市把社会信用体系建设作为打造国际化、法治化营商环境的重要抓手，多维度、多领域、多场景深入推进社会信用体系建设，取得明显成效。在广东省社会信用体系建设考核中连续 5 年获得第一，并获得"粤治—治理现代化"创新奖。在 2017 年中国信用 4·16 高峰论坛上，惠州市在全国被评价研究的城市中排名并列第三；在 2017 年中国城市信用建设高峰论坛上，惠州市荣获"城市信用建设创新奖"，是全国 20 个获此殊荣的城市之一。2018 年 1 月，惠州市成功创建国家社会信用体系建设示范城市，成为全国首批（12 个）、广东省唯一一个社会信用体系建设示范城市。在 2019 年中国城市信用建设高峰论坛上，惠州市获评全国城市信用监测综合排名前十名，"惠州创新实行线上信用修复 为失信主体提供'五福临门'修复服务""全面实施承诺制改革 打造企业投资项目信用快审'新模式'""小

① 惠州市发展和改革局。

切口 大效果"分别获 2019 "新华信用杯"全国百佳信用典型案例、优秀信用应用场景微视频奖。《人民日报》、《光明日报》、新华社等国内主流媒体多次推介惠州信用建设经验。

（一）"三化"强基础

1.机构建设常态化

先后成立社会信用体系建设统筹协调小组、创建国家社会信用体系建设示范城市领导小组和社会信用体系建设工作联席会议制度等。2012 年，在广东省率先成立市级信用中心，落实专职人员，并设立对外服务窗口，专门提供信用报告查询和信用异议申请等业务。目前，已经出具信用报告 15000 多份。2019 年，惠州市发改局成立信用协调科，加强信用相关管理。

2.系统建设智能化

2012 年，惠州率先在全省建成市级公共信用信息管理系统；2018 年将系统升级改造为"一网三库六平台"，其中，对外信用门户网站"信用中国（广东惠州）"于 2019 年改版运行，可向企业提供注册认证、信用查询、信用修复、信用异议、信用报告预约打印、企业亮信、守信承诺、线上培训、线上考试等服务。

3.制度建设规范化

2013 年就出台了信用信息管理办法。目前，惠州市社会信用体系建设的各项制度及补增信用制度条款的制度超过 200 项，涉及税务、交通、农业、卫生、食药品监管、公共资源交易、教育、旅游、水务、安全生产等多个方面，形成信用管理办法、规划、意见、方案有机相融的制度体系。

（二）多维应用惠民便企：抓信用信息应用场景构建

1.建立"互联网＋信用"的中介超市

在全国率先建立市县一体、实体平台与虚拟空间融合、"宽进"与"严

管"有机统一的中介超市，综合运用"奖、限、停、退"等措施，把有不良信用记录的中介机构挡在门外，有效解决"红顶中介""中介不中"等问题。

2. 建立"信易贷"应用场景

惠州市税务局联合商业银行推出银税互动项目，建设银行"云税贷"惠及企业 2022 户，发放企业信用贷款 258042.64 万元；建设银行"龙税贷"、广发银行"信易贷"、中信银行"信秒贷"等自然人信用贷款产品共计为 5238 个优质信用的自然人发放贷款，发放信用贷款总金额 20946 万元。惠州市公积金中心联合商业银行推出公积金信用贷业务，累计授信主体 25234 个，累计发放信用贷款 294483 万元。

3. 探索建立信用户基层社会治理模式

惠州市龙门县龙田镇创新建设农户信用档案助力社会治理，每年对获评为"诚信守法户"的农户在惠农助农、科技指导、致富项目、免息贷款、就业创业等方面给予优先照顾，拓宽信用的应用路径，赋予信用建设新的时代内涵。2018 年度"诚信守法户"4830 户，"诚信守法先进户"367 户。

4. 在全省首推粮油二维码溯源系统

通过二维码将粮油食品在生产加工、物流配送、质量检测等全过程中的信息传递给消费者，全程实行信用监管。目前，全市共有 43 家粮油企业 142 个产品进驻粮油二维码溯源系统，全市院校食堂使用粮油溯源产品的比例达到 80% 以上。

5. 启动诚信企业孵化器项目

通过提供诚信企业培育、信用服务咨询、信用人才支撑等信用特色服务，帮助企业建立和完善企业信用管理体系，提升信用管理意识、能力和水平，该项目已于 2018 年 1 月启动运行。目前，报名孵化企业 125 家，在孵企业 36 家，其中 10 家已进入培育复评阶段。

6. 推进信用仲裁便民服务

惠州市信用便民仲裁服务中心于 2019 年 2 月 26 日挂牌成立，该中心从 2019 年 2 月以来，已受理企业信用争议案件 50 多宗，案值金额近 3 亿元。

信用调解案件 18 宗，信用宣讲 16 场次，及时化解了一批社会信用纠纷，取得良好的社会效应。

（三）联合奖惩自动匹配

2017 年，惠州市搭建了信用联合奖惩管理平台，推动信用联合奖惩智能化。2018 年，惠州市被列入广东省开展信用联合奖惩试点市，致力于构建自动查询、自动匹配、自动奖惩、自动反馈的"信用奖惩、一键搞定"的便捷模式。2019 年，依托市公共信用信息管理系统升级改造项目，进一步完善惠州市信用联合奖惩管理系统。该平台集数据上报、奖惩措施、奖惩主体、红黑名单查询、奖惩信息反馈、统计分析、典型案例等于一体，为信用信息核查和联合奖惩措施嵌入政务大厅以及重点业务事项系统提供平台支撑。为做好试点工作，确认 16 个市县两级部门为试点单位，并梳理发布首批 56 项联合奖惩试点事项。目前，已将信用信息核查和联合奖惩措施嵌入网上办事大厅、土地挂牌交易系统和招投标系统、中介超市、社会保险信息管理系统、住房公积金新管理系统等近 20 个重点事项业务系统；同时，在财政专项资金、国际金融组织和外国政府贷款赠款安排、精神文明建设评选表彰、资质认证等事项中开展信用信息核查。截至 2019 年 12 月 2 日，惠州市信用核查数为 51032 次，案例反馈数为 235 次。

（四）全流程信用监管机制成效初显

1. 建立工程项目信用快审制度

惠州市将承诺制理念深度融入技术审查、行政审批、土地出让等审批环节，制定出台《惠州市全面推行建设工程项目"信用快审"承诺制改革实施方案》，对 24 项技术审查事项实施告知承诺制改革，对 35 项行政审批事项实施容缺承诺制改革，按承诺制模式办理项目审批业务超过 1600 宗，项目审批进一步提速、提质、提效。

2. 积极推进信用分类监管和信用联合奖惩

出台《惠州市联动奖惩红黑榜公布管理暂行办法》《惠州市建立完善守

信联合激励和失信联合惩戒制度实施方案》等制度，对全市信用分类监管进行总体部署，各行业、领域积极响应，从制度建设、信息应用、行业信用建设等各个方面持续发力。

3. 建立信用修复新模式

自 2012 年以来，惠州积极探索信用修复实践，不断完善信用修复机制。通过制定信用修复工作指引，实行线上修复，面向行业部门、市场主体加强业务培训，开展分类分行业指导、信用修复提醒、约谈等方式，探索信用修复实践，逐步形成制度规范、部门协同、企业配合的信用修复机制。优化信用惠州网修复流程，已在信用中国网修复的行政处罚信息，失信主体无须再向信用惠州网申请，信用惠州网自行同步处理，以此减轻企业负担，节约时间成本。在"信用惠州"网开设线上修复功能，失信主体满足国家规定的信用修复基本条件后，线上提交申请、承诺，网站受理后，失信主体进行学习考试，考试合格予以修复。截至目前，信用惠州网共修复行政处罚信息270 条，拒绝受理 40 条。

惠州市通过制度建设、机构设计、网络平台等形成了坚实的信用建设基础。按照以用促建的理念，找准突破口，创新推进信用信息在财政专项资金、公共资源交易、中介超市等领域的率先应用；以开展信用联合奖惩省试点为契机，推动将信用信息核查和联合奖惩措施嵌入网上办事大厅、办公OA 系统等，建立"信用奖惩、一键搞定"的联合奖惩便捷模式，以支撑示范城市创建；通过探索建立"信易 +"应用场景，并不断创新事前、事中、事后监管模式，建立健全以信用为基础的市场监管机制，不断巩固社会信用体系建设示范城市创建成果。

德州市：加强信用体系建设　开创信用德州新面貌[①]

德州市积极创建社会信用体系建设示范城市，坚持高质量完成国家、省

---

① 德州市发展和改革委员会。

重要工作指示，及时落实各项政策文件精神，做好组织管理工作，在诸多方面取得了突破性进展。在制度方面，德州市通过确立组织保障、联合奖惩办法、明确建设路径等方式奠定了制度基础；在技术方面，以平台为支撑，形成了"一网三库一平台一系统"的规划建设格局，并已实现与省级平台互联互通；在宣传方面，德州市通过举行各种信用活动在社会广泛宣传信用知识，助力德州市社会信用体系的建设。

2016 年，德州市获批成为全国创建社会信用体系建设示范城市，开启了社会信用体系建设新篇章；2017 年在全国 259 个地级市城市信用监测排名中，德州市位列第 11 名，创历史最高水平；2019 年，作为山东省唯一具有创建社会信用体系建设示范城市资格的地市，德州市向国家上报 8543 份文件作为资格复审材料，争取 2020 年创建完成。信用建设的"软实力"正逐步转化为德州市实施协同发展战略、建设协同发展示范区工作的"硬支撑"，助力德州市经济社会发展呈现总体平稳、稳中有进的基本态势。

（一）以制度保障为引领，完善社会信用体系建设机制

近年来，德州市以市委市政府办公室、市社会信用体系建设联席会议办公室名义分别正式印发了 70 余项信用制度文件，顶层设计框架已初步搭建完成。文件的制定为德州市社会信用体系建设明确了目标、规划了路径、提供了指导。

1. 确立组织保障

2016 年，印发《关于建立德州市社会信用体系建设联席会议制度的通知》，建立以市委常委、常务副市长为总召集人的社会信用体系建设联席会议制度，为社会信用体系建设确立组织保障；2019 年，根据工作需要和机构调整情况，印发《关于调整德州市社会信用体系建设联席会议成员名单的通知》，制定《德州市社会信用体系联席会议联络员工作制度》，强化德州市社会信用体系建设联席会议对推进各项工作的组织协调作用，加强联系沟通，提高工作效率。

2. 明确信用体系建设路径

2015 年，德州市以市委办公室名义印发《关于印发德州市社会信用体系建设工作方案的通知》，确定社会信用体系建设围绕政务诚信、商务诚信、社会诚信和司法公信等领域开展。2017 年，以市政府名义印发《关于印发德州市社会信用体系建设规划（2016—2020 年）的通知》，提出以政务诚信为引领，统筹推进商务诚信、社会诚信和司法公信，加强信用信息归集、整合和应用，全面推进"信用德州"建设。

3. 确定政务诚信建设目标

2017 年，德州市发改委、人民银行、编办联合印发《关于在行政管理事项中使用信用记录和信用报告的实施意见的通知》，提升全市政务诚信建设水平，提高对市场主体的服务和监管能力。2018 年，以市政府名义印发《关于加强政务诚信建设的实施方案的通知》，发挥政府在社会信用体系建设中的表率和导向作用。

4. 提供联合奖惩政策依据

2018 年，以德州市政府办公室名义印发《建立完善守信联合激励和失信联合惩戒制度加快推进社会诚信建设的实施方案》，在依法依规运用信用激励和约束手段方面，为德州市开展信用联合奖惩提供制度保障。制定《关于印发德州市信用红黑名单管理暂行办法的通知》，规范各行业各领域信用"红黑名单"的管理和应用，落实联合奖惩制度，实现信用信息资源共享。

5. 规范"双公示"信息报送和公示流程

2016 年，以市政府办公室名义印发《关于印发德州市行政许可和行政处罚等信用信息公示工作实施方案的通知》，切实推进"双公示"工作，全面实现行政许可和行政处罚等行政决定做出之日起 7 个工作日内网上公开；以市社会信用体系建设联席会议办公室名义印发《关于规范做好行政许可和行政处罚等信用信息公示工作的通知》。2018 年，印发《关于进一步规范行政许可和行政处罚信息公示工作的通知》《关于进一步做好行政许可和行政处罚提报公示工作的通知》，规范行政处罚信息公示以及提前撤销程序（信用修复）。

（二）以平台建设为支撑，加快社会信用体系建设步伐

加快推进德州市社会信用体系建设，打造数字化城市。德州市建成市县两级统一的公共信用信息共享平台，形成"一网三库一平台一系统"的规划建设格局，并已实现与省级平台互联互通。

"一网"，即"信用德州"网站。作为公共信用信息公示、信用政策法规发布、信用动态展示、信用成果宣传的主阵地，截至 2019 年 12 月底，"信用德州"网站累计访问量已达 1700 余万人次，成为德州市最活跃的门户网站之一。

"三库"，即企业法人、非企业法人、自然人三个数据库。截至 2019 年 12 月底，德州市已为 74 万余法人（含个体工商户）、1000 多非企业法人、647 万余自然人建立信用档案，同时为教师、医生、护士、律师、运输从业人员等重点人群建立信用档案，形成较为完善的自然人和法人信用信息库。

"一平台"，即德州市公共信息平台。为实现不同部门、不同系统以及下级系统数据资源之间的数据交换和信息共享，德州市于 2017 年 3 月完成公共信用信息平台的搭建。截至 2019 年 12 月，平台已累计归集各类信用信息 1.3 亿余条，成为信息总量最大、活跃度最高的综合应用平台之一。为便于管理，平台分配市直账号 172 个、县市区管理员账号 13 个、县直部门账号 719 个，累计访问量达到 7.5 万余人次。平台可提供信用核查、查询信用记录、归集信用信息、开展信用监管、实施信用联合奖惩等服务。

"一系统"，即德州市信用联合奖惩系统。依托德州市政务外网和市级公共信用信息平台，2018 年 3 月，建成信用联合奖惩应用系统，并为市、县两级授权用户 921 个。对失信被执行人等各类严重失信主体实施联合惩戒，截至 2019 年 12 月，累计查询 74845 人次，实施联合奖惩 4261 人次。"逢办必查、逢报必查"的联合奖惩应用格局已逐步形成。

（三）以联合奖惩为抓手，拓宽社会信用体系建设路径

为拓宽社会信用体系建设路径，营造守信激励、失信惩戒的社会氛围，

在诸多领域实施守信激励和失信惩戒措施，逐步构建以信用为基础的新型监管机制。

1. 守信激励措施

依托联合奖惩系统，德州市将国家认定 A 级纳税人、安全生产工作先进单位、海关高级认证企业共享至市级公共信用信息平台，市、县两级部门在办理业务时，为红名单主体建立绿色通道：提前预约、优先办理、简化程序等。

2015 年以来，德州市各级税务部门积极与银行等金融部门开展"银税互动"，将企业纳税信息转化为企业授信依据，开发应用税易贷、税贷通等产品，对纳税 A 级企业在信贷额度、信贷程序上制定多种优惠政策。农行德州银行、邮储银行等银行机构推出"信 e 贷""纳税 e 贷""简式贷""连贷通"等贷款产品。既惠及诚信小微企业，又助力乡村振兴。

2. 失信惩戒措施

加强对严重违法失信企业的规范管理，德州市将国家反馈的失信被执行人、安全生产黑名单、拖欠农民工工资黑名单、海关失信认证企业名单、重大税收违法企业名单、消防失信黑名单、企业经营异常名录、证监会重大违法名单等纳入德州市公共信用信息平台。依托联合奖惩系统，市、县两级部门在办理业务时，一旦查出存在严重违法的失信企业，在招投标、政府补贴性资金、社会保障性资金、政府投资项目、财政性资金项目等领域实施限制，限制其企业负责人担任生产经营单位的高级管理人员及享受高消费。

依托德州市公共信用信息平台，对核查有不良信用信息的单位及个人，在文明单位审核、荣誉获取、职务晋升、公务员录用等方面实施限制，实行"一票否决"。

3. 褒扬诚信、惩戒失信，科学运用信用评级

自 2014 年起，德州市宁津县研究制定市民、村民、公职人员 3 个"诚信标准 100 条"和企业"诚信标准 30 条"。根据每个主体的成绩，将各类主体划分为 A、B、C、D 四个等级。其中，A 级最高可达 5A 级，A 级及以上可享受所有的优惠政策；B 级为基本诚信，不享受优惠政策；C 级为基本

不诚信，D 级为严重不诚信，在社会活动中将受到不同程度的制约。每年召开一次表彰大会，隆重表彰先进、模范单位和个人，公开兑现奖励政策，为"A 级诚信个人"开通绿色通道、免费体检一次、补助电视收视费等；通过企业诚信红黑榜长期公开曝光 C 级以下企业名单，通过职能部门政务平台每月曝光查处的专项整治失信行为，通过单位诚信档案随时曝光公职人员履职不当、为官不为情况等。

德州市于 2019 年 7 月启动市民信用分建设，制定《德州市个人信用积分管理暂行办法》，市民信用分命名为"德信分"，设定为 AAA、AA、A、B、C、D 六个等级，分别称为诚信标兵、优秀诚信个人、诚信个人、较诚信个人、诚信警示个人和不诚信个人。对个人信用等级较高的群体实行绿色通道、容缺受理、免交押金等优惠政策，对信用等级较低的群体进行约束和限制。

（四）以文化建设为引导，营造社会信用体系建设氛围

德州市广泛开展社会信用体系文化建设，弘扬诚信美德，营造良好的社会信用体系建设氛围。借助《中国经济导报》《齐鲁晚报》《德州日报》《德州晚报》等多媒体，结合文明城市创建、社会综合治理，全方位开展舆论引导，相继开展了"诚信建设万里行"、"信用德州"有奖知识问答、"信用德州"故事大奖赛等系列活动。

1. 开展"诚信建设万里行"活动

德州市金融监管局提名推荐，德州市委宣传部、德州市发改委共同主办的"2019 诚信建设万里行（德州站）暨德州市信用共创共建启动仪式"在德州举行，为 180 余家信用共建企业授牌，签订信用共建宣言。

德州市发改委举办"有德之州信用之城"健步行活动，德州市委宣传部、市发改委、团市委等 47 个信用体系建设联席会议成员单位的同志们及群团组织和企业代表，共计 500 余人参加此次健步行活动。

2. 开展"信用德州"有奖知识问答活动

助推国家社会信用体系建设示范城市和全国文明城市创建，提升公众诚信意识和信用水平，普及信用知识，营造诚实守信的优良信用环境，德州市

发改委主办、德州晚报社承办"信用德州"有奖知识问答活动，累计参与人数达 5000 余人次。

3. 开展"信用德州"故事大奖赛活动

德州市发改委、齐鲁晚报德州记者站联合举办"信用德州"故事大奖赛，面向社会各界征集信用德州故事。打造"有德之州""信用德州"城市品牌，助推国家信用示范城市和全国文明城市创建，深刻挖掘德州人身边的信用典型案例，营造诚实守信的优良信用环境。

2019 年以来，德州市委市政府高度重视社会信用体系建设。为推动社会信用体系建设社会化、市场化、全民化发展，德州市立足于创建社会信用体系建设示范城市，在社会信用体系建设领域积极谋划、开拓创新，走出了一条以信用建设提升社会治理能力和服务水平的"德州道路"。

B.15
地方信用体系建设实践概览

摘　要： 地方信用建设和全国信用体系建设是一个有机整体，地方信用建设的探索一定程度上为全国的信用建设提供了可复制、可推广的经验。本报告选取了具有代表性的地方信用体系建设实践，以贵州省社会信用体系建设为例，从制度建设、基础设施、联合奖惩、信用环境建设、教育宣传等方面着手，推进社会信用体系的建设，形成了一套完整的信用体系建设方案。此外，行业组织在信用体系中发挥着重要的服务、协调、监督的作用。上海市信用服务行业协会、河南省信用建设促进会、柳州市中小企业服务中心充分发挥服务职能，优化了信用服务环境，为信用数据的收集、共享与使用提供服务和平台，成为当地信用体系建设的重要一环，为其他行业协会与行业组织提供了借鉴经验。

关键词： 地方信用建设　制度建设　信用环境　行业组织

贵州省社会信用体系建设实践案例①

2019 年，贵州省发展改革委会同省社会信用体系建设联席会议成员单位和各地社会信用体系建设牵头单位，以习近平新时代中国特色社会主义思想为指导，深入学习贯彻党的十九大和十九届二中、三中、四中全会精神，

---

① 贵州省诚信建设促进会。

按照党中央、国务院和国家发展改革委的决策部署，攻坚克难、务实创新，加快"诚信贵州"建设步伐，取得了较好成绩。

（一）推进社会信用体系制度建设

1. 推进社会信用立法工作

2019年3月，贵州省政府常务会议审议通过《贵州省社会信用条例（草案）》；5月，省十三届人大常委会第十次会议第二次全体会议听取关于《贵州省社会信用条例（草案）》的说明，省人大财政经济委员会做关于《贵州省社会信用条例（草案）》审议意见的报告；7月，省十三届人大常委会第十一次会议第二次全体会议听取省人大法制委员会做关于《贵州省社会信用条例（草案）》修改情况的说明。

2. 明确试点贵州省建设年度任务

2019年4月，经贵州省人民政府同意，印发《贵州建设社会信用体系与大数据融合发展试点省2019年工作要点》，明确2019年度信用建设八个方面的七十二项具体工作任务。

（二）加快社会信用基础能力建设

2019年6月，国家发展改革委副主任连维良在《关于贵州运用大数据、人工智能、区块链开展社会信用体系建设的调研报告》上批示："很好。研究借鉴贵州经验，大力推进人工智能在信用评价和联合惩戒中的应用。"

1. 加快推进"贵州信用云"建设

"信用云"完成信用主体数据采集入库总计1202万条。2019年5月，由国家发展改革委、工业和信息化部、国家互联网信息办公室、贵州省人民政府共同主办的2019中国国际大数据产业博览会在贵阳召开，在2019政府信息化成果发布仪式上，"贵州信用云"荣获"2019中国政府信息化管理创新奖"。

2. 完善全国信用信息共享平台（贵州）

通过与贵州省政务服务中心共建共享，传送、归集、汇总了省、市、县

99%以上的公共管理部门的信用信息。全国信用信息共享平台（贵州）共归集信用信息 1.02 亿条（其中双公示数据 1411 万条），向全国信用信息共享平台推送信息 3404 万条。

3. 建成贵州信用联合奖惩平台，实现"奖惩 7 自动"

奖惩平台通过信息化手段，实现"自动推送、自动比对、自动拦截、自动惩戒、自动激励、自动监督、自动反馈"的"奖惩 7 自动"功能。

推进在公共资源交易领域信用联合惩戒工作。印发《关于在贵州省公共资源交易领域对法院失信被执行人实施信用联合惩戒的通知》，在公共资源交易领域招投标活动中依法对法院失信被执行人实施信用联合惩戒。将信用联合奖惩平台嵌入公共资源交易平台，累计信用查询 24645 次，触发拦截 135 次，拦截到 39 个失信主体限制注册。

推进政务服务领域的信用联合惩戒工作。印发《关于在贵州政务服务网试运行信用核查和信用联合奖惩功能的通知》，实现奖惩平台与贵州政务服务网深度融合，将信用记录核查和信用联合奖惩功能嵌入政务服务网中，建立"逢办必查、失信必惩、守信激励、奖惩到位"的信用联合奖惩机制。

4. 完善"信用中国（贵州）"网站

依托"云上贵州"将原"贵州诚信网"升级为"信用中国（贵州）"网站，网站以全省信用信息数据库作为后台支持，开设"贵州省信用信息综合查询平台"专栏，可查询企业和重点人群信用记录，免费下载信用报告，目前法人和自然人合计查询次数和下载次数分别为 8971451 次、3109 次。通过网站和微信公众号、手机 APP 面向社会公众提供公示、信息查询等服务，网站共发布信息 3.4 万条，累计访问量 1017 万多人次。

（三）推进信用联合奖惩

1. 加强对守信主体的联合激励

印发《贵州省诚信示范企业联合激励政策（试行）》，向社会公布第二批贵州省诚信示范企业名单，加大对诚信示范企业的激励力度。贵州茅台酒股份有限公司等 159 家企业确定为第二届"贵州省诚信示范企业"，企业在

税收管理、市场监督管理、金融服务、政府专项资金及贴息安排等 14 个方面可享受 80 项联合激励政策。累计归集税务 A 级纳税人、海关高级认证企业等红名单信息 369 万条。

2. 加大对失信主体的联合惩戒

向社会公布安全生产等各类"黑名单"信息，公布三批拖欠农民工工资"黑名单"，印发《贵州省生态环境保护失信黑名单管理办法》。累计归集重大税收违法、拖欠农民工工资失信企业等黑名单信息 710 万条。

3. 推进"信易 +"守信激励工作

印发《贵州省加快推进"信易 +"守信激励工作方案》，加快推进"信易批""信易贷""信易扶""信易绿"等 16 个"信易 +"应用场景建设，向符合支持条件的诚信主体提供优质高效的"信易 +"服务，让守信的无形价值变成有形价值。

（四）优化社会信用发展环境建设

1. 加强城市信用建设工作，信用监测排名普遍提高

印发《关于进一步加快推进城市信用建设工作的通知》，贵州省纳入城市信用监测的 6 个地级市和 8 个县级市排名整体明显提高。同时，开展县级区域信用状况监测，2019 年已发布三期贵州省区域信用指数报告。

2. 开展失信问题专项治理，加强政务诚信建设

印发《省发展改革委关于推进开展政府机构失信问题专项治理工作的通知》，开展失信政府机构专项治理，对全省被列入全国法院失信被执行人名单的各级地方政府、政府部门、事业单位和居民委员会、村民委员会等基层自治组织的失信情况进行摸底调查和整改，推动 4 家失信政府机构履行法定义务。

3. 创新融资方式，促进信用资源金融化

以纳税信用应用为核心，与银行业金融机构合作开展"银税互动"，应用大数据技术，"以税授信""以信换贷"，与 18 家金融机构签订合作协议，推出"信贷贷""税信贷""税易贷""税源贷"等近 30 种金融创新产品，

为 50 余万户纳税人评定授信额度，为中小微企业提供信用贷款，有力地支持中小微企业发展。全省已有 19405 户中小微企业和个体工商户凭借纳税信用获批贷款 272 亿元，受惠企业安置就业 2 万余人。

4. 加快农村信用体系建设，助推脱贫攻坚

全省共创建农村金融信用市 1 个，农村金融信用县（市、区）21 个，信用乡（镇）986 个，信用村 12866 个，信用组 123657 个。对全省 783.45 万户农户进行建档、评级、授信工作，其中评定信用农户 705.73 万户，并对信用农户实行贷款优先、服务优良、利率优惠等激励措施。全省信用授信总额达 4359.71 亿元，有贷款余额农户数为 272.48 万户，农户贷款余额 2241.36 亿元，为农民脱贫增收提供资金保障。

5. 加强重点领域信用工作，推进信用监管发展

推进公共信用评价结果应用，推动用好公共信用评价结果，加强在道路客运、房地产、盐业、煤炭等领域的信用监管工作。起草《贵州省加快推进社会信用体系建设 构建以信用为基础的新型监管机制的实施方案》，并广泛征求意见。

6. 推进重点涉信人群个人诚信记录建设

印发《关于推进重点涉信人群个人诚信记录建设有关事项的通知》《关于开展重点涉信人群信用信息数据归集共享工作的通知》。截至目前，共归集律师、公证员、造价工程师、导游、医师、护士等职业人群数据信息 248978 条。

（五）加强诚信文化宣传教育

运用"一网一刊一平台"，大力宣传信用体系建设，2019 年度印发 8000 余册《诚信贵州》刊物，"诚信贵州"微信公众号累计推送社会信用体系建设有关图文信息 4000 多条，阅读量超过 500 万人次。开展"诚信座右铭"征集评选活动，编印并发放《诚信三字经》2 万余册，创作并赠送《诚信贵州之歌》光盘 1 万余张。2019 年 4 月，在贵阳举办"诚信建设万里行·贵阳站暨第二届贵州省诚信示范企业授牌仪式"。

贵州省正以国家批复的贵州建设社会信用体系与大数据融合发展试点省为契机，围绕政务诚信、商务诚信、社会诚信、司法公信四大重点领域，着力推动信用法规制度建设，继续完善信用联合奖惩和信用修复机制，推进"信易贷""信易游"等"信易+"工作，以及信用分级分类监管等工作。

上海市信用服务行业协会实践案例①

上海市信用服务行业协会（以下简称协会）成立于 2005 年，它成立的初衷就是要促进信用服务业发展，为社会信用体系建设服务。协会现有会员单位 100 余家，业务范围涵盖资信评级、商业征信、个人征信、信用管理、互联网金融征信、大数据信用服务、商业保理、平台查询服务、信用担保、信用保险等领域。协会的主要工作包括行业调研规划、标准制定、学术研究、信息交流、咨询服务、培训及从业人员资质认定等。近年来，上海市信用服务行业协会特别注重自身党组织建设，规范运作，在加强社会信用体系建设中做了大量探索性工作，得到各方面的好评。协会 2019 年荣获 2018 年度中国信用共建年度信用创新单位、上海现代服务业联合会 2018 年度特殊贡献奖。

（一）积极当好政府参谋和助手

上海社会信用体系建设一直倡导政府主导、市场化运作的原则，协会始终把握"服务政府、服务企业"的工作本质，坚决做好政府参谋。

2019 年协会接受民建浦东区区委等组织的调研，参加"十四五"期间社会信用体系建设研究座谈会、《上海市社会信用条例》执法检查"信用服务机构发展"专题座谈会、浦东民建信用体系课题调研会等，就如何共建社会信用体系、监管本土信用服务机构、发展信用服务市场、确保信用服务机构对信用信息资源使用的合法权与优先权、加大对失信主体的惩戒力度等方面的内容建言献策。

①　上海市信用服务行业协会。

协会在上海市经济团体联合会、上海市现代服务业联合会、上海市金融联合会的领导下，积极配合和参加三个联合会所组织的各项工作和活动，如参与每年《上海现代服务业发展报告》的编写工作等。

除此之外，协会还积极配合做好各级政府的各类调研活动，撰写年度行业统计报告，协助申报各种社会信用体系建设专项资金，等等。

（二）强化服务意识，为信用服务机构做好服务工作

协会积极发挥信用服务机构在社会信用体系建设中的支撑作用，不断加大对独立的第三方信用服务机构的培育力度，为信用服务机构做好服务工作。

一方面，积极引导信用服务机构学习落实国家的行业法规政策，坚持正确的行业导向。如举办《关于开展 2019 年度上海市社会信用体系建设专项资金项目申报工作的通知》解读会，举办《个税改革及合同信用风险控制全解析》讲座沙龙，组织信用服务机构赴上海市中小企业发展服务中心调研，等等。

另一方面，利用协会网站和微信公众号不断完善信息传播机制，交流各方面信息及行业动态，为信用服务机构编辑《上海信用服务行业发展报告2019》《上海首批信用服务业产品名录》等行业报告和服务指南，提供各类信息，积极帮助会员单位拓展市场，促进行业发展。

同时，利用协会的优势为会员单位牵线搭桥，促成会员单位与区县政府征信职能部门、上海市相关行业协会以及有关企业等单位的业务合作。如联合上海华予信企业信用征信有限公司举办企业信用风险控制培训，促成 12家信用服务机构与信用中心进行数字对接，等等。

（三）搭建合作交流平台，拓展视野，提升信用服务质量

近年来，协会积极与各兄弟省区市及国家有关行业协会保持联系，在交流协会工作经验的同时，搭建合作交流平台，拓展视野，提升信用服务质量，共同探讨行业发展中的热点、难点问题。

加强区域信用建设合作。如走访安徽信用协会、江苏省企业信用管理协会，加强相互间的沟通与合作；组织部分专家赴南京考察，学习借鉴好的经验和做法；与长三角一市三省信用行业协会签署战略合作备忘录；举行长三角一体化信用人才产教融合培养研讨会暨首届长三角信用人才产教融合联席会议；举行上海信用行业发展趋势与人才产教融合培养研讨会；主办信用天下之西塘论剑；主办首届长三角信用高峰论坛；与镇江市润州区政府签订社会信用体系建设战略合作备忘录。

开展上海市企业信用评级通用规范团体标准试点工作。为推进行业信用评级标准化建设，协会于2017年向上海市质检局提出行业标准化示范项目试点工作申请，2018年协会修订《上海市"企业诚信创建"活动信用评价准则》，形成上海市团体标准。

开展系列信用服务活动。主办行业协会商会信用体系建设座谈会；联合上海金融信息行业协会举办上海金融信息下午茶系列活动；举办FACEBOOKS转型之路沙龙；主办首届供应链金融方向"全国数字金融商业票据高级研修班"。

福建省信用协会实践案例①

福建省信用协会成立于2013年12月，坚持"推动信用建设，促进社会发展"的宗旨，遵循社会信用体系建设"政府推动，社会参与"的原则，积极探索和实践社会信用体系建设，为"信用福建"建设做出了积极的贡献。

（一）开展信用宣传，改善信用环境

开展信用宣传，为增加社会公众和市场主体对我国社会信用体系建设的政策、动态和知识的了解，营造诚实守信的社会氛围，优化信用环境，发挥

---

① 福建省信用协会。

了积极的作用。

1. 创办协会网站和微信公众号宣传平台

2014年创办官方网站，2015年创办官方微信，本着"传播信用正能量"的原则，坚持专人负责、持续更新内容，宣传信用法规政策，传播信用动态资讯，推广信用知识，树立守信楷模，曝光失信行为，对社会公众了解信用建设形势，提高公众的守信意识，发挥了积极作用。

2. 积极宣传信用政策，普及信用知识

福建省信用协会领导多次应邀在全国各地开展信用知识、信用政策讲座。先后在中国信用4·16高峰论坛、商务部行业信用体系建设高峰论坛、海峡两岸企业诚信文化高峰论坛、海峡两岸信用管理论坛、中国软件行业协会信用评价大会、鹭江讲坛、交通运输部信用建设干部培训班、全国电力系统信用建设培训班、国家信息中心信用建设网络培训班，以及四川大学、厦门大学、南昌大学、西南科技大学、集美大学等单位给各层次干部、学员做信用建设学术报告近100场。

协会坚持在各种场合开展信用建设宣传。如，到莆田市湄洲湾北岸开发区，对全区干部就建设诚信政府、法治政府、信用社会进行学术演讲；在老子协会做信用建设专题讲座；在福建诚华征信有限公司为员工做企业信用建设专题报告；到寿宁县为全县工商企业作企业信用建设专题报告；在"第十届海峡物流论坛"分论坛"大数据与商务信用发展论坛"上做"发挥商协会作用，服务信用体系建设"的主题演讲，为厦门市文旅局举办的旅游行业诚信建设培训班做"旅游企业诚信建设专题讲座"。

（二）发挥专业优势，助推信用建设

1. 为政府部门信用监管建言献策

（1）2017年9月，福建省信用协会参加省食品药品监督管理局信用体系建设试点工作的评审，对福建省食药领域信用建设提出了许多建设性的建议。

（2）2018年10月，福建省信用协会参加省工商局组织召开深化社会共治暨福建省统一大市场智能化全程综合监管系统建设座谈会，就如何有效发

挥商协会作用、参与系统建设和社会共治发表建设性意见。为福建省工商局就福建省统一大市场智能化全程综合监管系统"社会共治"模块主页建设，提出相关细化建议，并就与有关重点行业商协会和第三方信用服务机构协作，共同做好福建省社会共治工作提出建设性意见，得到了福建省工商局的肯定。

（3）2019年4月，福建省信用协会以"信用监管在商务诚信建设当中的作用和地位"为主题，先后对福州海关、省市场监督管理局、省商务厅、省农业农村厅、省海洋与渔业局、省发改委，以及有关会员企业、重点行业商协会进行专题调研。通过走访调研，并根据大家建议，于8月16日举办"企业信用监管与优化营商环境"研讨会，共同探讨企业信用监管和优化营商环境问题。有关政府部门、行业协会、信用服务机构、新闻媒体和协会会员代表共80余人参加研讨会。

2. 积极配合行业商协会开展行业信用建设工作

（1）发起成立"中国商协会商务信用合作联盟"。2017年12月，福建省信用协会与深圳市企业信用管理协会、华瀚（上海）数据科技股份有限公司等全国26家商协会、2家产业联盟、1家研究院和4家企业共同发起成立"中国商协会商务信用合作联盟"，集聚全国行业商协会的力量，推进我国商务信用建设。

（2）2018年福建省信用协会先后与省建筑业协会和福建省电力企业协会就行业信用建设进行了专题探讨，并就联合开展行业信用建设事宜形成共识。

（3）2019年福建省信用协会与省食品工业协会就食品工业诚信体系建设进行探讨，并就相关工作保持密切配合达成协定。

3. 协助基层政府开展乡村信用体系建设

福建省信用协会与建宁县溪源乡人民政府就溪源乡信用体系建设开展战略合作，2019年12月16日，在建宁县溪源乡举办"2019年深化农村金融改革系列活动——海西信用建设示范乡推进会"，拉开了福建省首个乡村信用体系建设的序幕。

（三）加强组织建设，强化会员服务

1. 加强对外学习交流

（1）2018 年，由浙江省温州市信用协会、瑞安市信用办和瑞安市信用协会组成的信用建设考察团莅闽考察交流学习社会信用体系建设工作。协会组织召开信用体系建设交流座谈会，部分副会长与考察团代表进行了深入的座谈，共同探讨社会信用体系建设的新经验、新举措。

（2）2018 年，莆田市诚信促进会到福建省信用协会交流诚信和信用建设工作。双方就新时代如何开展信用建设与诚信建设进行了交流。福建省信用协会到海南省信用建设促进会就参与社会信用体系建设的经验和做法进行了探讨和交流。

2. 加强组织建设

（1）2018 年，福建省信用协会根据社会信用体系建设的需要，先后设立了"商务信用建设委员会""信用维权工作委员会""产品质量信息追溯委员会""艺术收藏委员会"，明确了各委员会的职责，更好地服务"信用福建"建设。

（2）积极吸收会员，信用建设队伍不断扩大，目前已有会员 300 多家。

3. 强化会员服务

（1）积极配合工商部门，协助会员企业做好事前防范工作。帮助被列入"经营异常名录"的企业，及时组织相关材料，申请移出"经营异常名录"，使企业避免由此受到信用惩戒，提升企业信用形象。

（2）针对当前信用评价乱象，开展信用维权活动。整合政府和媒体资源，为会员企业开展信用维权，帮助企业挽回经济损失。

（3）举办信用人才培训。成功举办首期信用管理师培训班，为来自福建省各地的 20 余名类金融企业和征信服务业的管理精英进行培训，参加本次培训的大部分学员顺利通过了福建省职业技能鉴定中心组织的信用管理师国家职业资格考试，成为合格的信用管理专业人才。

（4）推进会员企业信用建设，为会员企业提供信用服务。深入会员企

业举办信用建设座谈会，了解企业信用管理状况，交流企业管理经验，为企业解决信用管理中的难题。同时，为企业开展信用等级评价，表彰诚实守信企业，为信用企业发放信用通行证，树立信用企业形象，提高信用企业知名度，增强信用企业市场竞争力。

河南省信用建设促进会实践案例①

河南省信用建设促进会以"倡导信用、构建和谐、促进发展"为宗旨，认真履行章程，开拓创新，锐意进取，做了许多有益的工作，取得了一定成绩。

（一）开展河南省信用建设示范单位评定活动，促进企业信用建设

根据《河南省人民政府关于加快推进全省社会信用体系建设的通知》（豫政〔2009〕93号）和河南省委宣传部、省发改委等17部门联合下发的《河南省信用建设示范单位评定实施意见（试行)》，全省已有600家企业被评为河南省信用建设示范单位。

（二）开展信用管理师培训鉴定，促进信用人才培养工程

在河南省社会信用体系建设"十三五"规划中，明确要求：（1）推动信用高等教育发展，鼓励有条件的高校设置信用管理专业或开设课程；（2）建立信用人才专家库，培养信用经营管理专业人才，建立和完善信用人才/专家信息库；（3）推动企事业单位开展信用管理岗位培训，探索建立企事业单位信用管理岗位认证机制。河南省信用建设促进会已经组织开展十次国家信用管理师职业资格培训工作，培训1000人次，有972人获得信用管理师国家职业资格证书。同时，与税务、工商、质监、国资委、文明办等政府职能部门联合举办信用课堂，与各行业协会联合开展行业信用体系建设工作。

---

① 河南省信用建设促进会。

（三）建立政府采购领域供应商信用信息库，提供查询服务

建立政府采购领域供应商信用查询系统，将政府采购领域供应商信用信息建档，进行信用评估，出具信用报告和信用等级证书，用于政府采购评标时加分。根据供应商信用信息数据，与浦发银行合作对供应商进行政府采购项目融资。

（四）建立信用评估标准

制定河南省《企业信用评价标准》地方版，并正式实施，在推动企业讲信用、用信用方面发挥了重要作用。

（五）开展信用专题讲座，传授社会信用体系建设知识

联合河南省国税局举办"纳税信用、信用兴商——企业纳税信用管理讲座"，帮助企业了解纳税信用等级的激励政策和惩戒政策，实现由不知道纳税信用等级到掌握 135 项纳税信用评价指标，并积极申报纳税信用评价。

（六）开展"信用＋"平台和社会信用评估机构备案工作

宣传"信用＋"平台，推进各行业信用优良中介服务企业入驻。实施社会信用评估机构备案工作，已备案 55 家信用服务机构，并签订了《河南省信用服务行业自律公约》。

（七）开展"培训信用管理人才，为河南信用建设做贡献"培训会

2019 年 7 月 14 日，为贯彻和落实《河南省发展改革委关于培育发展信用服务机构　加快推进社会信用体系与大数据相融合的通知》文件精神，河南省信用建设促进会在郑州举办信用专业培训班，培训信用管理服务人才，对提高全省信用建设人才队伍素质具有深远意义。

（八）与其他行业协会签订信用共建协议

为大力推动全省行业信用体系建设，充分发挥社会组织"桥梁纽带"与"行业自律"职能作用，有效实现各协会商会之间信用建设的交流合作，河南省信用建设促进会与河南省九商联盟、河南省公共资源交易协会、河南省电子学会、河南省两化融合联盟、河南省泵阀业商会、河南省电工行业协会签订了《信用共建协议》。本着"发挥优势、相互促进、长期合作、互利互赢、诚信守法"的原则，以共建信用机制、共享信用信息、共创信用品牌、共育信用人才为基础，资源共享、优势互补、共同发展，以服务为理念，以创新为推动，建立定期联席制度，进一步推动信用产品在行业的服务创新，促进全省信用体系建设和各行业的良性动态发展，进一步优化全省各行业信用环境。

大连市信用协会实践案例①

大连市信用协会（以下简称协会）努力发挥"窗口、桥梁、参谋和纽带"作用，在助力"信用大连"建设中发挥了重要的作用。

（一）发挥平台作用，配合相关部门开展信用建设

大连市信用协会紧密配合政府信用工作部署，积极开展工作。先后赴浙江衢州、江苏南京等城市考察交流，学习当地社会信用体系建设的创新举措及优化营商环境的经验做法；组织部分信用服务机构、会员企业参加"辽宁省社会信用立法"座谈会，为辽宁省信用条例内容的补充完善建言献策；协助大连市信用办开展"社会信用体系建设问卷调查"活动；与大连市委党校合作"大连信用服务产业高质量发展对策研究"课题，并纳入大连市社科联 2019～2020 年度课题立项内容；配合大连市文明委开展"全国文明城市创建工作"，收集信用建设相关素材，提交信用建设成果汇总；结合协会自身工作，起草《学习全会

---

①　大连市信用协会。

精神 助力信用大连发展》主题文章，发表于《大连宣传》杂志。

组织大连市信用服务机构、信用志愿者，参与 2019 年 "6·14 信用记录关爱日"活动。配合开展大连市 "信用大连宣传月"活动。参加协调会议、沟通宣传方案、联络媒体报道、收集活动素材、开展信用主题培训、跟踪报道活动进程等，提升受众面和知晓率。配合、参与 "大连市社会信用体系建设工作培训会""'信用中国'网站行政处罚信息信用修复工作视频会""大连市推进社会信用体系建设暨城市信用监测专题会议""2019 信用大连建设讲坛"等多项信用专题会议，及时领会大连市信用建设工作的战略布局，保持思想同频、行动同步。

普及信用理念，宣传诚信文化。参加大连市美食文化协会举办的 "大连市餐饮服务企业（中型）诚信评价研讨会"，为餐饮行业企业开展信用建设工作提出建议；协助大连市仓储与配送协会举办 "大连市仓储物流行业信用体系建设培训班"，仓储协会秘书处及会员单位负责人等 50 余人受益；"信用大连"宣传月活动开展期间，先后为大连市卫健委、科技局、城市管理局、司法局以及长兴岛经发局等政府相关部门及机构负责人等 300 余人，做了五场次不同侧重内容的信用专题报告，获得参训学员一致好评。

（二）关注会员动态，支持会员企业诚信创建工作

结合走访与问卷形式，对在协会备案的 27 家信用服务机构开展问卷调研，形成《大连市信用服务机构发展情况调研报告》，报送相关部门，供决策参考。2019 年以来，各会员单位持续发力，信用创建工作水平不断提升。副会长单位大连盐化集团在全省率先创建全国绿色食品一二三产业融合发展园区，不断扩大大连市绿色食品公共品牌的影响力。副会长单位瑞泽征信有限公司成功入围国家首批 "可为信用修复申请人出具信用报告的信用服务机构名单"，为大连市第一期信用修复培训班、建筑业协会等相关企事业单位做信用修复相关培训指导。信用惠民公司结合信用应用领域多年实践经验，创新提出 "大连城市信用应用综合产业投资项目"，目前，项目一期工程 "大连城市信用广场"已正式启动投资建设。

（三）发挥"窗口"效应，保持信用宣传常态化

继续发挥网站、微信等平台宣传优势，发挥"窗口"效应，为建设"信用大连"添砖加瓦。截至 2019 年 12 月，大连市信用协会网站累计更新文章 735 篇。其中，编发工作动态类 38 篇，转发各级政府文件及省内外信用体系建设动态 603 篇，更新信用方面的各类文章 94 篇。"信用大连"微信平台累计发布信息 300 余期，发布本地新闻 376 篇，与 3000 余名读者分享见解。协会与大连市信用办、大连经济广播电台 FM104.3 合作《信用大连在行动》栏目，累计播出 307 期，先后采访大连市政府相关部门、会员单位、兄弟协会及国内信用领域专家、学者等共计 132 人。累计编发《信用之声》会刊 5 期，协助大连市信用中心开展《信用大连》电子刊物筹备工作。

参加"第十五届（2019 年）中国信用 4·16 高峰论坛"，第四年被论坛组委会授予"信用创新单位"荣誉；参加"全国信用监管与信用修复专题培训交流会""2019 年度全国信用（行业）协会联席会议""2019 中国城市信用建设高峰论坛""第二届辽宁省信用论坛"等，借助参会契机与各地信用商协会保持联系，交流学习各地办会经验，多层面探索信用建设的先进经验和创新成果。

淮安市信用建设实践案例①

2019 年淮安市围绕创建全国第三批社会信用体系建设示范城市，打造"诚信淮安"社会品牌，紧紧跟随国家信用工作建设步伐，按照"顶层设计、打牢基础、突破重点、积极作为"的工作思路，取得了显著成效。

---

① 淮安市信用办。

（一）建立和完善信用制度体系

2019 年淮安市政府出台《淮安市加快推进社会信用体系建设构建以信用为基础的新型监管机制实施办法》，加之近几年出台的《淮安市公共信用信息管理办法》《淮安市守信联合激励和失信联合惩戒实施办法》《淮安市加强个人诚信体系建设的实施意见》《淮安市政务诚信建设三年行动计划》《淮安市加强电子商务领域诚信建设实施意见》等规范性制度文件，全市各级出台信用管理方面的制度文件 140 余份，从全市实施信用联合奖惩、信用信息共享应用、优化营商环境、构建新型监管机制等方面形成了比较完善的信用制度体系。

（二）提升改造公共信用信息系统平台

在全国率先完成了市、县（区）"一体化"公共信用信息系统和服务平台的提升改造，并率先嵌入全省"一体化"系统平台，基本实现了全市系统建设"一体化"、数据归集"一盘棋"、信息服务"一站式"、联合奖惩"一张网"、"一个平台"管信用。2019 年归集全市 58 家市级部门和单位、7 个县区的社会法人和自然人信用信息近 2 亿条，"双公示"信息 140 余万条。市、县（区）、乡镇（街道）三级通过市"一体化"公共信用信息服务平台出具的查询报告数量为 4052 份，较 2018 年同比增长 20%，上网公示企业第三方信用报告 3221 份，信用告知承诺书 15875 份，完成企业信用修复 240 余家，报江苏省红黑名单 1404 条，实施并上报国家联合奖惩案例 6000 余个。全市共开通了 14 个信用信息"一站式"免费查询窗口，已为政府、企业和社会提供审查和查询报告 5000 余份。

（三）推进信用联动奖惩成效显著

淮安市工商、质监、食品药品、财政等各监管部门普遍实行了行政审批许可信用承诺制，每年公示企业信用承诺书 15000 余份，应用信用查询或审查报告 2000 余份，淮安市政府大部分部门均出台了信用奖惩和"红黑名

单"管理办法。每年在行政许可、政策资金扶持、表彰奖励、招标投标等方面有 10% 左右的企业因有严重失信记录而被禁止参加，30% 左右的企业因有一般或较重不良信用记录被降低信用等级或被减少获得政策资金扶持、取消表彰资格等，对有一般失信记录的企业进行了集体信用约谈。淮安市税务、工商、人社、住建等重点行业多部门跨地区信用奖惩联动机制逐步形成并发挥作用，企业和自然人失信率呈逐年下降的趋势。

（四）信用服务业快速发展

淮安市政府自 2013 年在全省率先开展工程建设招投标领域应用第三方信用报告示范试点，现在每年在政府采购、工程建设、机电设备等招投标领域示范应用并网上公示的第三方信用报告近 3000 份。由于政府的积极示范作用，全市信用评级、信用咨询、信用保险、信用担保等信用服务业快速发展。目前，全市备案信用服务机构 28 家，信用服务产业成倍增长，社会影响面不断扩大，企业和社会的诚信意识普遍提升，同时也倒逼政府部门信用监管工作的规范化、制度化和常态化。

（五）工作推进机制不断完善

将推进社会信用体系建设工作列为淮安市委 2019 年重点深化改革任务加以推进督查，出台《2019 年淮安市社会信用体系建设工作要点》《淮安市2019 年县区（园区）社会信用体系建设工作考核方案》《淮安市 2019 年市直单位社会信用体系建设工作考核方案》。同时，淮安市委市政府将社会信用体系建设工作纳入 2019 年淮安市高质量跨越考核体系加以考评推进。

葫芦岛市信用协会实践案例①

葫芦岛市信用协会积极推动全市社会信用体系建设，认真履行职能，

---

① 葫芦岛市信用协会。

创新服务方式，拓展服务领域。通过开展系列活动，做好政府和企业、企业和企业的桥梁与纽带工作；增强企业诚信意识，营造诚实守信的市场环境；塑造信用服务行业良好诚信形象，引领社会诚信建设。2019 年在第十五届"中国信用 4·16 高峰论坛"上获得"信用创新单位"荣誉称号。

（一）加强政治理论学习，提高协会干部素质

葫芦岛市信用协会党支部全面深入贯彻学习习近平新时代中国特色社会主义思想，认真学习党的十九大、十九届二中、三中、四中全会精神，开展"不忘初心、牢记使命"主题教育活动，组织党员以个人自学为主，认真学习习近平总书记在民营企业座谈会上的重要讲话，在学习中领悟初心使命，增强党员意识，坚定理想信念，增强发展信心，推动学习贯彻习近平新时代中国特色社会主义思想走得深、走得实、走进心里。

（二）完成市政府和有关部门交与的信用建设工作任务，发挥桥梁纽带作用

2019 年葫芦岛市信用协会多次承担葫芦岛市信息（信用）中心交与的信用推动工作，与市信息（信用）中心联合开展"当代女性职场和家庭自我塑造"为主题的专题讲座、"诚信在行动"第六季——诚信企业走进锦州城市综合运行指挥中心参观学习、全市社会信用体系建设专题培训会、葫芦岛市信息（信用）中心爱心团队启动仪式，"捡拾白色垃圾·守住绿水青山"公益活动，等等。信用协会积极配合市信息（信用）中心做好"信用中国（辽宁葫芦岛）"网站改版上线工作，并组织 46 家会员企业签署信用承诺书，上传到"信用中国网""信用辽宁网""信用葫芦岛网"等网站展出。

信用协会紧紧围绕服务宗旨，搭建起政府与企业的交流学习平台，切实把政府对民营企业的关怀转化为推动振兴发展的强大动力，为葫芦岛市经济发展做出贡献。

2019 年 8 月至 9 月，信用协会与市金融发展局走访调研葫芦岛市多家大型企业，深入了解企业经济发展状况，探索企业资本市场需求。协助市金融发展局举办"资本市场大讲堂"培训，组织会员企业代表参加学习，了解股份制改造、辽股交挂牌、股权融资等资本市场相关知识，让企业更多地掌握和利用资本市场开展直接融资的手段及方法。9 月 19 ～ 20 日，受市发展改革委、市金融发展局委托，信用协会组织会员企业参加在葫芦岛市举办的"新时代 新思路，助力东北振兴与开放"东北亚经济论坛会议。

葫芦岛市信用协会还积极配合市信用办开展本辖区内"黑名单"企业法人代表信用修复培训，在信用葫芦岛公众平台转发信用修复的通知精神，帮助建立诚信教育培训长效机制。

（三）加强社会信用建设宣传，营造良好的舆论氛围

信用协会以宣传诚信守信为己任，将诚信宣传教育贯穿到每一位公民心中，弘扬诚信精神，营造守信光荣、失信可耻的良好社会氛围。市信用办、市信用协会、辽宁绥四建工集团、葫芦岛日报社联合开办《信用葫芦岛》专版，截至 2019 年 11 月，已发刊 10 期，发布信用新闻共 54 篇，其中信用要闻 17 篇、信用动态 8 篇、协会动态 9 篇，采访报道 20 家诚信企业；通过"信用葫芦岛"微信公众号发布诚信故事、信用政策、信用知识等文章 155 余篇，媒体宣传报道深受社会各界的广泛关注与赞誉。

（四）助力会员企业发展，提高信用文化知识

2019 年，为提高会员企业的管理水平，葫芦岛市信用协会举办"公文写作培训班"，开展三期"企业组织系统建设总裁研修会"，举办每年一度的"诚信企业联谊会"，以及以"共谋发展 携手前行"为主题的"诚信企业家沙龙"，三八节"'智享人生'主题分享会"、会员企业间"互访互谈会"。市信用协会通过各种培训学习和交流会，普及信用知识，引导企业走诚信之路，助力企业经济发展，推动"信用葫芦岛"建设。

柳州市中小企业服务中心实践案例①

柳州市中小企业服务中心（以下简称中心）成立于 2004 年 4 月，是直属于柳州市工业和信息化局的中小企业公益性服务机构。该中心以"政府助手、企业之家、机构核心"的理念为工作导向，紧密围绕融资服务、信用体系建设、政策研究创新三个基本点，进一步聚集服务资源，强化平台功能，创新服务模式，突出服务重点，提升服务效能。该中心曾获得国家工信部首批国家中小企业公共服务示范平台认定。

（一）"政银信"——融资扶助工程信用贷款业务

中心于 2012 年开始搭建柳州市成长性中小企业融资扶助工程信用贷款平台，探索利用财政专项扶持资金创新融资模式，开创了广西首款银政企信用贷款融资模式。该模式由合作金融机构作为贷款方，以中小企业发展项目为切入点，以政府专项扶持资金作为保证金，向中小企业提供等同于保证金 6 ~ 10 倍的贷款放大授信规模，并根据中小企业具体情况，给予差别利率信用贷款支持，贷款利率控制在中国人民银行同期贷款基准利率上浮 20% 以内，贷款期限为 1 年，单户中小企业信用贷款额度不超过 500 万元，特殊情况下支持的企业最高额度为 1000 万元。该模式有效解决了柳州市成长性较好但因抵押资产不足难以融资的中小企业问题。财政专项资金起到放大及风险补偿的双重作用。

通过近几年探索开展信用贷款工作，一批成长性良好的中小企业获得快速发展，企业规模、销售收入得到快速扩大和增长，产品质量进一步提升。截至 2019 年 11 月底，累计支持 238 家次企业获得成长性融资扶助工程信用贷款合计 79059 万元，初步估算帮助企业节约融资成本约 1100 万元，获贷中小企业分布在汽配、机械制造、食品加工、木材加工、制药、纺织、化

---

① 柳州市中小企业服务中心。

工、节能、运输、印刷等行业。

中心的融资平台通过多年努力已形成政策性融资产品梯次，即"抵押＋担保""抵押＋信用""纯信用"从低至高的三层级风险控制融资产品体系。在融资期限上，形成超短期（应急周转资金，30 日内）、短期（信用贷款、助保贷、引导资金贷款，1 年）、中短期（国开行贷款、助保贷，最长 2 年），从短到长的融资期限产品组合；在融资规模上，形成单笔 200 万元以内至单笔最高 3000 万元，从低到高的融资额度配置，可有效应对企业在各个发展阶段的不同资金需求。

（二）持续开展中小微企业信用体系建设工作，营造良好信用环境

第一，进一步引导好、组织好企业接受第三方外部评级，为企业增信，提高管理水平。为增强中小企业信用意识，提升中小企业信用水平，引导金融机构加大对优质成长、诚实守信中小企业的融资力度，缓解中小企业融资难问题，自 2013 年起，中心与国内第三方知名专业评级机构——东方金诚国际信用评估有限公司合作，筛选并组织中小企业进行分级评价，为政府评价中小企业整体运营形势和预测趋势提供支持，为中小企业结合行业发展状况提升能力提供依据，为针对性扶持中小企业发展提供指导，以实现促进中小企业健康、快速发展。截至 2019 年 11 月底，中心通过东方金诚国际信用评估有限公司广西分公司，组织完成了对 369 家企业的信用评级。每年与评级机构共同编制当年度《柳州市中小企业信用评级报告汇编》。引入第三方外部评级，不仅为企业全面提升管理能力、培育良好信用、谋划发展提供可靠参考，也为中小企业的服务部门和主管部门了解企业发展现状、明确服务范围及政策制定方向提供依据，进一步引导企业规范自身管理，培育良好信用。

第二，开发建设柳州市中小微企业分级评价系统，为建设融资服务项目库打好基础。中心 2017 年组织相关专家共同研究制定中小微企业分级评价指标，并与软件公司共同开发建设中小微企业分级评价系统，该系统于 2018 年初正式上线运行。该分级评价系统为各部门直观了解企业基本情况，

评估企业在同行业、同规模企业中的情况，提供参考依据。分级评价结果为政府职能部门初步掌握中小微企业的规模、经营情况、所处发展阶段提供数据依据，同时也为企业是否能够获得精准扶持和进一步的融资服务提供参考依据，其运用领域包括但不限于融资、信用培育、政府（补贴、贴息、评优、评先）项目支持、经济部门对企业数据的初步统计分析等。

第三，继续吸纳更多的中小企业加入柳州市企业信用协会，营造良好信用氛围，规范企业信用管理。柳州市企业信用协会是经市政府批准成立的社团组织，业务主管单位为柳州市工业和信息化委员会，协会工作由柳州市中小企业服务中心统筹指导。协会自成立以来，以建设市中小企业专业化信用公益协会为目标，发挥融资服务平台桥梁纽带作用，致力于解决企业融资难问题，帮助企业提升综合竞争能力和自身融资能力。目前协会会员140多家，申请中心融资平台贷款业务的企业均自愿加入了企业信用协会，较好地带动企业培养良好信用，联动金融机构为中小企业发展提供服务。

第四，积极推进信用信息共享平台建设，与中国人民银行柳州市中心支行共建柳州市企业信用信息共享服务平台。为切实推动柳州市中小企业信用体系试验区建设，高效有序地开发建立全市统一的征信服务平台（即柳州市企业信用信息基础数据库），实现资源共享，解决企业信用信息在政府各部门间分散存放、各自管理、各自为政的问题，中心于2012年底协助人民银行开发建设"柳州市中小企业信用信息管理系统"，积极推动完善中小企业信用档案建设。该系统于2015年上线试运行，信用信息共享平台已采集14891户企业四项基本信息及126家企业外部评级信息。

武汉企业信用管理服务中心实践案例①

武汉企业信用管理服务中心全面落实《社会信用体系建设规划纲要

---

① 武汉企业信用管理服务中心。

（2014—2020 年）》，改革创新，不断开拓信用评级市场。在加快企业信用建设、加大企业信用管理、实现诚信发展，增强企业守信经营意识等方面为构建"信用武汉"的生态环境做出了重要贡献。武汉企业信用管理服务中心多次获得"信用创新单位"称号。

（一）大力宣传，营造良好的诚信经营环境

发挥《武汉企业信用建设》杂志和"武汉企业信用评级网"的作用，大力宣传社会主义核心价值观，引导企业管理层和广大职工爱国、诚信，增强信用意识，创新驱动发展。宣传信用企业的名单、信用信息、信用动态，进一步提升信用中心的公信力和影响力。

（二）发挥示范效应，构建信用生态环境，推动企业信用建设健康稳步发展

接待办理企业信用建设的咨询、免费年审、推荐服务工作。为企业在行政许可、资质认定、政府采购、投标等领域采纳信用评价指标打下良好基础。

（三）动员组织信用企业参加各类培训活动

组织信用企业参加《中华人民共和国消费者权益保护法》培训、食品安全法讲座，组织企业参与创建"放心肉菜门店"活动，强化企业诚信经营。

（四）与行业协会共同开展行业信用评价活动

信用中心和武汉连锁经营协会等行业协会联合开展"企业信用评定"活动，为会员企业免费进行信用体检。申报企业在自查、自测、自评、自改、申报过程中，加强了信用建设的自觉性。

（五）动员组织信用企业参加诚信兴商活动

组织信用企业参加中国商业联合会举办的"全国诚信兴商双优示范单位""全国商业诚实守信道德模范"评选活动。武汉烽火科技有限公司等5家企业荣获"全国诚信兴商双优示范单位"，程天奇等5位企业家荣获"全国商业诚实守信道德模范"殊荣。

B.16
后　记

在各位作者、编者和相关单位的共同努力下，《中国信用发展报告（2019～2020）》（信用蓝皮书）与读者见面了。过去的2019年，是中国信用建设脚踏实地、开拓创新、硕果累累的一年，也是我国信用政策、实践、理论朝着"中国社会信用体系"建设方向不断摸索前行、反复求证发展的一年。

过去的一年里，国家和地方的信用立法工作逐步启动并持续推进；以政府信用为引领，社会、商务、司法等领域信用建设次第展开并形成特色；一个覆盖全社会的信用联合奖惩机制业已形成并日趋完善；以大数据、人工智能、信息技术为标志的广义信用理论正得到重视并开始作用于信用实践活动。

可以欣慰地说，我国信用建设正如初春的秧苗，已开始吐露出美丽和芬芳，只要我们持之以恒、全神贯注，用更大的努力和付出，孜孜以求、不断创新，我们相信在党中央、国务院的英明领导下，"中国社会信用体系"之树一定会结出累累硕果。

最后，感谢长期以来对本报告给予支持和关心的国家发展改革委财政金融和信用建设司、中国人民银行征信管理局、国家市场监督管理总局信用监督管理司、科技部科技监督与诚信建设司，全国各省（自治区、直辖市）、市、县信用管理部门、行业组织、信用机构和全国信用教育联盟高校的各位领导与各位同仁！

由于我们的能力和水平有限，错误和不足之处在所难免，欢迎批评指正。

编者
2020年2月

Abstract

Annual Report on China's Credit Development (2019 – 2020) is composed of of five parts: general report, comprehensive report, industry report, special report and case report. The main contents of each part are as follows:

The first part is an overall analysis of the construction of China's Social Credit System in 2019. The General Report reviews the achievements of credit construction in the four major fields of social credit system construction, and points out that the main problems existing in the current credit system construction are vague connotation and extension of credit, vague division of the government and the market. It is suggested that we should clarify the credit boundary, strengthen the top-level design, establish and improve the credit legal system, and clarify the relationship between the government and the market.

The second part is the macro analysis perspective of credit system construction. Under the condition of information economy, the construction of credit system based on trust will become an important direction of social and economic development in the future; promote the improvement of government credibility by establishing supervision mechanism, constructing long-term mechanism, exploring credit evaluation, etc. ; explore the unity of government service and market supervision in the arrangement of public credit system and credit information sharing system; actively explore Credit Supervision as the content of the new social governance, to achieve coordinated development with the construction of Social Credit System; strengthen the construction of credit legal system in the field of social credit, Internet integrity and big data, to form a systematic and complete credit legal system.

The third part is the industry perspective of credit system construction. In view of the construction of credit system in key industries, this paper puts forward: Promote the healthy development of the real estate industry by improving the relevant laws and regulations of the real estate industry, strengthening the credit

supervision, improving the credit information disclosure. Promote the credit development of the steel industry by strengthening the implementation of policies, improving the quality and concentration of the industry supply system. Improve the credit status of asset management industry by building a unified and coordinated supervision system, strengthening investor education, improving the ability of asset management institutions. Promote the credit construction of capital market by improving the cost of dishonesty, strengthening the construction of information disclosure mechanism, improving the protection mechanism of investment interests. Promote the construction of credit information system, implement the environmental credit evaluation system, in order to enhance the support of environmental credit system for the development of green economy. Through scientific research data recording and circulation sharing, we will give full play to the incentive role of scientific research credit and promote the construction of scientific research credit system to develop in depth.

The fourth part is the micro practice of credit system construction. Based on the analysis of the operation of Yiwu Commodity Market Credit Comprehensive Index (YMCI) and various sub indexes, this paper presents a typical exploration on the integration of credit research and market supervision.

The fifth part is the key extension of this report. In order to promote the typical experience of Social Credit System construction, this report selects some typical cases of credit construction demonstration cities, local and industry associations to share their excellent practices.

To sum up, Annual Report on China's Credit Development (2019 – 2020) systematically and comprehensively introduces the development of China's Social Credit System construction since 2019. In view of the wide range of credit system construction, many contents, unbalanced development of industries and regions, as well as the limitations of our ability and level, it is inevitable to miss a million points. We hope that this report can provide a perspective and window for readers to grasp the overall level and direction of China's Social Credit System construction and understand the theory and practice of credit system construction.

Keywords: Social Credit System; Governmental Credit; Public Credit; Credit Supervision; Illegal Cost

Contents

I General Reports

Abstract: The concept of credit originated in all periods of human society's development and widely exists in every field of modern society and economy, which provides a guarantee for the smooth running of social and economic activities. The scope of "general credit" is a new institutional arrangement, which can be established and improved with the development of information productivity. In this paper, by defining and combing the connotations of 'general credit', 'credit economy' and 'credit management', we believe that the development and progress of trust relationships under the conditions of the information economy are the basis for the establishment of a credit system. The credit institution and credit system constitute the core of a new type of system that is compatible with information productivity. In the future, the construction of a trust-based credit system will become an important direction for social and economic development.

Keywords: General Credit; Credit Economy; Credit Management; Credit System

B. 2 Review of China's Social Credit System Construction
in 2019 and Prospects for 2020   / 017

Abstract: In 2019, further progress was made in constructing China's social credit system, which produced marked achievements. The construction of government credibility includes: acting in complete accord with the Party Central Committee's strategic decision on enforcing full and strict discipline over the Part, making steady progress in disciplinary inspections; comprehensively advancing streamline administration, pushing forward with reforms that delegate power, improve regulation, and upgrade services; making improvement to the government's decision-making mechanism, and promoting the quality of Open Government; Giving play to the role of government in modeling the establishment of creditworthiness, strictly carrying out government commitments to society. The construction of business credibility includes: accelerating credit construction in the financial sector, improving tax credit management mechanisms, continuously developing credit transportation, strengthening food safety supervision systems, and strengthening construction of accounting credit. The contents of social credit construction include: the construction of the scientific research credit system has been advanced rapidly, the credit construction in the medical insurance field has been rolled out, and the Internet platform and application management have been standardized. The establishment of judicial credibility includes: fairly hearing a batch of major and serious criminal cases, comprehensive implementing judicial accountability, further enhancing judicial transparency, improving the long-term mechanism for solving enforcement difficulties, and cracking down on false litigations. At present, China's credit work still has problems such as blurred borders, fuzzy understanding of credit connotations, and obscurity boundary between the government and the market. This report proposes that the construction of China's social credit system should clarify the credit boundary and unify ideology; strengthen the top-level design and deepen the macro concept; establish and improve the credit legal system; clarify the relationship between the government and the market; and guide the development of the credit market.

Keywords：Social Credit System；Credit Boundary Connotation；"Credit +" mode；Credit Governance System

II　Sub-reports

Abstract：Government integrity is the key to the construction of social credit system. The integrity level of government behavior actors plays an important role in guiding and building the integrity of other social entities. This chapter puts forward the basic characteristics of government integrity and government credit from the connotation of government integrity. At the same time，through combing the achievements and problems of the government's credibility construction and credibility improvement，it puts forward the policy recommendations for building and improving the government credit system，including clarifying the ideological understanding，establishing the government credit supervision mechanism，strengthening the micro foundation，and building the government integrity of long-term work mechanism；strengthen theoretical research and explore the practical forms of government credit evaluation.

Keywords：Government Integrity；Credibility；Service-oriented Government；Information Disclosure

Abstract：Based on the current establishment of China's social credit system，the transformation of government functions，the reform of the market supervision and social governance，the article expounds the basic issues in the study of public

credit theory. This paper believes that public credit belongs to the category of general credit and is a special public goods; the public credit original data has the function of reproduction, the public credit information has the characteristics of openness and integrity; the boundary between public credit information and market credit information is fuzzy. With the development of the market economy, the latter will continue to transition to the former, and the public credit information generated by the internet public domain should be incorporated into the national public credit information platform for unified supervision and application. Compared with the credit system of developed countries, China's social credit system will carry more functions, including government's functions transformation, new market supervision, social management and many other institutional functions. This is an institutional choice that is in line with China's national conditions.

Keywords: Public Credit; Social Credit System; Market Credit; Credit Information

B. 5　Social Credit System Construction and New

Social Governance　　　　　　　　　　　　　　　　/ 071

Abstract: The construction of social credit system is an important guarantee for the healthy development of economy and society. Since 2016, the construction of social credit system in China has improved step by step, developed rapidly and has achieved overall promotion, in all aspects including system design, sharing platform construction and reinforcement of credit information, system reform of enterprise registration and credit information publicity, building of joint incentive and punishment system, credit service and credit application. Promoting the construction of social credit system will help to improve the ability of social governance. We should establish and improve relative legislation and institutional, build platforms, emphasize cultural construction, and actively explore a new model of social governance with credit supervision as its content, so as to realize the coordinated development between the new mode of social governance and the construction of social credit system.

Keywords: Social Credit System; Social Governance; Credit Supervision.

B. 6   Construction of Credit Legislation and Credit Law System   / 085

Abstract: After more than 100 years of credit system construction and development, Western developed countries have formed a relatively complete credit system structure, and the credit legal system has also been continuously improved, and has become an important indicator to measure the perfection of the social credit system. At present, for China, the establishment and improvement of the credit legal system is a long-term and complicated system engineering, although it has been continuously strengthened by modifying existing laws and regulations, accelerating credit legislation to fill gaps, and implementing legal responsibilities at the judicial and law enforcement levels. And improve the credit legal system. However, China's credit legislation is still lagging behind the development of market economy, which seriously affects the stability of the market economic order and the realization of the economic benefits of market entities. Drawing on the experience of credit legislation in western developed countries, it is imperative to promote the establishment of a sound credit law system.

Keywords: Credit Legislation; Basic Law of Social Credit; Big Data Credit Law

III   Industry Reports

B. 7   Research on the Credit Development of China's Real Estate Industry   / 102

Abstract: The good credit environment of China's real estate industry

promotes the healthy development of the real estate industry. In the past ten years, China's real estate credit construction has made great progress. However, there are still many problems in the credit construction of the real estate industry, such as the weak supervision and punishment by law enforcement departments and defects in credit evaluation indicators. Strengthening the credit construction of the real estate industry is an important factor to control the systemic risks of the real estate industry and safeguard the interests of all the buyers. The key factors leading to the credit problem of the real estate industry are the imperfect laws and regulations, excessive speculation caused by high profits and weak credit consciousness. In order to promote the healthy development of the real estate industry, China needs to improve the relevant laws and regulations of the real estate industry, accelerate the construction of credit systems, strengthen credit supervision, improve the credit information disclosure, and focus more on the training of credit rating talents.

Keywords: the Real Estate Industry; Credit Development; Industry Supervision; Credit System

B. 8   Research on Credit Development of China Steel Industry

/ 127

Abstract: As China's economic development into the new normal, coupled with economic growth slowdown, economic structure optimization, ecological environment constraints, the steel industry credit issues have become increasingly prominent. Such as the industry leverage is too high, industry credit quality continued to differentiate, frequent debt defaults, illegal construction of production, undocumented and substandard products flooded the market, etc. The credit problem has become an important institutional factor restricting the transformation, upgrading and sustainable development of the steel industry. The key factors that lead to the credit problem in the steel industry are imperfect laws and regulations, poor policy implementation, lagging behind in industry standard construction, lack of punishment for dishonesty, etc. Therefore, in order to promote the credit development of the steel industry, which provide a good institutional environment for supporting the steel industry to achieve transformation and upgrading and sustainable development, we should improve laws and regulations and strengthen policy execution, enhance the credit quality of the industry, strengthen the credit consciousness of the enterprise and so on.

Keywords: the Steel Industry; Credit Development; Leverage Ratio; Credit Environment

B. 9 Credit Status and Prospects of China's Asset Management Industry / 154

Abstract: The asset management industry is based on credit. To achieve long-term development, asset management institutions must pay attention to credit management and create an image of integrity to attract more investors to entrust assets. The scale of China's asset management has grown rapidly, and credit construction in the field of asset management has made significant progress, but there are also many problems. The main factors restricting the credit construction of China's asset management industry are the separate supervision system, the lack of attention to the protection of investors' interests, the lack of investment culture, the low level of information disclosure, and the high risk of capital market. This paper proposes to establish a unified and coordinated supervision system, strengthen investor education, strengthen information disclosure, enhance the capacity of asset management institutions, and purify the asset management market environment. The improvement of credit status in the future asset management market has a policy basis and a market participant base, but attention should be paid to preventing and defusing capital market risks.

Keywords: Asset Management; Private Equity Funds; Credit Risk; Investment Culture

B. 10　Credit Status and Prospects of China's Capital Market

/ 183

Abstract: The capital market is a typical information market, credit market and confidence market. In recent years, China's capital market has developed rapidly, and the stock market and bond market have ranked second in the world. Significant progress has been made in the construction of the credit system of the capital market. The credit system of the capital market has been initially established. The credit market integrity database has been established. The mechanism of trustworthiness and disciplinary action has been formed. A sample of credit construction has been built in the science and technology sector. The current problems in the construction of the credit system of the capital market are mainly due to the high default of the bond market, the risk of equity pledge in the stock market, the non-compliance of the financing subject, the unfair behavior of investors, and the performance of the capital market intermediaries. The main factors affecting the credit market construction of the capital market involve the value of the financing entity, the enforcement of the regulatory body, and the imperfect investor protection mechanism. It is suggested that the role of capital market participants should be scientifically positioned to increase the cost of untrustworthy illegality, strengthen the construction of information disclosure mechanism, enhance the efficiency of supervision and improve the protection mechanism of investment interests to promote credit market construction.

Keywords: Capital Market; Financing Entity; Intermediary; Investor Protection

B. 11　Environmental Credit and Green Economy Development

/ 208

Abstract: "Environmental protection and economic development are not opposite." The development of green economy must rely the establishment of environmental protection credit system, so that polluting enterprises can withdraw from the market to leave space for the development of good companies. The establishment and improvement of environmental credit system is the lubricant to ensure the development of green economy. Through the evaluation of the current development of China's environmental protection credit system, this study points out the importance of environmental protection credit system for the development of green economy, summarizes the development status and problems of China's environmental protection credit at present, and reveals the way environmental protection credit promotes the development of green economy. It aims to explore the shortcomings and improvement directions of China's environmental protection credit system construction, and to protect the development of China's green economy.

Keywords: Environmental Credit; Green Economy Development; Environmental Credit Rating; Environmental Credit Report

B. 12　Research on the Research Credit Management System

Abstract: The high-tech, high-intelligence, inspiration sensitivity, people-oriented and niche characteristics of scientific research activities determine the typical information asymmetry of research activities that are complex, subjective, and difficult to evaluate. The construction of scientific research credit system is the inevitable requirement of scientific research management in the digital age of information. This article discuss the necessity of the construction of scientific research credit management system, the basic connotation of scientific research credit management system, the key link of scientific research credit management system construction, and the current situation of scientific research credit system in China. On this basis, the policy recommendations for the construction of scientific research credit system in China are put forward, and the data collection, preservation and sharing of scientific research credit system are discussed. On the

basis of credit work in other fields, the scientific research credit system should stimulate the scientific research personnel and promote the in-depth implementation of the national innovation and development strategy.

Keywords: Scientific Research Management; Credit Management; Research Credit System

Ⅳ   Special Topic

B. 13   Credit Index Report on China's Yiwu Market (2018)   / 238

Abstract: The report analyzes the credit status of the market of Yiwu in 2018. Analysis results show that, the YMCI in 2018 showed a significant fluctuation in the first several months and then kept a steady trend. Four sub-indexes and eight key specific indicators further confirmed the above conclusion. Generally speaking, the level of credit in Yiwu remained historical high, which was due to honest business philosophy of businessmen in Yiwu, good basis of market credit construction, and which was the result of the government strict market supervision to help market entities strengthen the sense of credit construction. In addition, to better reflect the new feature of Yiwu economy development in a new era, our research group established an improved index. The new index test result showed that, the new index was more effective to make deep analysis of Yiwu credit overall and structural changes and trends, thus the research group suggests the new index should be applied from the year 2019.

Keywords: YMCI; Credit Construction; Market Supervision

Ⅴ   Case Studies

B. 14   Overview of Urban Credit System Construction   / 263

Abstract: The degree of city credit reflects the development vitality, human charm and comprehensive competitiveness of a city. The city is the main body of

China's credit system. The urban credit system is the cornerstone of urban social and economic development, and a soft power that cannot be ignored in a city. Besides, the construction of the urban credit system is the key to establishing the national credit system. The positive or negative credit environment in each city affects the construction of the national social credit system and directly affects the development of China's socialist market economy. Taking Shenzhen, Hangzhou, Weifang, Huizhou, and Dezhou as examples, this report analyzes the achievements of credit construction in these cities. In general, five cities have the basic guarantee for system design, the technical support of Internet, the strong guarantee of supervision, and the social propaganda of honesty education, which provides successful reference for the credit construction and development of cities across the country, and lays a good foundation for establishing the national social credit system.

Keywords: City Credit; System Foundation; 'Internet +' credit; Credit Supervision

B. 15 Overview of Local Credit System Construction   / 293

Abstract: The construction of local credit and national credit system is an organic whole. And the exploration of local credit establishment has provided a replicable and generalizable experience for national credit construction to some extent. This report selects typical local credit system construction practices. Taking the construction of Guizhou social credit system as an example, it promotes the construction of social credit system from the aspects of system construction, infrastructure, joint reward and punishment, credit environment building, propaganda and education, which forms a complete credit system construction scheme. In addition, industry organizations play an important role in service, coordination and supervision in the credit system. For example, Shanghai Credit Services Trade Association, Henan Credit Construction Promotion Association, Liuzhou SME Service Center give full play to their service functions, optimize the

credit service environment, provide services and platforms for the collection, sharing and use of credit data. These industry organizations have become an important part of the local credit system construction, which provides reference experience for other industry associations and organizations.

Keywords: Construction of Local Credit; System Construction; Credit Environment; Industry Organizations

社会科学文献出版社

皮 书

智库报告的主要形式
同一主题智库报告的聚合

❖ 皮书定义 ❖

皮书是对中国与世界发展状况和热点问题进行年度监测，以专业的角度、专家的视野和实证研究方法，针对某一领域或区域现状与发展态势展开分析和预测，具备前沿性、原创性、实证性、连续性、时效性等特点的公开出版物，由一系列权威研究报告组成。

❖ 皮书作者 ❖

皮书系列报告作者以国内外一流研究机构、知名高校等重点智库的研究人员为主，多为相关领域一流专家学者，他们的观点代表了当下学界对中国与世界的现实和未来最高水平的解读与分析。截至2020年，皮书研创机构有近千家，报告作者累计超过7万人。

❖ 皮书荣誉 ❖

皮书系列已成为社会科学文献出版社的著名图书品牌和中国社会科学院的知名学术品牌。2016年皮书系列正式列入"十三五"国家重点出版规划项目；2013~2020年，重点皮书列入中国社会科学院承担的国家哲学社会科学创新工程项目。

中国皮书网

（网址：www.pishu.cn）

发布皮书研创资讯，传播皮书精彩内容
引领皮书出版潮流，打造皮书服务平台

栏目设置

◆ 关于皮书

何谓皮书、皮书分类、皮书大事记、
皮书荣誉、皮书出版第一人、皮书编辑部

◆ 最新资讯

通知公告、新闻动态、媒体聚焦、
网站专题、视频直播、下载专区

◆ 皮书研创

皮书规范、皮书选题、皮书出版、
皮书研究、研创团队

◆ 皮书评奖评价

指标体系、皮书评价、皮书评奖

◆ 互动专区

皮书说、社科数托邦、皮书微博、留言板

所获荣誉

◆ 2008 年、2011 年、2014 年，中国皮书
网均在全国新闻出版业网站荣誉评选中
获得"最具商业价值网站"称号；
◆ 2012 年，获得"出版业网站百强"称号。

网库合一

2014 年，中国皮书网与皮书数据库端口
合一，实现资源共享。

权威报告·一手数据·特色资源

皮书数据库
ANNUAL REPORT(YEARBOOK)
DATABASE

分析解读当下中国发展变迁的高端智库平台

所获荣誉

- 2019年，入围国家新闻出版署数字出版精品遴选推荐计划项目
- 2016年，入选"'十三五'国家重点电子出版物出版规划骨干工程"
- 2015年，荣获"搜索中国正能量 点赞2015""创新中国科技创新奖"
- 2013年，荣获"中国出版政府奖·网络出版物奖"提名奖
- 连续多年荣获中国数字出版博览会"数字出版·优秀品牌"奖

成为会员

通过网址www.pishu.com.cn访问皮书数据库网站或下载皮书数据库APP，进行手机号码验证或邮箱验证即可成为皮书数据库会员。

会员福利

- 已注册用户购书后可免费获赠100元皮书数据库充值卡。刮开充值卡涂层获取充值密码，登录并进入"会员中心"—"在线充值"—"充值卡充值"，充值成功即可购买和查看数据库内容。
- 会员福利最终解释权归社会科学文献出版社所有。

数据库服务热线：400-008-6695
数据库服务QQ：2475522410
数据库服务邮箱：database@ssap.cn
图书销售热线：010-59367070/7028
图书服务QQ：1265056568
图书服务邮箱：duzhe@ssap.cn

社会科学文献出版社 皮书系列
SOCIAL SCIENCES ACADEMIC PRESS (CHINA)
卡号：485125267296
密码：

基本子库
SUB DATABASE

中国社会发展数据库（下设 12 个子库）

整合国内外中国社会发展研究成果，汇聚独家统计数据、深度分析报告，涉及社会、人口、政治、教育、法律等 12 个领域，为了解中国社会发展动态、跟踪社会核心热点、分析社会发展趋势提供一站式资源搜索和数据服务。

中国经济发展数据库（下设 12 个子库）

围绕国内外中国经济发展主题研究报告、学术资讯、基础数据等资料构建，内容涵盖宏观经济、农业经济、工业经济、产业经济等 12 个重点经济领域，为实时掌控经济运行态势、把握经济发展规律、洞察经济形势、进行经济决策提供参考和依据。

中国行业发展数据库（下设 17 个子库）

以中国国民经济行业分类为依据，覆盖金融业、旅游、医疗卫生、交通运输、能源矿产等 100 多个行业，跟踪分析国民经济相关行业市场运行状况和政策导向，汇集行业发展前沿资讯，为投资、从业及各种经济决策提供理论基础和实践指导。

中国区域发展数据库（下设 6 个子库）

对中国特定区域内的经济、社会、文化等领域现状与发展情况进行深度分析和预测，研究层级至县及县以下行政区，涉及地区、区域经济体、城市、农村等不同维度，为地方经济社会宏观态势研究、发展经验研究、案例分析提供数据服务。

中国文化传媒数据库（下设 18 个子库）

汇聚文化传媒领域专家观点、热点资讯，梳理国内外中国文化发展相关学术研究成果、一手统计数据，涵盖文化产业、新闻传播、电影娱乐、文学艺术、群众文化等 18 个重点研究领域。为文化传媒研究提供相关数据、研究报告和综合分析服务。

世界经济与国际关系数据库（下设 6 个子库）

立足"皮书系列"世界经济、国际关系相关学术资源，整合世界经济、国际政治、世界文化与科技、全球性问题、国际组织与国际法、区域研究 6 大领域研究成果，为世界经济与国际关系研究提供全方位数据分析，为决策和形势研判提供参考。

法律声明

  "皮书系列"（含蓝皮书、绿皮书、黄皮书）之品牌由社会科学文献出版社最早使用并持续至今，现已被中国图书市场所熟知。"皮书系列"的相关商标已在中华人民共和国国家工商行政管理总局商标局注册，如 LOGO（✍）、皮书、Pishu、经济蓝皮书、社会蓝皮书等。"皮书系列"图书的注册商标专用权及封面设计、版式设计的著作权均为社会科学文献出版社所有。未经社会科学文献出版社书面授权许可，任何使用与"皮书系列"图书注册商标、封面设计、版式设计相同或者近似的文字、图形或其组合的行为均系侵权行为。

  经作者授权，本书的专有出版权及信息网络传播权等为社会科学文献出版社享有。未经社会科学文献出版社书面授权许可，任何就本书内容的复制、发行或以数字形式进行网络传播的行为均系侵权行为。

  社会科学文献出版社将通过法律途径追究上述侵权行为的法律责任，维护自身合法权益。

  欢迎社会各界人士对侵犯社会科学文献出版社上述权利的侵权行为进行举报。电话：010-59367121，电子邮箱：fawubu@ssap.cn。

社会科学文献出版社